Die Verfassungsurkunde des Freistaates Bayern

vom 14. August 1919

mit Einleitung
und Erläuterungen und einem Anhang

Herausgegeben von

Heinrich von Jan

Ministerialrat im bayer. Staatsministerium des Innern.

1927
München, Berlin und Leipzig
J. Schweitzer Verlag (Arthur Sellier).

Druck von Dr. F. P. Datterer & Cie., Freising-München

Vorrede.

Die Textausgabe der bayer. Verfassungsurkunde, die kurz nach deren Erlaß 1919 im Verlag von J. Schweitzer (Arthur Sellier) erschienen ist, ist seit Jahren vergriffen. Der Herausgeber, Herr Geheimrat Dr. Piloty, kam nicht mehr dazu, eine neue Auflage, die nach dem Stande der Dinge im wesentlichen eine Neubearbeitung werden mußte, in Angriff zu nehmen. Der Verlag hat daher den Unterzeichneten um die Besorgung einer Ausgabe gleichen Umfangs angegangen. Eine solche darf, trotz der Handausgabe von Dr. Kratzer und trotz der Textausgabe von Prof. Dr. Oeschey, auch jetzt noch als Bedürfnis gelten, wenn sie die Mitte zwischen beiden Ausgaben einhält. Dies ist die Aufgabe und der Zweck der vorliegenden Ausgabe. Sie muß sich daher auf die nötigsten Erläuterungen beschränken, soweit sie namentlich zur Erfassung der Zusammenhänge erforderlich sind. Sie berücksichtigt vor allem die Praxis des neuen bayer. Verfassungsrechts in den letzten 8 Jahren, die zu einem erheblichen Teil durch die Hände des Herausgebers gegangen ist, daneben das Schrifttum, namentlich die Handausgaben der Reichsverfassung von Anschütz und Giese, der bayer. Verfassung von Piloty und Kratzer, nicht zuletzt das „bayer. Verfassungsrecht" von Nawiasky und die Arbeiten von

Rothenbücher, weiter auch die Aufsatzliteratur in der BGVZ. und den BVBl., auch die Rechtsprechung in den Entscheidungen des Staatsgerichtshofes. Sie macht keinen Anspruch auf Vollständigkeit. Solche läßt sich im Rahmen einer „Textausgabe mit Anmerkungen" nicht geben. Wenn also darin über eine auftauchende Frage „natürlich nichts zu finden" ist, darf man sich im Hinblick auf den gesteckten Rahmen nicht wundern.

Im Anhang sind neben der Reichsverfassung, die bei Benutzung der bayer. Verfassung fast in allen Fällen unentbehrlich ist, noch die sonstigen wichtigeren, die bayer. Verfassung ergänzenden Gesetze wiedergegeben. Das Gesetz über den Staatsgerichtshof ist auch kurz erläutert. Es hat im Hinblick auf die jedem Staatsbürger zustehende Verfassungsbeschwerde eine nicht zu unterschätzende Bedeutung.

Wenn die Ausgabe dazu beitragen würde, das Verständnis für unser bayer. Verfassungsrecht zu fördern und zu vertiefen, wäre ihre Aufgabe erfüllt.

München, Juni 1927.

v. Jan.

Inhaltsverzeichnis.

Abkürzungen

(soweit sie nicht allgemein gebräuchlich oder ohne Weiteres verständlich sind).

A. (vor der Anführung von Art.)	=	Anschütz, Reichsverfassung 4. Aufl.
Abg.	=	Abgeordneter.
Anmerk.	=	Anmerkung.
Annalen	=	Annalen des Deutschen Reichs.
BayZfR.	=	Bayer. Zeitschrift für Rechtspflege.
BeaG.	=	Beamtengesetz vom 16. August 1908.
BGVZ.	=	Bayer. Gemeinde- und Verwaltungszeitung.
BVBl.	=	Bayer. Verwaltungsblätter.
BezO.	=	Bezirksordnung.
G.	=	Giese, Reichsverfassung 7. Aufl.
GO.	=	Gemeindeordnung.
GeschO.	=	Geschäftsordnung für den Bayer. Landtag.
Konk.	=	Konkordat vom 29. März 1924.
Kr.	=	Kratzer, Handausgabe der bayer. Verfassung. München 1925.
KrO.	=	Kreisordnung.
LT.	=	Landtag.
LWAussch.	=	Landeswahlausschuß.
LWG.	=	Landeswahlgesetz.
LWO.	=	Landeswahlordnung.
N.	=	Nawiasky, bayer. Verfassungsrecht München 1923.
P.	=	Piloty, Textausgabe der bayer. Verfassung. München 1919.

R.	=	Rothenbücher, die Stellung des Ministeriums nach bayer. Verfassungsrecht.
RE.	=	Regierungsentwurf der Verfassungsurkunde.
RT.	=	Reichstag.
RWG.	=	Reichswahlgesetz.
S.	=	(außer Seite) im Zusammenhang mit § oder Art. u. Abs. auch Satz.
StGH.	=	Staatsgerichtshof.
StGHG.	=	Staatsgerichtshofgesetz v. 11. Juni 1920.
VA. I (II)	=	Niederschrift über die Verhandlungen des Verfassungsausschusses 1919 1. u. 2. Lesung. Die Zitate sind nach der Seitenbezifferung in Beilagenband II der Landtagsdrucksachen wiedergegeben, nicht nach der der ursprünglichen Landtagsdrucksache 324. Letztere bleibt stets um 72 Seiten hinter der ersteren zurück).
VB.	=	Verfassungsbeschwerde.
VBeg.	=	Volksbegehren.
VEntsch.	=	Volksentscheidung.
VU.	=	Verfassungsurkunde.

Einleitung.

Die bayer. Verfassung vom 14. August 1919 hat zwei Vorgängerinnen, die Konstitution vom 1. Mai 1808, den ersten unvollkommenen Versuch einer Verfassung, deren Bestimmungen über eine Nationalpräsentation zudem niemals wirksam geworden sind, und die Verfassung vom 26. Mai 1818, die über hundert Jahre die Grundlage des bayer. Staates bildete.

In der Nacht vom 7. auf den 8. November 1918 wurde Bayern zur Republik und die Dynastie Wittelsbach für abgesetzt erklärt. Im Landtagsgebäude trat nach russischem Muster ein revolutionärer Arbeiter-, Soldaten- und Bauernrat zusammen, dessen Vorsitz Kurt Eisner übernahm, wie er auch den Vorsitz in dem alsbald gebildeten Ministerium führte. Am 13. Nov. erklärte König Ludwig III., da er infolge der Ereignisse der letzten Tage nicht mehr in der Lage sei, die Regierung weiterzuführen, stelle er allen Beamten, Offizieren und Soldaten die Weiterarbeit unter den gegebenen Verhältnissen frei und entbinde sie des Treueides. Das Ministerium nahm von diesem „Thronverzicht" Kenntnis. Durch Verordnung vom 15. Nov. 1918 übertrug das Ministerium die dem König bisher vorbehaltenen Entscheidungen und Verfügungen den Ministern innerhalb ihres Geschäftskreises. Die Sanktion der Gesetze und die Ausübung des Begnadigungsrechtes bei Todesstrafe wurde dem Ministerrat vorbehalten. Es bildete sich ein provisorischer Nationalrat aus sozialistischen und einigen bürgerlichen Vertretern und ferner ein Zentralrat der Arbeiter-, Soldaten- und Bauernräte.

Am 5. Dez. 1918 wurde durch eine Wahlproklamation die Wahl des neuen bayer. Landtages ausgeschrieben und am 4. Jan. 1919 ein vorläufiges Staatsgrundgesetz verkündet. Darin war ausgesprochen, daß die höchste Gewalt des bayer. Staates beim Volke liege und die höchste vollziehende Gewalt vom Gesamtministerium ausgeübt werde. Durch Wahl der Staatsbürger solle ein Landtag gebildet werden. Über seine Rechte war nur gesagt, daß er die Verfassung beschließen solle. Von sonstigen Rechten war nicht die Rede. Vielmehr war auch die gesetzgebende Gewalt bis zur Erledigung des Verfassungsentwurfes der revolutionären Regierung vorbehalten. Gegen Beschlüsse des Landtags sollte das Ministerium mit aufschiebender Wirkung die Entscheidung des Volkes anrufen können. Das Grundgesetz zeigte damit deutlich den Eisnerischen Geist, der wohl dem Rätesystem, nicht aber der parlamentarischen Demokratie gewogen war. Bei der Wahl des neuen bayer. Landtages entschied jedoch das Volk gegen Eisner. Wenn auch von den 180 Abgeordneten 105 zur Linken und nur 75 zur Rechten zählten, so befanden sich unter den ersteren doch nur 3 Radikale im Eisner'schen Sinne. Im Gegensatz hiezu befand sich die tatsächliche Macht in der Hand der Räte und ihrer Organe. Dies zeigte sich deutlich in der Zeit nach den Attentaten bei der Eröffnung des Landtages am 21. Febr. 1919. Nach schwierigen Verhandlungen, während deren die Räte in einem Kongreß der Arbeiter-, Soldaten- und Bauernräte, namentlich auch durch die Bildung eines Aktionsausschusses und eines Zentralrates tätig waren, kam es zu einem Kompromiß zwischen ihnen und den

Landtagsparteien. Hienach stimmten die Räte der Bildung eines sozialistischen Ministeriums und der Einberufung des Landtages zu unter der Voraussetzung, daß dieser dem Ministerium weitgehende Vollmachten auf dem Gebiete der Gesetzgebung, wie des Vollzuges erteile und daß gewisse Rechte der Räte zur praktischen Mitarbeit hiebei anerkannt würden. Dementsprechend wurde in den Landtagssitzungen vom 17. und 18. März 1919 das Ministerium gebildet und ein Übergangsgesetz, ein Ermächtigungsgesetz und ein vorläufiges Staatsgrundgesetz erlassen. Durch das Übergangsgesetz wurden die seit der Umwälzung ergangenen Anordnungen legalisiert, durch das Ermächtigungsgesetz dem Ministerium ausgedehnte Vollmachten erteilt zu Maßnahmen auch gesetzgeberischer Art auf verschiedenen Gebieten, namentlich auch zur Regelung des Rechtes der Selbstverwaltungskörper. Adel, Lehen, Familien-Fideikomisse wurden aufgehoben. Das Staatsgrundgesetz enthielt vor allem — ein großer Fortschritt nach der Richtung der Demokratie — den Gedanken, daß die gesetzgebende Gewalt vom Landtag ausgeübt werde, während das Ministerium nur die vollziehende Gewalt ausüben, hiezu jedoch des Vertrauens des Landtages bedürfen sollte. Ein Referendumsrecht des Ministeriums bestand nur mit sehr erheblichen Einschränkungen; das Ministerium konnte nämlich nur Beschlüsse des Landtages, die mit einer Bestimmung des vorläufigen Staatsgrundgesetzes im Widerspruch stehen, der Volksabstimmung unterbreiten. In solchen Fällen sollten die Landtagsbeschlüsse erst dann wirksam werden, wenn sie vom Volk bestätigt waren.

Es folgte dann die Episode der Räterepublik in ihren verschiedenen Schattierungen, der Auszug der Regierung nach Bamberg, die gewaltsame Beseitigung der Räterepublik, die Beratung des Verfassungsentwurfes vom 28. Mai 1919 durch den Landtag in Bamberg. Berichterstatter waren die Abgeordneten Ackermann (Soz.), Held (BVP.), Dr. Piloty (D. Dem.), Regierungsvertreter Ministerpräsident Hoffmann und Geheimrat Dr. v. Graßmann. In der Vollsitzung des Landtages vom 12. August 1919 wurde der Entwurf mit 165 gegen 3 Stimmen bei 1 Stimmenthaltung angenommen; die Mittelpartei (später deutschnationale Volkspartei) hatte zuvor erklärt, sie erhebe unter Wahrung ihres grundsätzlichen Standpunktes für die konstitutionelle Monarchie keinen Widerspruch gegen die freistaatliche Staatsform, weil, wie die Dinge lägen, nur diese Staatsform praktisch möglich sei. In der Sitzung des „ständigen Ausschusses" (nach § 30 VU.) vom 1. Sept. 1919 wurde auf Grund besonderer Ermächtigung durch den Landtag die endgültige Fassung der VU. bestimmt und schließlich die VU. mit dem Datum des 14. August 1919 im GVBl. S. 531 ff. verkündet.

Wenn auch beim Erlaß der bayer. Verfassung auf die Reichsverfassung die gebührende Rücksicht genommen wurde und die bayer. Verfassung sich wohl bewußt ist, daß sie in vielen Beziehungen durch die Reichsverfassung gebunden ist — es genügt ja, an deren Art. 13 und 17 zu denken —, so ist sie doch zum Unterschied von den Verfassungen andrer deutscher Länder bemüht, den Charakter Bayerns als Staat im Reiche zu betonen und das Eigenleben des bayer. Staates, das nun einmal vorhanden ist, und an dem jeder gute Bayer hängt, nach Möglichkeit zu fördern. Wenn Giese z. B. von der preußischen Verfassung sagt (§ 7 der Einleitung seiner Ausgabe der preuß. Verfassung), sie trage beinahe den Charakter eines Ausführungsgesetzes zur Reichsverfassung, so trifft diese Feststellung auf die bayer. Verfassung sicher nicht zu. Sie geht so weit, daß sie, um einen vollen Überblick über das geltende Verfassungsrecht zu geben, sogar manche Bestimmungen aus der Reichsverfassung wiederholt. S. Anm. 1 zu § 5.

In den Jahren seit 1919 hat keine erhebliche Änderung der Verfassung stattgefunden. Nur folgende Änderungen sind erfolgt:

1. Durch G. v. 12. Mai 1920 (Landeswahlg. GVBl. S. 195), Art. 22, III, wurde die in § 77 II VU. bestimmte Frist von 2 Monaten auf 3 Monate verlängert;
2. durch G. v. 9. Jan. 1923 (GVBl. S. 12) wurde § 60 (über die Ministerruhegehälter) neu gefaßt;
3. durch G. v. 1. Nov. 1923 (GVBl. S. 373) wurden §§ 28, 30 und 39 (über den Landtagsvorstand und den ständigen Ausschuß) geändert;
4. durch G. v. 1. Mai 1924 (GVBl. S. 145) wurden §§ 30, 39 und 43 (über den ständigen und Zwischenausschuß) geändert;
5. durch G. v. 18. Sept. 1925 (GVBl. S. 245) wurden §§ 26, 41, 70 (durch Einfügung weiterer Bestimmungen über den Verlust der Abgeordneteneigenschaft) geändert.

Die Arbeit an der Verfassung galt zunächst der Schaffung der zu ihrem Ausbau erforderlichen Gesetze über Landtagswahlen, Volksbegehren und Volksentscheidungen, Staatswappen, Staatsgerichtshof, der Auseinandersetzung mit dem vormaligen Königshaus, der Regelung der Beziehungen zu den großen christlichen Kirchen.

Daneben liefen die Bestrebungen auf Weiterbau der Verfassung auf verfassungsmäßigem Wege. Den Kampf leitete ein Antrag auf Schaffung eines Staatspräsidenten ein, worauf sehr bald die Änderung des § 92 der Verfassung, der Verfassungsänderungen besonders stark erschwert, in den Vordergrund des politischen Lebens trat. Mehrfache Anträge auf Abschwächung der hiedurch gegebenen Bindung führten aber ebensowenig zu einem Erfolg, wie eine zum Zweck der Gesamtweiterentwicklung der Verfassung durch Volksbegehren veranlaßte Volksentscheidung.

Auch der Versuch, unter Abänderung des § 23 VU. die Gemeindeverbände, Bezirke und Kreise, auf anderer als der bisherigen Grundlage aufzubauen und namentlich für die Bezirke die Vertretung statt unmittelbar, mittelbar wählen zu lassen, scheiterte an § 92 VU., ebenso der Versuch für die Wahlen zu den Vertretungen der Gemeinden und Gemeindeverbände § 8 VU. zu ändern und hiebei statt des 20., das 25. Lebensjahr der Wahlberechtigung zugrunde zu legen.

II.

Verfassungsurkunde[1] des Freistaates Bayern.

Das bayerische Volk[2] hat durch den am 12. Januar und 2. Februar 1919 gewählten[3] Landtag[4] dem Freistaate Bayern[5] diese Verfassung[6] gegeben:

1. Die Überschrift lautet, in Erinnerung an die „Verfassungsurkunde" von 1818, Verfassungsurkunde, nicht Verfassung, wie in den meisten sonstigen Staatsgrundgesetzen. Im Vorspruch (Präambel) selbst wird von der „Verfassung" gesprochen (bei Zitaten abgekürzt: VU.).

2. Der Vorspruch (Präambel) gibt einen Bericht über die Art des Zustandekommens der Verfassung. Er lautet bei sonstigen Gesetzen: „Der Landtag des Freistaates Bayern hat folgendes Gesetz beschlossen." Hier wird nach dem Muster der RV. das Volk selbst durch die Vermittlung des Landtages als Verfassunggeber bezeichnet, um den demokratischen Charakter der Verfassung festzustellen. S. § 2.

3. Die Wahl erfolgte auf Grund der Wahlproklamation des in der Umsturznacht entstandenen Ministeriums vom 5. Dez. 1918 und der Wahlordnung vom 7. Dez. 1918 (GVBl. S. 1255) am 12. Jan. 1919 im rechtsrhein. Bayern, in der Pfalz wegen der durch die Besetzung hervorgerufenen Schwierigkeiten erst am 2. Febr. 1919.

4. Die Legitimation des LT. zur Verfassunggebung beruht einmal auf der Tatsache der Beseitigung der Verfassung von 1818 durch den Umsturz vom No-

vember 1919, sodann auf der Wahl des LT. auf breitester demokratischer Grundlage mit dem von der Revolutionsregierung angeregten, durch das Volk gegebenen Auftrag zur Verfassunggebung, und endlich der Form nach auf §§ 2—6 und 7 III des vorläufigen StaatsgrundG. v. 17. März 1919.

5. Der bayer. Staat ist als solcher durch den Umsturz in seiner Rechtspersönlichkeit und seinem Bestande nicht beeinträchtigt worden. Der Freistaat ist der Gesamtrechtsnachfolger des Königreichs und auch in seiner jetzigen Form identisch mit dem Staat von 1818—1918.

6. Die Verfassung ist ein Gesetz. Durch die Bezeichnung als „Verfassung" ist das G. v. 14. August 1919 unter den besonderen Schutz des § 92 gestellt. Das bayer. materielle Verfassungsrecht ist aber nicht ausschließlich in der VU. enthalten. Es gibt auch noch solches in andern G., die nur in manchen Fällen, wie z. B. das LWG., aber nicht allgemein und grundsätzlich, als „Verfassungsgesetz" bezeichnet sind.

1. Abschnitt.

Staat, Staatsgebiet, Staatsgewalt.

(§ 1) (§ 1) (§§ 2—5).

§ 1.

I Bayern ist ein Freistaat[1] und Mitglied[2] des Deutschen Reiches.[3] Die bisherigen Landesteile[4] Bayerns in ihrem Gesamtbestande[5] bilden das Staatsgebiet.

II Die Landesfarben sind weiß und blau.

RE. § 1; BA. I 104, II 457.

1. a) Art. 17 I RV.: „Jedes Land muß eine freistaatliche Verfassung haben." Die VU. entspricht diesem Verlangen. Die Wiedereinführung der monar-

chischen Staatsform auf dem Wege der Landesgesetzgebung allein ist hiernach ausgeschlossen;

b) die freistaatliche Verfassung hat nach der VU. die Form der repräsentativen Demokratie. Die Staatsgewalt wird nach § 2 vom Volke teils unmittelbar, teils durch seine Organe ausgeübt.

c) Die RV. spricht zwar nur von „Ländern" (statt, wie bei den Vorverhandlungen von Gliedstaaten), erkennt diese aber sachlich nach der überwiegenden Meinung als „Staaten" an. A. Art. 1 Anm. 3 und 4; N. S. 52; Kr. § 1 Anm. 2 spricht von Rumpfstaaten; etwas anders G. Anm. 3 zu Abschn. I, der von Staaten nicht im Sinn des allgem. Staatsrechts, sondern nur „nach der Terminologie des Reichs- und Landesstaatsrechts" spricht (ebenso in den Erläut. zum Vorspruch der preuß. V.). Entscheidend ist das Innehaben der Staatsgewalt aus eigenem Recht. Die VU. hält den Charakter Bayerns als Staat, nicht nur der Form, sondern auch der Sache nach fest.

2. a) Art. 2 RV.: „Das Reichsgebiet besteht aus den Gebieten der deutschen Länder." Hierauf, nicht mehr auf den Versailler Verträgen vom 23. Nov. 1870, aber auch nicht auf § 1 VU. beruht die Zugehörigkeit Bayerns zum Deutschen Reich.

b) § 1 drückt aus, daß Bayern aus freien Stücken Mitglied des Deutschen Reiches mit allen daraus folgenden Rechten und Pflichten sein will. Andere Verfassungen (Preußen, Württemberg, Thüringen) sprechen von den Ländern als „Gliedern" des Reichs, wodurch mehr Gewicht auf die organische Verbindung mit dem Reich gelegt und die Unselbständigkeit der Länder gekennzeichnet ist. „Mitglied" ist mehr föderalistisch gedacht und gesprochen.

c) Folge der Mitgliedschaft: Geltung der RV. in Bayern, namentlich auch Mitwirkung Bayerns an der Ausübung der Reichsstaatsgewalt im Reichsrat (Art. 60). Allerdings folgt diese schon aus der RV.

3. Art. 2 RV.: Nach dem Stand vom 14. Aug. 1919 gehört hiezu auch die Pfalz mit Einschluß der zum Saargebiet geschlagenen Teile.

4. Bayern besteht aus den am 14. Aug. 1919 dazugehörigen Gebietsteilen.

a) In der Pfalz ist die Ausübung der Staatsgewalt rechtlich nicht behindert. Nach dem Friedensvertrag kann die interalliierte Rheinlandkommission Verordnungen erlassen, soweit dies für die Gewährleistung des Unterhalts, der Sicherheit und der Bedürfnisse der Streitmacht der alliierten und assoziierten Mächte erforderlich ist. Auf Grund dieser Bestimmung nimmt die Irko auch ein Vetorecht gegenüber bayer. Gesetzen und Verordnungen in Anspruch. Ihre „Ordonnanzen" gehen über diesen Zweck vielfach hinaus oder legen ihn zum mindesten sehr weit aus.

b) Zum Saargebiet gehört das Bezirksamt St. Ingbert mit Teilen der Bezirksämter Homburg und Zweibrücken. Im Friedensvertrag hat das Reich zugunsten des Völkerbundes „auf die Regierung des Saargebietes verzichtet". Bayern ist also an der Ausübung der Staatsgewalt in diesen Gebietsteilen völkerrechtlich behindert. Über die Staatszugehörigkeit dieses Gebietes soll künftig eine Volksabstimmung entscheiden. Die Regierung führt jetzt eine vom Völkerbund bestellte Regierungskommission. Die bestehenden Gesetze gelten weiter. Änderungen durch die Regierungskommission nach Anhörung der gewählten Vertreter der Bevölkerung.

5. Änderungen des Staatsgebietes sind zwar in einigen Fällen ohne Mitwirkung oder Zustimmung Bayerns (Art. 18, 45 II RV.), aber — soweit sie nicht nur unbedeutende Grenzregelungen sind — nicht ohne Mitwirkung des Reiches möglich. Sie erfordern nach Landesrecht, wenn sie einfache Grenzregelungen sind, ein einfaches Gesetz, sonst ein Gesetz mit der Mehrheit des § 92. Die bayer. Verfassung erreicht aber keine volle Sicherung des bayer. Gesamtgebietbestandes. Denn die RV. ermöglicht Änderungen der Ländergebiete, sowohl mit als ohne Änderung der Reichs-

grenzen auch ohne Zustimmung der Länder (Art. 18 und 45 II.).

a) Soweit es sich bei der Änderung des Gebiets eines Landes zugleich um eine Änderung des Reichsgebietes handelt, ist hiezu ein Reichsgesetz erforderlich, wenn es sich nicht nur um die bloße Berichtigung der Grenzen unbewohnter Gebietsteile handelt, wo ein Verwaltungsakt genügt (Art. 78 III). Völkerrechtlicher Vollzug durch einen vom Reichspräsidenten abzuschließenden Staatsvertrag (Art. 45 I). Hierdurch ist die Zustimmung des Landes erforderlich, mit Ausnahme von Friedensschlüssen (Art. 78 III S. 1 und 45 II).

b) Auch wenn es sich nicht um eine Änderung des Reichsgebietes, sondern um eine innerdeutsche Veränderung handelt, ist eine solche durch Reichsgesetz ohne Zustimmung des Landes auf Grund Volksabstimmung möglich (Art. 18 II—V nebst VollzugsG. vom 8. Juli 1922 (RGBl. 545), also auch wenn das nach § 92 BU. vorgeschriebene bayer. Gesetz nicht zustande kommt. Änderungen innerhalb des Reiches auch mit Zustimmung der Länder nicht ohne Mitwirkung des Reiches.

Auf Grund des § 92 und Art. 18 II RV. vollzog sich der Anschluß des Staatsgebietes des früheren Freistaates Coburg an Bayern mit Wirkung vom 1. Juli 1920 auf Grund ReichsG. v. 30. April 1920 (RGBl. S. 842) und bayer. G. v. 16. Juni 1920 (GVBl. S. 335) und 14. Dez. 1920 (GVBl. S. 493), durch welche der Staatsvertrag zwischen Bayern und Coburg samt Schluß- und Zusatzprotokoll genehmigt wurde. Regelung der Staatsangehörigkeit durch § 2 des ReichsG. Die BU. ist im Gebiet von Coburg am 1. Juli 1920 in Kraft getreten. Die bayer. Gesetzgebung wurde auf Grund des G. v. 18. Dez. 1920 (GVBl. S. 498) durch MB. allmählich eingeführt (für die innere Verwaltung vgl. vor allem GVBl. 1921, 255), zur Einführung des bayer. Gemeinderechts G. v. 22. Juli 1921, GVBl. S. 383).

Sonderstellung für Gebietsänderungen bei Volksbegehren und Volksentscheidung: § 77 I Ziff. 3. Zustänkeit: Formationsverordnung v. 9. Dez. 1825 § 37 und 17. Dez. 1825 § 22.

6. VA. I 112 und II 457. G. v. 20. Juli 1923 über das Staatswappen (GVBl. 377) hat ein großes Staatswappen, das in 4 Feldern die Wappen der 4 vereinigten Stämme der Bayern, Pfälzer, Schwaben und Franken, und ein kleines Staatswappen bestimmt, das die weiß-blauen Rauten enthält. VollzBek. v. 22. März 1924 (GVBl. S. 83). (S. Anlage 3.)

§ 2.

Die Staatsgewalt[1] geht von der Gesamtheit[2] des Volkes[3] aus.[4] Sie wird nach den Bestimmungen dieser Verfassung und der Verfassung des Deutschen Reiches[5] unmittelbar[6] durch die Staatsbürger[7] und mittelbar[6] durch die in dieser Verfassung eingesetzten Organe ausgeübt.[8]

RV. § 2; VA. I 108, II 458.

1. Die Staatsgewalt ist eines der begriffswesentlichen Merkmale eines Staates, steht also an sich zunächst dem Staate selbst zu, d. h. nach § 2 der Gesamtheit des Volkes. Ausflüsse der Staatsgewalt sind Gesetzgebung, Vollzugsgewalt und Rechtsprechung. S. § 3 Anm. 2.

2. Nach Art. 1 II RV. geht die Staatsgewalt (Reichsgewalt) vom „Volke" aus. Daneben gibt es die Landesstaatsgewalt kraft eigenen Rechtes der Länder. Die VU. betont, unter dem Eindruck der Ereignisse in Bayern im Frühjahr 1919, daß nur die Gesamtheit des Volkes, also keine einzelne Klasse des Volkes die Staatsgewalt für sich allein in Anspruch nehmen kann. Die Gesamtheit des Volkes ist Träger und Quelle der Staatsgewalt. Diese selbst ist Attribut, ein Merkmal des Staates, der neben und über den Volksangehörigen bestehenden öffentlich-rechtlichen Körperschaft.

3. Des ganzen Volkes, nicht bloß der Staatsbürger. Zu unterscheiden hiervon die „Ausübung" der Staatsgewalt nach Satz 2. Der Unterschied in Satz 1 u. 2

ist bewußt gemacht (VA. I 109). Anders, wohl nicht mit Recht Kr. § 2 Anm. 2.

4. Die Gesamtheit des Volkes hat die Staatsgewalt, so daß sie von ihr ausgehen kann. Der Wille des Volkes ist die Staatsgewalt. Grundsatz der Volkssouveränität, Demokratie. Art. 5 RV. schränkt diese Bestimmung dahin ein, daß die Staatsgewalt in „Landesangelegenheiten" durch Organe des Landes auf Grund der Landesverfassung, dagegen in Reichsangelegenheiten durch Organe des Reiches auf Grund der RV. ausgeübt wird.

5. Unter der VU. und RV. sind auch die Gesetze inbegriffen, die auf Grund der VU. und RV. erlassen sind und sie ergänzen oder ändern (VA. I 109). Maßgebend vor allem Art. 5—19 RV.

6. Zwei verschiedene Arten der Ausübung der Staatsgewalt:

a) unmittelbar durch die Staatsbürgerschaft (§§ 6, 7),

b) mittelbar durch die verfassungsmäßigen Organe des Staates, nämlich: Landtag, Behörden (Ministerium, Verwaltungsbehörden, Gerichte) und Verbände der Selbstverwaltung (§ 3).

7. Begriffsbestimmung in § 6.

8. Über die Ausscheidung der Zuständigkeit der Staatsorgane § 3. Für die Zuständigkeit des LT. spricht die Vermutung, soweit die Ausübung der Staatsgewalt nicht einem anderen Organ des Staates durch die VU. ausdrücklich zugewiesen ist. Einen Staatspräsidenten gibt es in Bayern nicht. (Antrag Held VA. I 173, Antrag Schäffer v. Sept. 1921, abgelehnt 28. Febr. 1923.) Bei Schaffung einer 2. Kammer wären auch Art. 17 und 165 RV. zu berücksichtigen. Die Organe sind entweder unmittelbar durch die VU. eingesetzt und nach Einrichtung und Wirkungskreis bestimmt, wie Landtag und Ministerium, oder durch andere Organe auf Grund der VU. eingerichtet.

§ 3.

1 Dem Landtage[1] steht die Ausübung[2] aller Rechte[3] der Staatsgewalt zu, die nicht durch diese

Verfassung oder die Verfassung des Deutschen Reiches[4] der Staatsbürgerschaft,[5] den Behörden[6] oder den Verbänden der Selbstverwaltung[7] vorbehalten[8] sind.

II Die dem Landtage zustehenden Rechte und Aufgaben[9] sind unübertragbar,[10] soweit diese Verfassung nichts anderes vorsieht.[11]

RE. § 30; VU. I 166, II 422.

1. S. Abschn. 6, §§ 26—56.

2. Die Staatsgewalt selbst steht grundsätzlich dem Staate, der Gesamtheit des Volkes (§ 2 Satz 1), dem LT. dagegen (neben den anderen Staatsorganen) nur deren Ausübung zu. Es ist unrichtig und irreführend, wenn der LT. manchmal als souverän bezeichnet wird. Hinsichtlich der Ausübung der Staatsgewalt in Konkurrenz mit den übrigen Staatsorganen hat er jedoch für alle Teile der Staatsgewalt die Vermutung der Zuständigkeit für sich, soweit nicht eine ausdrückliche Bestimmung der RV. oder VU. einzelne dieser Rechte andern Staatsorganen zuweist.

3. Die Rechte, Funktionen der Staatsgewalt sind durch die VU. bestimmt: Gesetzgebung (§ 44), Vollzugsgewalt (§§ 4, 57), Rechtsprechung (§§ 5, 69). Gesetzgebung = Landtag oder Volk, Vollzugsgewalt = Ministerium, Rechtsprechung = Gerichte. Dem LT. ist außer der Gesetzgebung in der VU. außerdem ausdrücklich noch eine Anzahl von Verwaltungsakten zugewiesen z. B.: die Bestellung des Ministeriums (§ 4 Satz 2 u. 58), Rechte auf dem Gebiete der Behördenorganisation (§ 46), der Finanzverwaltung, (§§ 47, 48, 49) und der auswärtigen Verwaltung (§ 50), bestimmte Straferlasse (§ 51), die Aufsicht auf den Verwaltungsvollzug (§§ 52 bis 56, 59, 65 IV).

Hierdurch hat er tatsächlich und rechtlich die Möglichkeit der „Einmischung in die Exekutive".

Nicht Rechte der Staatsgewalt sind die dem LT. zustehenden Selbstverwaltungs-(Organisations-)rechte (§§ 28 bis 33).

4. Von der Zuständigkeit des LT. sind auch Rechte ausgenommen, welche die RV. Reichsorganen zuweist.

5. S. 2. Abschn. §§ 6—9. Die Rechte der Staatsbürgerschaft beschränken sich auf
a) Volksbegehren zur Volksgesetzgebung (§ 10, 76 III, 77) sowie auf Einberufung oder Auflösung des LT. (§ 30 I, V),
b) Volksentscheidungen zur Volksgesetzgebung (§§ 76, 77), sowie über die Auflösung des LT. (§ 30 V),
c) Wahl des LT., als ihres Vertreters (§ 26).

6. Als solche sind in der VU. genannt: Das Gesamtministerium (§ 4), die Ministerien (§ 61), die Verwaltungsbehörden (§ 69), die Gerichte (§§ 5, 69), der Staatsgerichtshof (§ 56, 70, 93), das oberste Landesgericht (§ 70 II), der Verwaltungsgerichtshof (§ 70), der Rechnungshof (§ 57), die mit der Verwaltungsrechtspflege betrauten Behörden (§ 71), die Gerichte zur Entscheidung von Zuständigkeitsstreiten zwischen Gerichten und Verwaltungsbehörden (§ 69). Die Stellung des LT. gegenüber den Behörden ist verschieden, je nachdem es sich um richterliche oder sonstige Behörden handelt. Auf die Letzteren hat er durch seine Stellung gegenüber dem Gesamtministerium und den Ministern eine gewisse Einwirkungsmöglichkeit, nicht gegenüber den Gerichten (§ 5, 69).

7. Gemeinden und Gemeindeverbände (§§ 22, 23), berufsständige Vertretungen (§ 24). Die Stellung des LT. gegenüber den Gemeinden und Gemeindeverbänden ist verschieden, je nachdem es sich um Angelegenheiten in deren eigenem oder in dem übertragenen Wirkungskreis handelt. Im Letzteren kann der LT. durch das Ministerium unbedingt einwirken, im Ersteren nur in den auch der Staatsaufsicht gezogenen Schranken (§ 22 II).

8. Für diese Staatsorgane ist also im Gegensatz zum LT. eine ausdrückliche Zuständigkeitsbestimmung in der VU. oder RV. notwendig.

9. S. Anm. 3.

10. Das Abweichen von dieser Vorschrift wäre nur in der Form der Verfassungsänderung (§ 92) zulässig.

11. Derartige Ausnahmen enthalten:

a) § 30 III u. IV für den Zwischenausschuß und den ständigen Ausschuß,

b) § 33. Die Wahlprüfung kann der LT. einem Gerichtshof durch einfaches Gesetz übertragen.

c) § 61 Ziff. 7. Der Erlaß von Rechtsverordnungen kann durch Gesetz mit einfacher Mehrheit dem Ministerium übertragen werden. Ermächtigung zu Vollzugsvorschriften in sehr vielen Gesetzen. Besondere Anwendungsfälle: G. v. 18. Dez. 1920 (GVBl. S. 498) über die Einführung des bayer. Rechtes in Coburg, und G. v. 9. Juli 1926 (GVBl. S. 383) über die Vereinfachung der Staatsverwaltung.

§ 4.

Das Gesamtministerium[1] ist die oberste vollziehende und leitende[2] Behörde des Staates. Es wird von dem Landtage bestellt[3] und ist diesem verantwortlich.[4]

RE. § 31; VA. I 167, II 467.

1. Gesamtministerium = Gesamtheit der Minister (auch Ministerrat genannt), ein Kollegium (§ 63) mit dem Ministerpräsidenten an der Spitze als primus inter pares, der nur durch das Recht der Bildung des Gesamtministeriums ein gewisses Übergewicht über seine Kollegen hat (mit Vorsitz, Stichentscheid und dem Recht der Überwachung des Vollzugs der Beschlüsse [§ 62 II]); daneben stehen die einzelnen Minister mit bestimmten Befugnissen. Über die Verteilung der Zuständigkeit s. §§ 57 und 61. Das Gesamtministerium hat nur die ihm besonders zugewiesenen Aufgaben (§ 61 Ziff. 2). Die Vermutung spricht für die Zuständigkeit der einzelnen Ministerien (N. BVBl. 1926, 114). Die einzelnen Minister sind in ihren Geschäftskreisen selbständig (§ 58 III). Wenn in der Öffentlichkeit, auch in der Rechtssprache, von der „Staatsregierung" die Rede ist, ist je nach der Zuständigkeit hierunter bald das Gesamtministerium, bald der einzelne Minister zu verstehen. Vertretung der einzelnen

Minister auch insoweit gemäß § 66 II durch Staatssekretäre oder Staatsräte.

2. Näheres § 57 I. Hierunter fällt das Verordnungsrecht, d. h. das Recht zu allgemeinen Anordnungen, soweit sie nach der VU. ohne LT. zulässig sind (§ 61 Ziff. 6, 7). Soweit Vollzug der Gesetze und Leitung der Staatsgeschäfte in Frage kommt, ist das Gesamtministerium gegenüber dem LT. zwar in den Schranken der Verfassung rechtlich selbständig, aber, da es dessen Kontrollrecht nach §§ 52—56, 65 unterworfen ist, politisch vom Landtag abhängig (BGVB. 1926 Sp. 417). Auf die Grenzen zwischen LT. und Regierung hat Staatsminister Dr. Matt im LT. wiederholt hingewiesen (StenBer. 20/21 S. 93—95). Der LT. betont mehr die politische Seite der Sache.

a) Das Gesamtministerium ist „oberste" Behörde. Auf dem Wege des § 61 Ziff. 2 II Satz 2 und § 63 kann es (nicht der Ministerpräsident) auch den einzelnen Ministern bindende Weisungen erteilen (Kollegialsystem). Dem entspricht § 59 II Satz 2, wonach der Minister jederzeit, also auch, wenn er mit solchen Weisungen nicht einverstanden ist, zurücktreten kann. Tut er dies nicht, so ist er für solche Beschlüsse des Gesamtministeriums mit verantwortlich. Sämtliche Staatsbehörden sind dem Gesamtministerium untergeordnet (§ 57 II). Nur die Rechtsprechung und die Tätigkeit des Rechnungshofes bleiben in ihrer Unabhängigkeit hiedurch unberührt. Gegenüber den Gemeinden und Gemeindeverbänden bleibt die Oberaufsicht, soweit das Selbstverwaltungsrecht in Frage steht, an die gesetzlichen Schranken gebunden (§ 57 III). Die Behörden der öffentlichen Stiftungen (§ 25) unterstehen dem Gesamtministerium nach Maßgabe der besonderen Bestimmungen.

Die Dienstaufsicht führt der zuständige Minister (§ 61 Ziff. 5). Über dem Minister steht aber im Hinblick auf die Befugnisse des §§ 52 ff. der LT.

b) „Vollziehende" Behörde zum Vollzug der Verf., der Gesetze und der vom LT. und der Staatsbürgerschaft in ihrer Zuständigkeit gefaßten Beschlüsse.

c) „Leitende" (= regierende, den Staat leitende) Behörde. Diese Tätigkeit umfaßt die Verwaltung, soweit sie nicht nur Gesetzesvollzug ist, also dem Ermessen Spielraum läßt. Die Richtung der Politik wird vom Gesamtministerium, nicht vom Ministerpräsidenten bestimmt. Er ernennt zwar die Minister im Einvernehmen mit dem LT., hat aber im übrigen nur einige, ihn über die anderen Minister sachlich nur wenig hervorhebende Rechte.

3. § 58. In einigen Beziehungen hat auch der LT. leitende Befugnisse (z. B. § 48), auch das Volk (§ 30 I und V). Der LT. wählt den Ministerpräsidenten und dieser bestellt dann im Einvernehmen mit dem LT. die übrigen Minister.

4. § 59. Keine unmittelbare, sondern nur eine mittelbare Einwirkung des LT. auf die Exekutive. Doch faßt der LT. übungsgemäß auch insoweit nicht selten Beschlüsse (z. B. wenn Eingaben „zur Berücksichtigung" der Regierung zugeleitet werden). S. BGVZ. 1925 Sp. 417. Alle Minister bedürfen des Vertrauens des LT. Er kann ihnen dieses entziehen und sie dadurch zum Rücktritt nötigen. Daneben steht die parlamentarische und die außerparlamentarische Verantwortlichkeit des Gesamtministeriums und der einzelnen Minister (§§ 53—56, 59 II). Streitigkeiten zwischen LT. und Gesamtministerium über die Zuständigkeit sind als Verfassungsstreitigkeiten nach § 70 I vom Staatsgerichtshof zu entscheiden (§ 2 Ziff. 3 StaatsgerichtshofG. v. 11. Juni 1920).

§ 5.

Die Rechtspflege[1] wird durch unabhängige,[2] nur den Gesetzen[3] unterworfene Gerichte ausgeübt. Die Gerichte sind Staatsgerichte.[4] Ihre Einrichtung erfolgt durch Gesetz.[5]

RE. § 33; BA. I 168, II 472.

1. Rechtspflege = Rechtsprechung (§ 57 II) = Rechtsfindung durch die Gerichte ist die behördliche Tätigkeit zum Schutz und zur Wiederherstellung des Rechtes, auch die Verwaltungsrechtspflege (§ 71 II, Art. 107 RV.). Inbegriffen ist die freiwillige Gerichtsbarkeit, Gegensatz die Verwaltung, auch die Justizverwaltung (samt Staatsanwaltschaft). S. § 69 II.

Die Regelung auf diesem Gebiete ist nach Art. 7 Ziff. 1—3 RV. Sache des Reiches. Die Grundlinien gibt der VII. Abschn. der RV. (Art. 102—108). Art. 103 RV. erkennt für die ordentliche Gerichtsbarkeit neben dem Reichsgericht die Gerichte der Länder und damit die Justizhoheit der Länder ausdrücklich an. Die Wiederholung der Bestimmungen der RV. in der VU. ist, wie alle diese Wiederholungen, die aus Prestigegründen und im Interesse der Vollständigkeit der VU. geschehen sind, rechtlich bedeutungslos. S. auch § 93 Anm. 6.

2. S. Art. 102 RV. Die Bestimmung ist nicht neu. Sie ist auch in § 1 GVG. enthalten. Nunmehr ist die Unabhängigkeit der Gerichte auch verfassungsmäßig gewährleistet. Die durch § 57 II festgelegte Unterordnung aller Behörden unter das Gesamtministerium erfährt für die Gerichte und Richter hinsichtlich der Rechtsprechung eine Ausnahme. Insoweit kann weder das Gesamtministerium, noch eine vorgesetzte Behörde, noch der LT. (§ 69 VI) dem Richter irgendwelche bindende Weisungen geben. Um diese richterliche Unabhängigkeit zu gewährleisten, ist die Stellung der Richter durch Art. 104 (§ 69) mit besonderen Garantien umgeben.

3. Verwaltungsanordnungen hinsichtlich der Rechtsprechung sind also wirkungslos. Die Richter sind hienach aber auch an die Gesetze gebunden und dürfen nicht contra legem urteilen.

4. Ebenso § 15 GVG. Auch die Justizgewalt geht als Ausfluß der Staatsgewalt vom Volk aus (§ 2).

5. Nach Art. 7 Ziff. 3 RV. ist es Sache der Reichsgesetzgebung, die allgemeinen Bestimmungen über die Einrichtung der Gerichte zu treffen. (Vgl. GVG.) Soweit das Reich keine Regelung trifft, ist die Landesgesetzgebung zuständig. Die Einsetzung besonderer Gerichte durch Verwaltungsanordnung (von Art. 48 RV. abgesehen), vor allem von Ausnahmegerichten für den einzelnen Rechtsfall, ist nach Art. 105 RV. unstatthaft.

2. Abschnitt.

Staatsbürgerschaft.

§ 6.

Staatsbürger[1] ist ohne Unterschied[2] der Geburt,[3] des Geschlechtes,[4] des Glaubens[5] und des Berufes jeder Angehörige des bayerischen Staates,[6] welcher das zwanzigste Lebensjahr vollendet hat.[7]

RE. § 3; BA. I 113, II 458.

1. Zu unterscheiden von Staatsangehörigen. Staatsbürger sind nicht alle bayer. Staatsangehörigen, sondern nur die mehr als zwanzigjährigen bayer. Staatsangehörigen. Art. 110 II RV. wirkt auf § 6 VU. hier zwar insoferne ein, als alle Rechte der bayer. Staatsbürger auch den Angehörigen der übrigen deutschen Länder zukommen, wenn sie die etwa sonst noch für die Bayern für die Ausübung des betreffenden Rechtes aufgestellten Erfordernisse erfüllen, nicht aber auch die bayer. Staatsbürgerschaft selbst (so wenig wie die bayer. Staatsangehörigkeit). Denn die Staatsbürgereigenschaft ist kein Recht, sondern eine Eigenschaft. Praktische Bedeutung hat diese Unterscheidung allerdings nicht.

Das Verlangen der bayer. Staatsangehörigkeit wurde trotz Art. 110 II RV. belassen, weil der Reichsdeutsche, der in Bayern politische Rechte in Anspruch nimmt, hiezu auf Grund Art. 110 II RV. in der Lage ist, also eines Rechtes nach der VU. nicht bedarf, während der Bayer seine Rechte auf die VU. stützt (BA. I 115). Das LandeswahlG. v. 12. Mai 1920 hat zur Erleichterung des Vollzuges die beiden Bestimmungen vereinigt. Wo auch für Bayern kein Rechtsanspruch besteht, kann trotz Art. 110 II RV. eine unterschiedliche Behandlung eintreten (z. B. bei Anstellung im öffentlichen Dienst, so auch der bayer. StGH.).

Mit der Vollendung des 20. Lebensjahres tritt der bayer. Staatsangehörige in den Kreis der Staatsbürger ein, d. h. der Personen, welche die beim Volk ruhende Staatsgewalt mit auszuüben haben. Nur natürliche Personen können die Staatsbürgereigenschaft besitzen. (Dies ergibt sich aus dem vorgeschriebenen Alter.) Im Gegensatz zum Wahl- und Stimmrecht gibt es hier keine Ausnahme von der Staatsbürgereigenschaft, keinen Ausschluß, kein Ruhen. Die entsprechenden Gründe wirken nur bei der Ausübung der einzelnen mit der Staatsbürgereigenschaft verbundenen Rechte. Ein Verlust der Staatsbürgereigenschaft ist nur mit dem Verlust der Staatsangehörigkeit möglich. Andere Länder, z. B. Preußen, kennen kein Staatsbürgerrecht.

2. Art. 109 I RV.

3. Art. 109 III RV., § 15. Die Unterschiede der Geburtstände sind aufgehoben. Auch kein Unterschied, ob ehelich oder außerehelich geboren; ebensowenig ein Unterschied der Rasse.

4. Art. 109 II RV.

5. Art. 136 II RV.

6. StaatsangehörigkeitsG. v. 22. Juli 1913 (RGBl. 583). Bayer. Staatsangehörige sind auch die bayer. Bewohner des Saargebietes. Über den Erwerb der Staatsangehörigkeit beim Anschluß von Coburg § 2 RG. v. 30. April 1920 (RGBl. 842).

7. D. h. mit dem Beginn des Geburtstages (§ 187 II BGB.). Auch die Minderjährigen vom 20. bis 21. Lebensjahr haben die volle Staatsbürgereigenschaft. Eine Beschränkung solcher Staatsbürger durch Eltern und Erzieher wäre nicht zu rechtfertigen, insbesondere auch nicht durch Art. 120 RV. Denn es kann nicht angenommen werden, daß die RV., die einzelnen Minderjährigen politische Rechte verliehen hat, es billigt, wenn jemand die Fernhaltung von der politischen Betätigung für notwendig zur Erzielung der leiblichen, seelischen und gesellschaftlichen Tüchtigkeit erklären würde. Durch die RV. (Art. 17 I) ist für das Landesrecht keine Bindung hinsichtlich des 20. Lebensjahres gegeben. Art. 22 bestimmt das Wahlalter nur für die Reichstagswahl.

§ 7.

Der Staatsbürger[1] übt sein Bürgerrecht[2] aus durch Abstimmung[3]

1. bei Volksbegehren und Volksentscheidungen,[4]
2. bei Wahlen.[5]

RE. § 4; BA. I 116, II 458.

1. S. § 6.

2. Als „Bürgerrecht" ist die Gesamtheit der aus der BU. sich ergebenden Rechte der Staatsbürger anzusehen. Es besteht keine Pflicht zur Ausübung dieser Rechte. Das bayer. Bürgerrecht gibt keine Rechte gegenüber dem Reich. Solche beruhen nicht auf der BU., sondern der RV. und dem Besitz der bayer. Staatsangehörigkeit.

3. An den „Abstimmungen" können nicht alle Staatsbürger teilnehmen, sondern nur die, die nach §§ 8, 9, 11 BU., Art. 17, 110 II RV. und nach den einschlägigen Gesetzen (Landeswahlgesetz, Gemeinde-, Bezirks- und Kreisordnung) hiezu befugt sind. Nur Abstimmungen auf Grund der Landesverfassung und der hierauf sich gründenden Landesgesetze sind in Frage. Im RE. war weiter als Ausfluß des Bürgerrechts in einer Ziff. 3 angegeben: „Die Mitarbeit in der Selbstverwaltung, in den gesetzlichen Organisationen der Berufsstände und in den Ehrenämtern des Staates." Die Worte wurden als nicht gleichwertig den Ziff. 1 und 2 mit Recht gestrichen; für diese Mitarbeit können ganz andere Voraussetzungen bestimmt werden, als der Besitz der bayer. oder sonstigen deutschen Staatsangehörigkeit und das 20. Lebensjahr.

4. Volksbegehren zur Gesetzgebung (§§ 10, 76 III und 77) und zur Einberufung oder Auflösung des LT. (§ 30 I und V).

Volksentscheidungen über Gesetze (§§ 76, 77) und über Auflösung des LT. (§ 30 V).

5. In Betracht kommen die Wahlen
zum LT. (LandeswahlG. v. 12. Mai 1920),
zu den Vertretungen der Gemeinden und Gemeindeverbände (GemeindewahlG. v. 6. Nov. 1924, bis dahin Gemeinde-, Bezirks- und KreiswahlG. v.

15. April 1919, jetzt Gemeinde- [Art. 63 ff.], Bezirks- [Art. 7 ff.] und Kreisordnung [Art. 8 ff.]),
nicht zum Reichstag. Das Wahlrecht hiezu beruht auf der RV., nicht der VU.,
nicht zu berufsständischen Organisationen und sonstigen Körperschaften des öffentlichen Rechtes. S. Anm. 3 am Schluß.

§ 8.

Jeder[1] Staatsbürger[2] hat das Recht, an den durch diese Verfassung vorgesehenen Abstimmungen[3] und Wahlen[4] teilzunehmen,[5] wenn er seit mindestens sechs Monaten seinen Wohnsitz in Bayern hat.[6] Das Stimm- und Wahlrecht wird, soweit nicht durch Gesetz Ausnahmen[7] zugelassen sind, am Wohnsitz[8] ausgeübt.

RE. § 5; VA. 121, II 458.

1. Ausnahmen:

a) Die in § 9 bezeichneten Personen,

b) die Soldaten, bei denen nach Art. 133 II RV. und nach Art. 36 III des ReichswehrG. v. 23. März 1921 (RGBl. 329) das Wahlrecht „ruht".

Einzelne Personen sind an der Ausübung des Stimmrechtes zwar nicht rechtlich, aber tatsächlich, ohne ihren Willen, „behindert", nämlich Personen, denen die freie Verfügung über ihren Aufenthalt entzogen ist, einmal, wenn sie wegen Geistesschwäche oder Geisteskrankheit in einer Heil- oder Pflegeanstalt untergebracht sind, und sodann, wenn sie als Straf-, Untersuchungs- oder sonstige Gefangene (von Schutzhaft abgesehen) verwahrt sind. S. § 2 RWG. Art. 2 LWG. Art. 63 GO. Art. 10 Ziff. 1 BezO. Art. 11 Ziff. 1 KrO.

2. § 6. Außer den bayer. Staatsbürgern nach Art. 110 II RV. auch die Staatsangehörigen der übrigen deutschen Länder.

3. Die VU. sieht solche „Abstimmungen" vor in Gestalt der Volksbegehren und Volksentscheidungen (§ 7

Anm. 4). Abstimmungen in Gemeindeangelegenheiten fallen nicht hierunter.

4. Landtagswahlen (§ 26), Wahlen zu den Vertretungskörpern der Gemeinden und Gemeindeverbände (§ 23).

5. Vom Wahlrecht ist auch die Wählbarkeit abhängig.

6. An Stelle des im RE. zunächst verlangten „Wohnsitz im Staatsgebiet" setzte der LT. den „mindestens sechsmonatigen Wohnsitz in Bayern" hier ein. „Wohnsitz" wurde dabei als Niederlassung mit dem Willen, sich längere Zeit in Bayern aufzuhalten (§ 7ff. BGB.) in Gegensatz zum bloßen Aufenthalt gebracht (VA I 122). Dabei blieb Art. 17 RV. außer Betracht. Für Landtagswahlen kann nach Abs. I dieser Bestimmung der RV. nicht Wohnsitz mit oder ohne bestimmte Dauer (weil hiemit eine in Art. 17 nicht zugelassene weitere Voraussetzung für dieses Wahlrecht verlangt würde, die das Wahlrecht gewisser Personen ausschließen würde), sondern nur ein nicht nur vorübergehender Aufenthalt, für Gemeindewahlen nach Abs. II nur ein „Aufenthalt bis zu einem Jahre" verlangt werden. Auf Wahlen zu den Vertretungen der Gemeindeverbände erstreckt sich Art. 17 RV. nicht, auch nicht auf die Abstimmungen bei Volksbegehren und Volksentscheidungen. Nur insoweit hat § 8 überhaupt Geltung erlangt, im übrigen hat Art. 17 RV. sein Wirksamwerden von vornherein verhindert. Die Annahme, daß Wohnsitz und Aufenthalt hier gleichbedeutend sind, ist unrichtig (BVBl. 1925, 371).

Die Folgerungen hieraus hat die Gesetzgebung seit 1919 gezogen. Im LWG. v. 12. Mai 1920 ist das Wahlrecht nur an den nicht vorübergehenden oder gelegentlichen Aufenthalt in Bayern geknüpft, ebenso das Stimmrecht bei Volksbegehren und Volksentscheidungen (in letzterer Hinsicht lag eine Verfassungsänderung vor). Das GWG. v. 6. Nov. 1924 verlangte den Aufenthalt von mindestens 1 Jahr in der Gemeinde, womit es sich im Rahmen der RV. hielt, während es durch die VU. nicht gebunden war (BVBl. 1925, 3); ebenso die GO. (Art. 63). Für die Bezirks- und Kreiswahlen galt noch § 8, da ein dem LT. vorgelegter Entwurf, der die Anpassung der hierfür erforderlichen Bestimmungen an die GO. bezweckte, nicht die erforderliche Mehrheit des LT. erhielt (Art. 7 ff. BezO.; Art. 8 ff. KrO.). An Stelle des sechsmonatigen Wohnsitzes in Bayern ist hier für die Bezirkstagswahlen der sechsmonatige Aufenthalt in Bayern und der nicht nur vorübergehende oder nur gelegentliche Aufenthalt im Bezirk, für die Kreistagswahlen der sechsmonatige Aufenthalt im Kreise gesetzt.

7. Durch Wahlschein (Art. 14, 15 LWG.; Art. 66 Ziff. 3 GO.; Art. 10 Ziff. 3 BezO.; Art. 11 Ziff. 3 KrO.

8. Jetzt am Orte des „Aufenthaltes", da dieser jetzt für alle Wahlen maßgebend ist.

§ 9.

Von der Ausübung des Stimm- und Wahlrechtes ist ausgeschlossen[1]:

1. wer entmündigt,[2] unter vorläufige Vormundschaft[3] oder wegen geistigen Gebrechens unter Pflegschaft[4] gestellt ist,
2. wer infolge strafgerichtlicher Verurteilung die bürgerlichen Ehrenrechte nicht besitzt.[5]

RE. § 6; BA. I 124, II 459.

1. § 9 beseitigt das Stimm- und Wahlrecht der darin genannten Personen, indem er diese von der Ausübung des Rechtes und damit von dem Rechte selbst „ausschließt". Er läßt also das Recht nicht etwa bestehen und nur ruhen, wie dies die Wahlgesetze auf Grund des ReichswehrG. für das Wahlrecht der Soldaten bestimmen. Der Ausschluß beseitigt auch die Wählbarkeit. Wenn auch der Wortlaut des § 9 nicht ganz klar ist, so kann der Sinn der Bestimmung doch kein anderer sein. Oder sollten die in § 9 genannten Personen zwar nicht wahlberechtigt, aber wählbar sein? Die Frage stellen, heißt sie verneinen. Das RWG. drückt sich in Art. 2 I klar aus: „Ausgeschlossen vom Wahlrecht ist." Ebenso bei gleichem Wortlaut der preuß. Verf. Giese in Anm. 2 zu Art. 4. Die bayer. VollzugsG. (Art. 2 I LWG. und Art. 63 GO.) folgen dem Wortlaut des RWG. und dem Sinne der VU. Eine sachliche Abweichung von der VU. liegt nicht vor, nur eine Änderung des Wortlautes in den Wahlgesetzen zwecks Herbeiführung der Übereinstimmung mit dem RWG.

Die Ausübung des Stimm- und Wahlrechts „ruht" für Soldaten gemäß Art. 133 II RV. und § 36 III des ReichswehrG. v. 23. März 1921 (RGBl. 329). Die Wählbarkeit besteht für sie daher fort. Dem tragen Art. 2 II LWG. und Art. 63 III GO. Rechnung.

Daneben kennen diese Gesetze, folgend dem RWG., auch noch die „Behinderung" in der Ausübung des Wahlrechts, bei Unterbringung in einer Heil- oder Pflegeanstalt und bei Verwahrung in Straf- oder Untersuchungshaft und sonstiger gerichtl. oder polizeil. Haft (Art. 2 III LWG. und Art. 63 IV GO.). Streng genommen handelt es sich hiebei überhaupt nicht um einen Rechtsvorgang, sondern um einen tatsächlichen Vorgang, die Verwahrung oder Einschließung, die zur Verhinderung an der Stimmabgabe führt.

2. Entmündigung zulässig wegen Geisteskrankheit oder Geistesschwäche, Verschwendung, Trunksucht (§§ 6, 104 Ziff. 3, 114, 1896 BGB.). Die Beschränkung tritt hier ein mit der Zustellung des Entmündigungsbeschlusses (§ 661 ZPO.). Die Bestellung eines Vormundes wegen Minderjährigkeit (§§ 1773, 1697 BGB.) hat nicht diese Wirkung.

3. Vorläufige Vormundschaft kann bestellt werden, wenn Entmündigung beantragt ist (§ 1906 BGB.).

4. Nach § 1910 II BGB. kann ein Volljähriger, der nicht unter Vormundschaft steht und infolge geistiger Gebrechen einzelne seiner Angelegenheiten oder einen bestimmten Kreis derselben, insbes. seine Vermögensangelegenheiten nicht besorgen kann, für diese Angelegenheiten einen Pfleger erhalten (zur Ersparung von Kosten, wenn kein nennenswertes Vermögen vorhanden ist). Ist der Pfleger nur wegen körperlicher Gebrechen bestellt, so tritt der Ausschluß vom Wahl- und Stimmrecht nicht ein.

5. § 2 RWG. Art. 2 LWG.: „wer rechtskräftig durch Richterspruch die bürgerlichen Ehrenrechte verloren hat." Sachlich dem § 9 Ziff. 2 völlig gleich. Formelle Änderung in den Wahlgesetzen zwecks Übereinstimmung mit dem RWG.

Die Aberkennung der bürgerlichen Ehrenrechte bewirkt nach § 34 Ziff. 4 StGB. die Unfähigkeit, während der im Urteil bestimmten Zeit in öffentlichen Angelegenheiten zu stimmen, zu wählen oder gewählt zu werden oder andere politische Rechte auszuüben. Die Aberkennung ist zulässig neben Todes- und Zuchthausstrafe, neben Gefängnisstrafe nur, wenn die Strafe 3 Monate erreicht und das Gesetz die Aberkennung ausdrücklich zuläßt oder Gefängnis an Stelle von Zuchthaus tritt. Dauer bei Todes- und lebenslänglicher Zuchthausstrafe auf Lebenszeit, sonst bei Zuchthaus 2—10, bei Gefängnis 1—5 Jahre. Wirkung von der Rechtskraft des Urteils an; Berechnung der Zeit aber erst vom Tag an, an dem die Strafe verbüßt, verjährt oder erlassen ist, auch bei bedingter Begnadigung (hier also erst nach Ablauf der Bewährungsfrist).

§ 10.

I Volksbegehren[1] können nur[2] gerichtet[3] werden:

1. auf Abänderung der Verfassung,[4]
2. auf Erlaß, Abänderung und Aufhebung von Gesetzen,[5] soweit solche nicht von der Volksentscheidung ausgenommen sind (§ 77 Abs. I),[6]
3. auf Einberufung[7] oder Auflösung[8] des Landtags (§ 30).

II Volksbegehren sind an den Landtag und, wenn dieser nicht versammelt ist, an das Gesamtministerium zu richten.[9] Sie sind vorbehaltlich der Vorschriften des § 30 Abs. I und IV[10] rechtswirksam[11] bei einfachen Gesetzen, wenn sie von mindestens einem Zehntel, bei Verfassungsgesetzen,[12] wenn sie von mindestens einem Fünftel der Staatsbürgerschaft[13] gestellt werden.

III Volksentscheidung findet nur in den von dieser Verfassung vorgesehenen Fällen statt.[14] Sie ist rechtswirksam[15] bei einfachen Gesetzen, wenn mindestens ein Fünftel, bei Verfassungsgesetzen, wenn mindestens zwei Fünftel der stimmberechtigten Staatsbürger[16] daran teilgenommen[17] haben. Vorbehaltlich der Vorschrift des § 30 Abs. IV[18] entscheidet einfache Mehrheit, bei Verfassungsänderungen Zweidrittelmehrheit der abgegebenen gültigen Stimmen.[18] Die Abstimmung ist allgemein, gleich, unmittelbar und geheim.[19] Sie kann nur bejahend oder verneinend sein.[20]

IV Das Verfahren bei Volksbegehren und Volksentscheidungen wird durch Gesetz geregelt.[21]

RE. § 8; VA. I 126, II 459.

1. Volksbegehren ist ein vom Volk, d. h. auch schon von einer Minderheit der Stimmberechtigten gestellter Antrag, durch den das Volk

a) ein Gesetzgebungsverfahren (bei einfachen oder Verfassungsgesetzen) einleitet (§ 10 I Ziff. 1 u. 2, Gesetzes- oder Verfassungs-Initiative) oder

b) in ein schon im Lauf befindliches Gesetzgebungsverfahren sich einschaltet (§ 77 II, Referendumsinitiative) oder wieder einschaltet (§ 76 III S. 4, anschließende Referendumsinitiative); siehe die Bezeichnungen bei N. 294 und ferner die Übersicht bei § 77 unten; oder

c) die Einberufung oder Auflösung des LT. verlangt (§ 10 I Ziff. 3).

2. Neben den in § 10 I aufgeführten Fällen der eigentlichen Initiative kommen noch die Fälle in §§ 77 II u. 76 III S. 4 in Betracht, die ein Referendum einleiten.

3. Über die Form vgl. § 76 II und Art. 22 LWG.

4. „Verfassungsinitiative." Fraglich ist, ob sowohl die Total- wie die Partialrevision (nach dem Schweizer Vorbild) zulässig ist (N. 290 Kr. Anm. 3 bejahen es), also ob Anträge auf vollständige Neufassung der Verfassung (was wegen § 76 II [s. Anm. 5 dort] nicht zweifellos ist) oder nur auf teilweise Neufassung (Abänderung oder Ergänzung einzelner Bestimmungen der VU.), was dem Wortlaut und Sinn des § 76 II mehr entspricht, zulässig sind. Keine Änderung der Verfassung ist eine Änderung des Staatsgebietes (aus § 92 S. 2 zu folgern, ebenso N. 29, a. A. Kr. Anm. 3 zu § 10). Eine Grenze für diese Volksbegehren bildet die RV., vor allem Art. 17.

5. „Gesetzesinitiative." Das Begehren kann sich auf den Erlaß eines neuen Gesetzes oder auf die Änderung oder Aufhebung eines bestehenden Gesetzes richten. Nicht von Verordnungen. Rechtsverordnungen können aber durch die Aufhebung der gesetzlichen Unterlage beeinflußt werden. Nicht zu verwechseln mit der Referendumsinitiative, die nicht die Einleitung eines Gesetzgebungsverfahrens, sondern die Anrufung der Volksentscheidung in einem bereits in Lauf befindlichen Gesetzgebungsverfahren bezweckt (§§ 77 II, 76 III S. 4).

6. Eine Anzahl von Gesetzen ist nach § 77 I dem Referendum, dem Eingreifen des Volkes, der Volksentscheidung vor dem Abschluß des Gesetzgebungsverfahrens entzogen, um die Gesetzgebung in gewissen Fällen im Hinblick auf Staatsnotwendigkeiten nicht zu sehr aufzuhalten. In den gleichen Fällen ist auch keine Initiative, kein Volksbegehren auf Erlaß, Änderung und Aufhebung eines Gesetzes zulässig. Sonst könnte der Zweck des § 77 I auf dem Umweg über eine Initiative vereitelt werden.

7. § 30 I S. 2 Kommt ein solches Volksbegehren rechtswirksam zustande, so ist es ohne Volksentscheidung sofort zu vollziehen. Es genügt also der Antrag einer Minderheit der Staatsbürger, wie der Abgeordneten (50 nach § 30 I), um den Zusammentritt des LT. zu bewirken. Praktische Bedeutung hat diese Vorschrift für normale Zeiten allerdings nicht, zumal da die Durchführung des Volksbegehrens selbst längere Zeit beansprucht.

8. § 30 V. Beruht auf § 2 S. 1. Hier findet Volksentscheidung statt, wenn nicht der LT. auf das Volksbegehren hin sich selbst auflöst.

9. Adressat des Volksbegehrens ist der LT.; wenn er nicht versammelt ist, auffallenderweise nicht sein Repräsentant, der Präsident oder der Zwischenausschuß oder ständige Ausschuß, sondern das Gesamtmin. Es hat nichts weiter zu tun, als das Volksbegehren an den LT. weiterzugeben. Der LT. hat sich damit formell (§ 76 I S. 2) und (mit Ausnahme der Volksbegehren auf Einberufung des LT.) auch sachlich (§ 76 III) zu befassen.
Das Verfahren beim Volksbegehren (Art. 22 LWG.) sieht einen „Vorschlag" eines Volksbegehrens vor, eine Entscheidung des StMin. d. Inn., gegebenenfalls des LT., die Bekanntmachung der Eintragungsfrist und die Aufforderung zur Eintragung, die Listenauflage und Unterschriftabgabe unter amtl. Mitwirkung, den Abschluß der Listen und die Zusammenstellung des Ergebnisses.

10. Jetzt Abs. V (G. v. 1. Nov. 1923, GVBl. 373). In diesen Fällen wird die Teilnahme von 1/5 der Stimmberechtigten verlangt.

11. Die Entscheidung trifft der LT. (§ 76 I S. 2) auf Grund der Feststellungen des LWAusschusses (Art. 28 LWG.). Die rechtliche Wirkung des Volksbegehrens tritt, abgesehen von § 30 I, mit der Entscheidung des LT. ein.

12. Verfassungsgesetze sind entweder formelle oder materielle. Formelle sind außer der VU. nur solche, die deren Wortlaut ausdrücklich ändern, materielle dagegen alle Gesetze, die ins Gebiet der VU. einschlagen, auch wenn sie es erweitern und hiezu die Bezeichnung als „Verfassungsgesetz" erhalten. Sie können nur nach § 92 geschaffen werden. Auch zur Änderung von Gesetzen, die als Verfassungsgesetze bezeichnet sind, ist die erhöhte Mehrheit nötig (z. B. § 79 LWG.). „Einfache Gesetze" sind im Gegensatz hiezu Gesetze, die auch nicht materiell Verfassungsgesetze sind.

13. §§ 6, 8, 9. Nach Art. 110 II RV. und Art. 1 LWG. sind statt der „Staatsbürger" jetzt die Stimmberechtigten

in Betracht zu ziehen. S. auch § 10 III S. 2 und § 30 I („stimmberechtigte Staatsbürger"). Da die Zahl der Stimmberechtigten bei Volksbegehren nicht eigens festgestellt wird, ist hier die Zahl der Stimmberechtigten maßgebend, die in den für das Volksbegehren benützten, bei der zuletzt vorausgehenden Abstimmung oder Wahl hergestellten Listen eingetragen sind.

14. Volksentscheidung ist die vom Volk, d. h. vom stimmberechtigten Teil des Volkes getroffene Entscheidung

a) über ein vom LT. nicht unverändert angenommenes Volksbegehren (§ 76 III S. 1),

b) über ein vom LT. beschlossenes, aber noch nicht verkündetes Gesetz, wenn ein Volksbegehren oder das Gesamtministerium eine solche Entscheidung verlangen (§ 77 II),

c) über eine durch Volksbegehren verlangte Auflösung des LT. (§ 30 V).

Die Formen sind durch Art. 30—39, 66—73 LWG. bestimmt.

15. Die Entscheidung hierüber trifft nach Art. 72 I LWG. der LT. Der LWAusschuß (Art. 71 LWG.) stellt nur das Ergebnis ziffermäßig fest, zieht dagegen nicht die staatsrechtlichen Folgen hieraus. Dies ist erst die Sache des LT.

16. S. Anm. 12.

17. Mag die Abstimmung gültig oder ungültig sein (A. und G. sehen bei Art. 75 RV. als Beteiligung an der Abstimmung nur die gültige Abstimmung an. Anders Kaisenberg, Volksentscheid und Volksbegehren, zu § 21 des VolksentscheidG. v. 27. Juni 1921).

18. Über die Gültigkeit der Stimmen entscheiden die Wahlvorstände im einzelnen Wahlbezirk. An deren Beschlüsse ist der LWAusschuß gebunden (Art. 56 LWG.). Der LT. hat das Recht der Überprüfung auch dieser Beschlüsse (Art. 72 LWG.).

19. S. § 26 I, ferner Art. 1—21, 33—37 LWG. Die Stimmabgabe bei Volksbegehren kann nicht geheim sein, da es sich hiebei nur um eine Antragstellung, nicht eigentlich um eine Abstimmung handelt.

20. Art. 67, 69 LWG.

21. Durch das Landeswahlgesetz (LWG.) für Landtagswahlen, Volksbegehren und Volksentscheidungen v. 12. Mai 1920 (GVBl. 195), geändert durch G. v. 21. Juli 1921 (GVBl. 393), v. 6. Febr. 1924 (GVBl. 29) u. v. 18. Juli 1925 (GVBl. 269).

§ 11.

I Jeder[1] Staatsbürger[2] hat in der Gemeinde seines Wohnsitzes[3] das Gemeindebürgerrecht.[4] Er kann es nur ausüben, wenn er seit mindestens sechs Monaten im Gemeindebezirke wohnt.[5]

II Die Ausübung des Wahlrechtes in den Gemeinden darf nicht von der Entrichtung einer Gebühr abhängig gemacht werden.[6]

III Die Regelung der besonderen Rechte und Pflichten aus dem Gemeindeverbande bleibt der Gesetzgebung vorbehalten.[7]

RE. § 9; VA. I 141, II 460.

1. Ausnahmen s. § 8 Anm. 1.

2. S. § 6 Anm. 1.

3. Vom Aufenthalt zu unterscheiden. S. § 8 Anm. 6.

4. Der Staatsbürger, also der 20jährige Bayer, sollte nach der VU. am Orte seines Wohnsitzes von selbst kraft Gesetzes auch Gemeindebürger sein, ohne daß er hiezu weitere Voraussetzungen zu erfüllen brauchte. Nur für seine Ausübung war in S. 2 eine Bedingung gesetzt. Das Gemeindebürgerrecht nach § 11 sollte das Bürgerrecht des Art. 10 ff. GO. ersetzen. Es steht juristischen Personen nicht zu.

Der Inhalt des Gemeindebürgerrechts ist nach der VU. in erster Linie das Wahl- und Stimmrecht in der Gemeinde (§ 11 II), daneben nach § 11 III Teilnahme am dem Gemeindegut und dessen Nutzungen sowie an den Nutzungen der örtlichen Stiftungen nach Maßgabe der Stiftungsurkunden, ferner die Befugnis der Benutzung von Gemeindeanstalten (vgl. Art. 19 II Ziff. 3, 4 GO. von 1869).

Die RV. beeinflußt diese Bestimmung der VU. nach zwei Richtungen. Hinsichtlich des Wahl- und Stimmrechts kommt Art. 110 II RV. in Betracht, der die übrigen Deutschen mit den Staatsbürgern in dieser Hinsicht gleichstellt. Diese Gleichstellung gilt aber nicht für die übrigen Ausflüsse des Gemeindebürgerrechts. Die GO. von 1927 beseitigt diese größtenteils. Das Stimm- und Wahlrecht in der Gemeinde von einem 6monatigen „Wohnsitz" abhängig zu machen, ist nach Art. 17 II RV. unzulässig. (S. § 8 Anm. 6.) Als Voraussetzung hiefür kann hiernach nur ein „Aufenthalt" bis zu 12 Monaten verlangt werden. So das GemeindewahlG. v. 6. Nov. 1924 und die GO. von 1927. Die Annahme eines Gemeindebürgerrechts auch für Bezirke und Kreise (P. 64, Kr. Anm. 3 zu § 11) lehnt N. 272 mit Recht ab. Für die Annahme eines solchen fehlen die Anhaltspunkte.

5. Satz 2 will die Ausübung des nach der VU. an sich sofort mit der Begründung des Wohnsitzes entstehenden Gemeindebürgerrechts von der mindestens 6 Monate bestehenden Dauer des Wohnsitzes abhängig machen. Art. 17 II RV. erklärt aber für das Wahlrecht in den Gemeindevertretungen nur das Verlangen eines höchstens 12monatigen Aufenthalts für zulässig. Über den Unterschied s. § 8 Anm. 6. Da das Verlangen eines Wohnsitzes von bestimmter Dauer unzulässig ist, ist Satz 2 für Gemeindewahlen überhaupt nicht in Kraft getreten. (Daher ist das Verlangen eines 12monatigen Aufenthaltes in der Gemeinde durch § 1 I Ziff. 2 GWG. und jetzt in Art. 63 GO. zulässig). § 11 I S. 2 ist nur für sonstige Ausflüsse des Gemeindebürgerrechts (Anm. 4) noch in Kraft. Unter „wohnen" ist dasselbe wie unter „Wohnsitz" im S. 1 zu verstehen. (VA. I 122; anders Kr. Anm. 5a.) Nur der Wohnsitz (oder Aufenthalt) muß die bestimmte Zeit gedauert haben. Die übrigen Voraussetzungen (z. B. das 20. Lebensjahr) brauchen noch keine 6 (12) Monate zurückzuliegen. (Mit Kr. Anm. 5a gegen Roesch, GO., 3. Aufl. S. 28.)

Für das Gemeindewahlrecht gilt die Bestimmung, daß ein mindestens 12monatiger „Aufenthalt" gefordert wird. Kürzere Unterbrechungen des Aufenthalts entwerten diesen dann nicht, wenn aus den Begleitumständen sich ergibt, daß die Aufgabe des Aufenthalts nicht beabsichtigt war. Bei mehreren gleichzeitigen Aufenthalten gilt der überwiegende. Ein doppeltes Gemeindewahlrecht gibt es nicht.

6. Damit ist die frühere Vorschrift beseitigt, wonach die Ausübung des Gemeindebürgerrechts auch bei Wahlen von der Entrichtung der Bürgerrechtsgebühr abhängig war. Für die Ausübung der Befugnisse aus anderen Ausflüssen des Gemeindebürgerrechts als des Wahlrechtes (Anm. 4) kann eine Gebühr erhoben werden.

6. Einschlägig z. B. Art. 33 GO. Bei Verteilung von Überschüssen nach Art. 32 GO. sollen alle Reichsangehörigen berücksichtigt werden, die in der Gemeinde seit einem Jahr den gewöhnlichen Aufenthalt haben und einen eigenen Haushalt führen.

§ 12.

Die Staatsbürger[1] sind nach Maßgabe der Gesetze[2] zu den öffentlichen Ämtern[3] zuzulassen,[4] wenn sie ihre Befähigung hierfür nachweisen.[5] Nur Tüchtigkeit und Würdigkeit sollen für Verleihung der Ämter maßgebend sein.[6]

RE. § 35 II; BA. I 143, 147, II 460.

1. Staatsbürger s. § 6. N. 263, 272 macht mit Recht darauf aufmerksam, daß hier nur die Staatsangehörigkeit gemeint sein kann. Sonst könnte es keine Beamten unter 20 Jahren geben (ebenso Kr. Anm. 1). § 68 verlangt 5jährigen Besitz der Reichsangehörigkeit. Für § 12 war Art. 128 I RV. vorbildlich. Unterschiede der Geburt, des Geschlechtes, der Religion kann es hiebei nicht geben, soweit ein Recht auf Zulassung besteht; auch keine Unterschiede der Staatsangehörigkeit. Auch Art. 128 versteht unter Staatsbürgern die deutschen

Reichs- und Staatsangehörigen, führt aber ebensowenig wie § 12 dazu, daß alle Deutschen in jedem deutschen Lande zu den öffentlichen Ämtern zugelassen werden müssen, weil auch die Bayern kein Recht auf Zulassung haben (Anm. 4), so daß der Boden für Art. 110 II RV. fehlt.

§ 12 S. 1 hat neben Art. 128 RV., der ihn ersetzt, keine selbständige Bedeutung.

2. Der Zusatz „nach Maßgabe der Gesetze" war im VA. abgelehnt, kam trotzdem in die Zusammenstellung der Beschlüsse, ist indes durch die Beschlüsse in 2. Lesung und in der Vollversammlung gedeckt. Ebenso Art. 128 RV. Die Vorbedingungen für die Anstellung können durch Gesetz oder Verordnung aufgestellt werden. S. auch § 68 I.

3. Öffentliche Geschäfte mit obrigkeitlicher Gewalt. Über den Begriff s. BVBl. 1927, 86 zu § 68 I. Die Auslegung ist die gleiche auch für § 12. Nur Ämter des Staates und der Selbstverwaltungskörper, nicht der sonstigen Körperschaften des öffentlichen Rechts, nicht der Religionsgesellschaften (wegen Art. 137 III S. 2 RV.); ebenso G. bei Art. 128 RV. Anm. 1.

4. Hiedurch wird kein subjektives Recht der Einzelnen auf Zulassung begründet. So bayer. Staatsgerichtshof am 5. Febr. 1925 (BVBl. 1925, 204).

5. Der Wortlaut der RV.: „entsprechend ihrer Befähigung und ihren Leistungen" gibt den gleichen Sinn wie hier. Die Art des Nachweises kann durch Gesetz oder Verordnung geregelt werden (Vorbereitungszeit, Prüfungen, Zeugnisse). Bei der Beurteilung der Befähigung kann auch die Frage erwogen werden, ob für das Amt nach dessen Art und nach der allgemeinen Befähigung der Frauen weibliche Beamte sich überhaupt eignen. Solche Bestimmungen sind nicht unzulässig. Für gewisse Ämter sind Frauen trotz Art. 128 II RV. nicht geeignet (z. B. in der Polizei). Über Frauen als Volksschullehrerinnen E. d. RGer. in RGBl. 21, 735.

6. § 12 verlangt, über Art. 128 RV. hinausgehend, auch noch die „Würdigkeit". Das ist zulässig, da auch nach der RV. kein Anspruch des Einzelnen gegeben ist, sondern die Zulassung „nach Maßgabe der Gesetze“ erfolgen kann. Über „Würdigkeit“ s. Art. 1 BeamtenG. Unwürdig kann auch eine Person sein, die offenkundig den Umsturz der Staatsordnung mit Gewalt betreibt.

3. Abschnitt.

Grundrechte[1].

§ 13.

Kein Staatsangehöriger[2] kann aus dem Staatsgebiet ausgewiesen werden.

RE. § 10; VA. I 144, 334, II 460.

1. Grundrechte sind entweder nur Richtlinien für die Gesetzgebung oder unmittelbar anwendbares Recht. Der RE. regelte im 3. Abschnitt eine größere Anzahl von Grundrechten. Mit Rücksicht auf die RV. wurden die meisten dieser Bestimmungen wieder beseitigt. Nur die landesrechtlich noch zulässigen und notwendigen Grundrechte sollten belassen werden (VA. I 334). Die Grundrechte werden manchmal als subjektive Rechte der Einzelnen angesehen, meist aber wird dieser Charakter bestritten und den Bestimmungen der Verf. über die Grundrechte nur die Bedeutung beigelegt, daß hiedurch die Polizeibehörden gebunden werden und daß sie Richtlinien für die Staatsgewalt auch hinsichtlich der Gesetzgebung bilden, so daß, wenn die Gesetzgebung auf diesen Gebieten die Freiheit der einzelnen weiter beschränken will, dies auf dem Wege der Verfassungsänderung zu geschehen hat. (Näheres A. u. G. Vorbem z. 2. Abschn. der RV.)

2. Bayer. Staatsangehörige können aus Bayern nicht ausgewiesen werden. Insofern hat § 13 trotz Art. 111 RV. noch sachliche Bedeutung. Für die Angehörigen anderer deutscher Länder sind Aufenthaltsbeschränkungen, auch Ausweisungen aus Ländern, in denen sie nicht staatsangehörig sind, auf Grund Art. 111 RV. nach § 3 II des FreizügigkeitsG. v. 1. Nov. 1867 (BGBl. 55) zulässig. Art. 110 II RV. schlägt für die Angehörigen anderer deutscher Länder hier nicht ein, weil die lex specialis des Art. 111 S. 3 RV. vorgeht.

§ 14.

I Jeder Bayer hat das Recht, sich innerhalb des bayerischen Staatsgebietes an jedem Ort aufzuhalten und niederzulassen.[1] Ausnahmen können nur auf Grund Gesetzes angeordnet werden.[2]

II Die Niederlassung darf bayerischen Staatsangehörigen an keinem Orte durch besondere Lasten erschwert werden.[3]

RE. § 11; BA. I 144, II 460.

1. Das gleiche Recht gewährleistet Art. 111 S. 1 u. 2 RV. für das ganze Reichsgebiet. Das Recht aus § 14 kommt nach Art. 110 II RV. auch allen übrigen Deutschen zugute. § 14 ist also ohne sachliche Bedeutung. Die in Art. 111 RV. zugelassene Regelung für Einschränkungen trifft § 1 des FreizügigkeitsG. v. 1. Nov. 1867 (BGBl. 55).

2. Durch Art. 111 S. 3 RV. ersetzt. Ausnahmen sind nur durch RG. zulässig (Art. 3 ff. FreizügigkeitsG.).

3. § 8 FreizügigkeitsG. trifft die gleiche Bestimmung für Nichtdeutsche gegenüber den Gemeinden. Abs. II hat noch Bedeutung gemäß Art. 110 II RV. auch für Nichtbayern. Nicht verboten ist auch für die Gemeinden die Erhebung von Abgaben, die nicht in der Tatsache des Zuzuges als solchen ihren Grund haben, wie die Beteiligung an den Gemeindelasten.

§ 15.

I Alle Bayern sind vor dem Gesetze gleich.[1]

II Der bayerische Adel ist aufgehoben.[2] Bayerische Staatsangehörige, die vor dem 28. März 1919 Adelsbezeichnungen zu führen berechtigt waren, dürfen diese nur als Teil ihres Namens weiterführen.[3] Adelsbezeichnungen werden nicht mehr verliehen. Den bayerischen Staatsangehörigen ist es verboten, die Verleihung des Adels eines anderen Staates anzunehmen.[4]

III Titel, die nicht ein Amt, einen Beruf oder einen akademischen Grad bezeichnen, werden nicht mehr verliehen.[5]

RG. § 17; BA. I 374, II 466.

1. Art. 109 I RV. „Gesetz" bedeutet Reichs- und Landesgesetze. Gleichheit vor dem Gesetze heißt nicht, daß alle Staatsangehörigen gleiche Rechte zu beanspruchen haben, sondern daß das Gesetz auf alle Staatsangehörigen in gleicher Weise anzuwenden ist, daß also kein Unterschied nach Stand, Partei, Religion usw. gemacht werden darf (E. d. StGH. v. 28. April 1926), also ohne Ansehen der Person, aber nicht Gleichheit des Gesetzes; nicht vor dem Gesetzgeber, sondern vor Richter und Verwaltung (A. u. G. Art. 109 Anm. 1).

2. Durch § 12 des StaatsgrundG. v. 17. März 1919 u. G. v. 28. März 1919 (GVBl. 114) wurde der bayer. Adel aufgehoben. Damit sollten auch dessen (übrigens nur noch für den hohen Adel bestehenden) Vorrechte beseitigt werden. Der Forderung, die Art. 109 III S. 1 RV. aufstellt, ist durch dieses Gesetz und durch § 15 II S. 1 genügt. Stiftungsmäßige Vorrechte werden dadurch nicht berührt (StenBer. 20/21 S. 761).

3. Die aus S. 1 sofort sich ergebende Frage, ob die Adelsbezeichnungen als Namensbestandteile weiter geführt werden können, ist durch Art. 109 III S. 2 RV. und § 15 II S. 2 entschieden. Näheres hierüber BA. I 374 u. Vollversammlung des LT. v. 12. Aug. 1919. Maßgebend sind jetzt die Vorschriften des bürgerl. Rechts über die Namensführung. Daraus ist zu folgern, daß sie, wie der Name, nach dem BGB. übergehen und daß die Bezeichnungen geführt werden müssen und nicht wegbleiben dürfen, wo der volle Name rechtserheblich ist

(§ 360, 8 StGB.). BGVBl. 1919, 633, B.OberstLGZiv. 22, 38, BVBl. 25, 337; 26, 78 u. 340; BayZfR. 19, 415; 20, 5; 22, 102; 26, 42.

4. Annahme des päpstlichen Adels also zulässig (Kr. Anm. 5).

5. Der Wortlaut ist weniger entschieden und klar als der des Art. 109 IV RV. Die BU. enthält nur eine Feststellung, im äußersten Fall eine „Verwaltungsvorschrift in Gesetzform" (N. 262). Die RV. enthält dagegen eine Anweisung an die Regierungen, aber auch keine Bestimmung dahin, daß eine trotzdem erfolgte Verleihung rechtswidrig oder ungültig wäre. In Bayern werden neuerdings wieder Titel verliehen, wenn die Ausgezeichneten staatliche Aufgaben erfüllt haben, um durch den Titel dies zum Ausdruck zu bringen. Die gleiche Bestimmung hat Art. 109 V RV. für Orden und Ehrenzeichen getroffen (Ausnahme für Orden und Ehrenzeichen aus dem Krieg 1914—1919, Art. 175). Für ausländische Titel und Orden (nicht päpstliche) ist weitergehend ein Verbot der Annahme in Art. 109 VI RV. ausgesprochen.

Akademischer Grad = Dr., Lic.

§ 16.

Jedem Einwohner[1] werden die Freiheit der Person[2] und das Eigentum[3] gewährleistet. Einschränkungen können nur nach Maßgabe der Gesetze[4] angeordnet werden.

RE. § 19 u. 24; BA I 386, II 470.

1. Nicht nur Staatsangehörigen und Deutschen, sondern allen Einwohnern.

2. Die Freiheit der Person ist nach Art. 114 I S. 1 RV. unverletzlich. Nach Satz 2 ist eine Beeinträchtigung oder Entziehung der persönlichen Freiheit durch die öffentliche Gewalt auf Grund von Gesetzen zulässig.

Die „persönliche Freiheit" ist nach der RV. eines der Grundrechte der Einzelperson. Sie bedeutet die natürliche Bewegungsfreiheit des Einzelnen (G. Anm. 1 zu Art. 109), seine Freiheit als Einzelperson von jedem staatlichen (nicht privaten), nicht gesetzlich normierten Zwang, Schutz nicht nur gegen Verhaftung — diese Auffassung wäre zu eng —, sondern auch gegen sonstigen Zwang. Sie umfaßt also nicht die staatsbürgerlichen Freiheitsrechte aus dem Abschnitt: Gemeinschaftsleben. Der Freiheit des Einzelnen entspricht die Pflicht der Staatsgewalt, gegenüber dem Einzelnen in diesem Umkreis nichts zu tun, was ihr nicht durch Gesetz besonders erlaubt ist.

3. Eigentum ist nicht im engen, bürgerlich-rechtlichen Sinne (an Sachen) zu verstehen, sondern als Inbegriff der privaten Vermögensrechte (E. d. StGH. v. 17. März 1926), es ist schon durch Art. 153 RV. gewährleistet. § 16 ist also auch insoweit ohne Bedeutung. Inhalt und Schranken des Eigentums ergeben sich aus dem Gesetz. Die Gewährleistung durch die RV. besteht darin, daß Einschränkungen und Eingriffe ins Eigentum nur auf Grund von Gesetzen möglich sind. Ausflüsse hieraus Art. 154—156 RV. Grundsätze des Enteignungsrechtes Art. 153 II, 155 II, 156.

4. In Art. 114 I S. 2 u. 153 I S. 2 u. II RV. sind Schranken nur durch „Gesetz" zugelassen (Reichsg. und Landesg., letzteres soweit die Landesgesetzgebung zuständig ist.) Als Gesetz gelten nicht nur Verfassungs-, sondern auch einfache Gesetze, Rechtsverordnungen, auch Gewohnheitsrecht, insbesondere über die Zulässigkeit polizeilicher Eingriffe auf Grund des allgemeinen Polizeirechts (so A. Art. 114 Anm. 4 und Art. 153 Anm. 4, G. Art. 114 Anm. 3 und Art. 153 Anm. 1). Allgemeine polizeirechtliche Grundlage: für das preuß. Recht §§ 10 II, 17 ALR., für das bayer. Recht neben Art. 102 AGzStPO. (zur Verhinderung und Unterdrückung strafbarer Handlungen), die der Polizei nach bayer. Verwaltungsrecht auf Grund einer Reihe von vorkonstitutionellen Edikten und Verordnungen von 1802—1818, auch auf Grund der GO. (Art. 51) als Ausfluß der Staatsgewalt allgemein obliegende Pflicht zur Aufrechterhaltung der öffentlichen Sicherheit und Ordnung. Diese Rechtsgrundlagen für das

bayer. allgemeine Polizeirecht (zu Eingriffen zwecks Aufrechterhaltung der öffentlichen Sicherheit, Ruhe und Ordnung) hat auch der LT. am 20./21. Jan. 1927 und am 3. Febr. 1927 gebilligt. A. M. N. BVBl. 1926, 385; N. in der Festgabe für Fritz Fleiner 1927 S. 211 ff. Beide verneinen — mit Unrecht (BVBl. 1927, 209) — die allgemeine Ermächtigung der bayer. Polizei (im Gegensatz zur preuß.) und verlangen Spezialdelegation durch besonderes Gesetz für jeden einzelnen polizeilichen Eingriff. Eine Entschädigungspflicht besteht bei solchen Eingriffen nur, wo sie ausdrücklich gesetzlich festgesetzt ist.

Aus § 16 ergibt sich der Grundsatz der Gesetzmäßigkeit der Verwaltung. Über ihn hinweg und hinaus geht das Staatsnotstandsrecht. Wie im bürgerl. und Strafrecht das Recht des Einzelnen unbestritten ist, in einem unverschuldeten, auf andere Weise nicht zu beseitigenden Notstand zur Rettung von Leib und Leben aus einer gegenwärtigen Gefahr in das Eigentum oder in die persönliche Freiheit und Unversehrtheit einer Person einzugreifen, so ist dieses Recht auch für den Staat zur Rettung seines Bestandes anzuerkennen (BGH. 42, 65; N. in der Festgabe für Fritz Fleiner 1927 S. 219).

4. Abschnitt.

Gewissensfreiheit, Religionsgesellschaften, Schule.

(§ 17) (§§ 17—19) (§§ 20, 21)

Zu den Vorschriften der Verfassung des Deutschen Reiches im Zweiten Hauptteile, Dritten Abschnitt, Artikeln 135 bis 141 wird bestimmt:

§ 17.

I Jedermann ist volle Glaubens- und Gewissensfreiheit gewährleistet.[1]

II Die Entscheidung über die Zugehörigkeit der Kinder zu einer Religionsgesellschaft steht bis zu deren vollendetem sechzehnten Lebensjahre den Erziehungsberechtigten zu. Bis zu diesem Zeitpunkte können die Eltern die Zugehörigkeit ihrer Kinder zu einer Religionsgesellschaft auch durch Vertrag regeln. Ein solcher Vertrag bedarf der gerichtlichen oder notariellen Beurkundung; er wird durch den Tod der Eltern nicht berührt. Ist ein Kind mit Zustimmung der Erziehungsberechtigten vor Vollendung des sechzehnten Lebensjahres durch einen Kultusakt einer Religionsgesellschaft endgültig in diese aufgenommen worden, so kann hieran durch die Erziehungsberechtigten nichts mehr geändert werden. Von diesem Alter an hat das Kind selbst die Freiheit der Entschließung über sein Verbleiben in der Religionsgesellschaft.[2]

III Der Austritt aus einer Religionsgesellschaft kann mündlich oder schriftlich bei dem Standesamte des Wohnsitzes oder ständigen Aufenthaltsortes erklärt werden.[3] Die schriftliche Erklärung bedarf der Beglaubigung durch eine öffentliche Behörde.[4] Abs. II findet entsprechende Anwendung.[5] Nichtigkeit und Anfechtbarkeit der Austrittserklärung sind nach den Vorschriften des bürgerlichen Rechtes zu beurteilen.[6]

IV Neue freiwillige Leistungen[7] des Staates, der bürgerlichen Gemeinden und Gemeindeverbände[8] an eine Religionsgesellschaft werden durch Zuschläge zu den Staatssteuern und Umlagen der Angehörigen dieser Religionsgesellschaft aufgebracht.[9]

RE. § 12; BA. I 334, 345, II 460, 499.

Zur Überschrift des 4. Abschnittes.

Vgl. BA. I 334. Die Bestimmungen über die Gewissensfreiheit, Religion und Religionsgesellschaften, wie über Bildung und Schule sind in der RV. in Art. 135 bis 141 und 142—149 enthalten. Diese Artikel haben eine eingehende Regelung dieser Verhältnisse versucht. In der VU. war zuerst im Interesse der Übersichtlichkeit die Wiederholung der Vorschriften der RV. beabsichtigt. Sie unterblieb aber und es sollten nur die Bestimmungen aufgenommen werden, die wirklich bayer. Landesrecht darstellen.

Art. 135 und 136 RV. stellen das Individualrecht, 137 und 138 das Gesellschaftsrecht in bezug auf die Religion dar (P. in VA. I 338). In der VU. enthält § 17 das Individualrecht in dieser Hinsicht, soweit landesgesetzliche Bestimmungen noch zulässig und notwendig sind, § 18 trifft die Anordnungen hinsichtlich des Gesellschaftsrechtes.

1. Art. 135 S. 1 RV. stellt den Grundsatz der Glaubens- und Gewissensfreiheit „für alle Bewohner des Reichs" auf. § 17 I ist also ohne eigene sachliche Bedeutung. Art. 135 gibt „volle Glaubens- und Gewissensfreiheit", d. h. die Freiheit, entsprechend dem Gewissen zu handeln, ferner in religiösen Dingen einen beliebigen Glauben zu haben und zu äußern, ohne daß hiedurch irgendwelche Nachteile erwachsen dürfen und ohne daß man zu einer religiösen Betätigung gezwungen werden darf (Art. 136), ferner einen beliebigen Glauben in beliebiger Form einzeln (Art. 135 S. 2 und 140) oder in Gesellschaft (Art. 137 II—VIII) auszuüben, alles unter der Voraussetzung, daß die „allgemeinen Staatsgesetze" nicht entgegenstehen (Art. 135 S. 3). Die Beziehungen zwischen Staat und Kirche regeln Art. 137 I und 138, nicht im Sinne einer völligen Trennung von Staat und Kirche, sondern durch die Bestimmung des gesetzlichen Mindestmaßes dieser Beziehungen.

2. Die volle Glaubens- und Gewissensfreiheit kann sich nicht auf Kinder bis zu einem gewissen Unterscheidungsalter erstrecken. Bisher waren die Rechte der Minderjährigen gemäß Art. 134 EGzBGB. landesrechtlich geregelt. Hierauf beruhte die Regelung in § 17 II, worin das 16. Lebensjahr als Unterscheidungsjahr bestimmt war. Nunmehr ist diese Vorschrift durch RG. v. 15. Juli 1921 über die religiöse Kindererziehung (RGBl. S. 939) ersetzt (BayZfR. 1922, 4, 228). Hiedurch ist das Unterscheidungsalter, von dem an das Kind die Entscheidung darüber selbst treffen kann, zu welchem religiösen Bekenntnis es sich halten will, auf das 14. Lebensjahr festgesetzt. Hat das Kind das 12. Lebensjahr vollendet, so kann es nicht gegen seinen Willen in einem andern Bekenntnis als bisher erzogen werden. Über die religiöse Erziehung der Kinder bestimmt die freie Einigung der Eltern, soweit ihnen das Recht und die Pflicht zusteht, für die Person des Kindes zu sorgen. Die Einigung ist jederzeit widerruflich und wird durch den Tod eines Ehegatten gelöst. Wo keine solche Einigung besteht, gelten die Vorschriften des BGB. (§§ 1627 ff.) über das Recht und die Pflicht, für die Person des Kindes zu sorgen. Will ein Elternteil ohne Zustimmung des andern ein Kind in einem andern als dem zur Zeit der Eheschließung gemeinsamen Bekenntnis oder in einem anderen Bekenntnis als bisher erziehen oder vom Religionsunterricht abmelden, so ist hiezu die Entscheidung des Vormundschaftsgerichtes nötig. Dabei ist das Kind zu hören, wenn es über 10 Jahre alt ist.

3. Zum Vollzug MB. v. 16. Jan. 1922 (GVBl. 15). S. Anhang Nr. 9. Die Erklärung muß enthalten: Vor- und Zuname, Ort und Zeit der Geburt, Wohnsitz oder ständigen Aufenthaltsort, Familienstand, Berufsstellung. Hiedurch werden aber nur die Wirkungen auf den staatlichen Gebieten geregelt, für das innerkirchliche Gebiet kann besondere Regelung erfolgen. Der Eintritt oder Wiedereintritt in eine Religionsgesellschaft ist eine rein kirchliche Angelegenheit.

4. Eine schriftliche Austrittserklärung bedarf der öffentlichen Beglaubigung durch einen Notar, eine Orts- oder Bezirkspolizeibehörde.

5. Für Kinder sind nicht mehr die Vorschriften des Abs. II, sondern des in Anm. 2 genannten RG. maßgebend. Die Standesämter haben die Entgegennahme der

Erklärungen zu bestätigen und der Religionsgesellschaft und dem Finanzamt davon Kenntnis zu geben.

6. Für die Nichtigkeit kommen in Betracht: §§ 105 BGB. (Geschäftsunfähigkeit), 117 (Scheinerklärung), 118 (nicht ernstlich gemeinte Erklärung), 125 (Mängel der Form), für die Anfechtbarkeit §§ 119 (Irrtum), 123 (Täuschung und Drohung).

7. Die Frage, was als neue freiwillige Leistung anzusehen ist, hat schon zu längeren Erörterungen im LT. geführt. Freiwillig sind Leistungen, die nicht durch irgendeinen Rechtstitel (Gesetz, Vertrag, Herkommen) veranlaßt sind; neu können Leistungen einmal nach Grund und Art, sodann durch die Veränderung ihres Betrages sein. Die Mehrheit des LT. (Beschl. v. 7. Mai 1920) verlangte Neuheit dem Grunde, nicht dem Betrage nach. Während der Inflationszeit ergab sich die Frage, ob auch Teuerungszuschläge für die Geistlichen als neue freiwillige Leistungen anzusehen sind und demnach unter § 17 IV fallen. Zu einer authentischen Interpretation der Bestimmung durch den LT. wäre $^2/_3$ Mehrheit (§ 92) nötig. Zu einer solchen Entscheidung kam es jedoch nicht. Die Teuerungszulagen an die Geistlichen wurden vielmehr während der Inflationszeit stets mit einfacher Mehrheit bewilligt. Mit Recht. Denn diese Leistungen waren damals mit Rücksicht auf den gesunkenen Geldwert weder nach Grund und Art, noch nach dem Betrage neu.

Eine Regelung enthalten jetzt auch das Konkordat v. 29. März 1924 (Art. 10) und die protestantischen Kirchenverträge v. 15. Nov. 1924 (Art. 21 bzw. 14).

8. Bezirke und Kreise.

9. Ein solcher Aufwand ist nur von den Angehörigen der Religionsgesellschaften zu tragen. Die Angehörigen anderer Religionsgesellschaften dürfen hiedurch nicht mehr belastet werden. Über die Besteuerung im Einzelnen s. das religionsgesellschaftliche SteuerG. v. 1. August 1923 (GVBl. 251), geändert G. v. 27. Juni 1927 (GVBl. 223).

§ 18.

I Die Vereinigung von Religionsgenossen zu gemeinsamer Hausandacht oder zu öffentlichen Kultushandlungen, zu Religionsgesellschaften, Religionsgemeinden oder geistlichen Gesellschaften ist innerhalb der Schranken des Gesetzes freigegeben.[1]

II Bestehende Religionsgesellschaften, Religionsgemeinden oder geistliche Gesellschaften, dann ihre Anstalten, Stiftungen oder sonstigen Einrichtungen bleiben rechtsfähig, soweit sie es bisher waren, neue können die Rechtsfähigkeit nach Maßgabe des geltenden Rechtes erwerben.[2] Ihr Eigentum und ihre anderen Rechte sowie ihr Bekenntnisgepräge werden gewährleistet.[3]

III Religionsgesellschaften, Religionsgemeinden und geistlichen Gesellschaften wird die selbständige Ordnung und Verwaltung ihrer Angelegenheiten,[4] den Religionsgesellschaften und Religionsgemeinden, welche die Rechtsstellung von Körperschaften[5] des öffentlichen Rechtes besitzen, auch die Besteuerung ihrer Mitglieder auf Grund der bürgerlichen Steuerlisten innerhalb der Schranken des Gesetzes gewährleistet.[6]

IV Bis zur Ablösung der Staatsleistungen gemäß Artikel 138 der Verfassung des Deutschen Reiches bleiben die auf Gesetz, Vertrag oder besonderem Rechtstitel beruhenden Staatsleistungen an die Religionsgesellschaften aufrechterhalten.[7]

V Bis zu dem gleichen Zeitpunkte dürfen Gebäude und Grundstücke des Staates, die derzeit irgendwelchen Kultuszwecken dienen, diesen gegen den Willen der Beteiligten nicht entzogen werden.[8]

RE. § 13; BA. I 349, II 462, 504.

1. Die Regelung in Art. 137 II RV. ist weniger eingehend. Die Einzelheiten des § 18 I haben daher immerhin rechtliche Bedeutung. Art. 137 beseitigt in Abs. I die „Staatskirche", d. h. die staatlich beaufsichtigte und bevorrechtigte Kirche, vor allem das landesherrliche Kirchenregiment, aber auch sonstige, infolge der staatlichen Verwaltung bestandene Privilegierungen einzelner Kirchen. Er gewährleistet aber in Abs. II die Freiheit der Vereinigung zu Religionsgesellschaften und die Freiheit des Zusammenschlusses von Religionsgesellschaften innerhalb des Reiches. Nach Abs. VII sind den Religionsgesellschaften die Vereinigungen gleichgestellt, die sich die gemeinschaftliche Pflege einer Weltanschauung zur Aufgabe machen (Freidenker, freie Religionsgemeinschaften). Religionsgesellschaften sind zu unterscheiden von „religiösen Vereinen und Gesellschaften" (im Sinne des Art. 124 I S. 3 RV.). Religionsgesellschaften sind Vereinigungen dauernder Art von Religionsgenossen (§ 18 I), religiöse Vereine dagegen beliebige Vereinigungen zu religiösen Zwecken, auch abgesehen vom Glaubensbekenntnis. Die Begriffe können, müssen aber nicht zusammenfallen (BayZfR. 24, 249).

§ 18 I gewährleistet die Vereinigung zu Religionsgesellschaften und Religionsgemeinden (letztere an den einzelnen Orten, Gegensatz zu den räumlich ein größeres Gebiet umfassenden Religionsgesellschaften) oder geistlichen Gesellschaften. Diese sind religiöse Gesellschaften (z. B. Orden und Kongregationen, § 24 des ReichsvereinsG.). Ihre Freiheit beruht auf Art. 124 I RV. und dem ReichsvereinsG.

§ 18 I gewährleistet den Religionsgenossen die „Kultusfreiheit" und zwar, entsprechend der früheren Verfassung, die gemeinsame Hausandacht und die öffentlichen Kultushandlungen. In letzterer Hinsicht Näheres im Konkordat und den protestantischen Kirchenverträgen von 1924. Für Kultushandlungen unter freiem Himmel war bis zur RV. landesrechtliche Regelung nach § 24 des Vereinsgesetzes zulässig. Jetzt sind auch solche dem allgemeinen Recht der RV. und des ReichsvereinsG. unterstellt. Die „Schranken des Gesetzes" (§ 18 I) behält auch Art. 137 III RV. vor.

Maßgebend jetzt:

a) für die kath. Kirche das Konkordat v. 29. März 1924,
b) für die prot. Kirche r. d. Rh. und in der Pfalz die Kirchenverträge v. 15. Nov. 1924 (über die Verf. der ev.-luth. Kirche in Bayern, siehe BGVB. 1921, 553).

Ersteres wurde vom LT. als Staatsvertrag genehmigt, ferner, ebenso wie die Kirchenverträge, mit Rücksicht auf die darin enthaltenen Rechtssätze in Gesetzesform beschlossen und am 15. Jan. 1925 verkündet (GVBl. 53).

2. Abs. II regelt die Rechtsfähigkeit der Religionsgesellschaften und ihrer Einrichtungen im Rahmen des Art. 137 IV, V RV. Diese sprechen nur von Religionsgesellschaften. Sie erwerben nach der RV. die Rechtsfähigkeit nach den allgemeinen Vorschriften des bürgerlichen Rechts, also entweder durch Verleihung der Eigenschaft als Körperschaft des öffentlichen Rechts oder nach §§ 21 ff. BGB. durch Eintragung ins Vereinsregister, wobei das Einspruchsrecht der Verwaltungsbehörde durch Art. 124 I S. 3 RV. beseitigt ist. Sie bleiben Körperschaften des öffentl. Rechts, soweit sie solche waren. Andern sind auf ihren Antrag gleiche Rechte (damit auch die Rechtsfähigkeit) zu gewähren, wenn sie durch ihre Verfassung und die Zahl ihrer Mitglieder die Gewähr der Dauer bieten. § 18 II gewährleistet weiter auch den Religionsgemeinden, geistlichen Gesellschaften, Anstalten und Stiftungen und sonstigen Einrichtungen den Besitz und den Erwerb der Rechtsfähigkeit nach dem geltenden Recht. Nach Landesrecht können also auch den einzelnen Religionsgemeinden usw. die Eigenschaften von öffentlichrechtlichen Körperschaften verliehen werden, wie dies z. B. bei altkatholischen Gemeinden schon geschehen ist. Über die „geistlichen Gesellschaften" in Bayern BGVB. 1921, 529.

3. Auch Art. 138 II RV. gewährleistet „das Eigentum und die andern Rechte" der Religionsgesellschaften und religiösen Vereine an ihren für Kultus-, Unterrichts- und Wohltätigkeitszwecke bestimmten Anstalten, Stiftungen und sonstigen Vermögen. Die Gewährleistung gilt auch nur „innerhalb der Schranken der für alle geltenden Gesetze" (s. das Konkordat und die Kirchenverträge), aber für alle Gegenstände, die den genannten Zwecken dienen.

Die Gewährleistung des „Bekenntnisgepräges" d. h. der Äußerlichkeiten des Kultus ergibt sich auch aus Art. 135 S. 2 RV.

4. Übereinstimmend mit Art. 137 III RV. Hier wie in der VU. sind die „Schranken der Gesetze" vorbehalten. Hierunter fallen auch besondere, auf alle oder einzelne Religionsgesellschaften bezügliche Gesetze, die z. B. auch eine irgendwie geartete Staatsaufsicht einführen können. Die Zulässigkeit einer solchen folgt für die öffentlichrechtlichen Körperschaften, auch aus der ihnen eingeräumten Stellung im Staate (Näheres bei A. zu Art. 137 Anm. 4). Die VU. gibt das Recht der Selbstverwaltung auch den Religionsgemeinden und geistlichen Gesellschaften.

Vom Rechte der Selbstverwaltung wird auch die Bildung der Kirchengemeinden erfaßt. Doch ist die Mitwirkung der staatlichen Behörden notwendig zur Erlangung der Eigenschaft als Körperschaft des öffentlichen Rechts und mit Rücksicht auf die Besoldungsregelung BVGB. 1922, 516; 1923, 201.

5. Die Eigenschaft als Körperschaft des öffentlichen Rechtes wird vom Staate verliehen. Was sie für Rechte und Pflichten gibt, bemißt sich ausschließlich nach Landesrecht. A. (zu Art. 137 Anm. 7) erfordert: Ausstattung mit öffentlicher Gewalt (Autonomie, Disziplinargewalt und Finanzgewalt) und öffentlichrechtliche Staatsaufsicht; G. (zu Art. 137 Anm. 7): öffentlichrechtliche Befugnisse (Autonomie), öffentlichrechtliche Organe, öffentliche Funktionen, obrigkeitliche Rechte (Zuchtgewalt, Finanzgewalt), staatliche Vorrechte, staatlichen Schutz, staatliche Aufsicht.

Als wesentlichste Merkmale solcher Körperschaften wurden im VA. der Nationalversammlung (s. VA. I 336) folgende anerkannt:

a) Zulassung gewisser Rechte der Körperschaft gegenüber ihren Mitgliedern (z. B. Besteuerungsrecht, Disziplinargewalt);

b) besonderer Schutz des Staates. Ihre Organe haben bei Ausübung ihres Amtes die Stellung von öffentlichen Organen (Art. 1 § 3 Konk., Art. 1 III der Kirchenverträge);

c) eine besondere Staatsaufsicht mit Rücksicht auf das öffentliche Interesse.

Art. 137 V RV. überläßt die Feststellung des Charakters der öffentlichrechtlichen Körperschaft dem Landesrecht, gewährleistet aber den Besitz dieser Eigenschaft allen Religionsgesellschaften, die sie bisher hatten, und den Erwerb den Religionsgesellschaften, die durch ihre Verfassung und die Zahl ihrer Mitglieder die Gewähr der Dauer bieten und verleiht diese Eigenschaft endlich den Verbänden öffentlichrechtlicher Religionsgesellschaften, die sich zusammenschließen.

Als Körperschaften des öffentlichen Rechts kommen in Bayern in Betracht: die kath. Kirche, die ev.-luth. Kirche r. d. Rh., die verein. prot. Kirche der Pfalz, die ref. Kirche, die Methodistenkirchen in München und Nürnberg, die altkath. Kirche und verschiedene Verbände israel. Gemeinden.

6. Nach Art. 137 VI sind die Religionsgesellschaften, die Körperschaften des öffentlichen Rechts sind, berechtigt, auf Grund der bürgerlichen Steuerlisten nach Maßgabe der landesrechtlichen Bestimmungen Steuern zu erheben. (Art. 10 § 5 Konk. Art. 20, 13 der Kirchenvertr. Religionsgesellschaftl. SteuerG. v. 1. Aug. 1923 (GVBl. 351, geändert durch G. v. 27. Juni 1927 GVBl. 223). Nach dessen § 1 sind die Religionsgesellschaften und Religionsgemeinden (Pfarr-, Mutter- und Tochtergemeinden) des öffentlichen Rechtes, als Steuerverbände befugt, mit Zustimmung der Steuerverbandsvertretung für ihre Zwecke gleichmäßige Zuschläge (Umlagen) zu den Reichs- und Landessteuern zu erheben.

7. Nach Art. 138 RV. sollen diese Staatsleistungen an die Religionsgesellschaften durch die Landesgesetzgebung nach den vom Reich aufzustellenden Grundsätzen abgelöst, d. h. gegen Entschädigung aufgehoben werden. Bis dahin sichert die BU., entsprechend dem Art. 173 RV., die Aufrechterhaltung dieser Staatsleistungen noch besonders zu. Maßgebend ist hierfür jetzt Art. 10 § 1 Konk., und Art. 15 und 9 der prot. Kirchenverträge.

8. Art. 10 § 3 Konk. Art. 18 rechtsrh. prot. Kirchenvertrag.

§ 19.

I Errichtung und Unterhaltung von Begräbnisplätzen obliegen den bürgerlichen Gemeinden.[1] Das gleiche gilt für Errichtung und Unterhaltung von Bestattungsanstalten.[2]

II Die bürgerlichen Gemeinden sind zur Errichtung von Begräbnisplätzen und Bestattungsanstalten nur soweit verpflichtet, als die vorhandenen Begräbnisplätze und Bestattungsanstalten nicht ausreichen. Im übrigen bestimmen sich Errichtung und Unterhaltung nach dem öffentlichen Bedürfnis.[3]

III In Friedhöfen, die nur für einzelne Religionsgesellschaften bestimmt sind, ist mangels eines gemeinschaftlichen Begräbnisplatzes die Beisetzung Andersgläubiger unter den für sie üblichen Formen und ohne räumliche Absonderung, erforderlichenfalls nach Anordnung der zuständigen Behörde zu gestatten.[4]

IV Im übrigen bemißt sich der Simultangebrauch der Kirchen und Friedhöfe nach bisherigem Rechte, soweit nicht Abänderungen durch Gesetz getroffen werden.[5]

RE. § 16; BA I 368, II 464.

1. Nach Art. 10 Ziff. 5 RV. kann das Reich im Wege der Gesetzgebung Grundsätze über das Bestattungswesen (Erd- und Feuerbestattung) aufstellen. Ein solches Gesetz ist noch nicht ergangen. Die Regelung in § 19 ist daher noch voll in Kraft. Nach Art. 28 I Unterabsatz 2 GO. obliegt die Herstellung und Unterhaltung der nötigen Begräbnisplätze und Bestattungsanstalten den Gemeinden. Nötig sind solche, soweit nicht anderweitig ausreichende Fürsorge in dieser Hinsicht getroffen ist.

2. D. h. Feuerbestattungsanstalten. BA. I 368. Dafür, daß auch die Leichenhäuser hierunter fallen, keine Anhaltspunkte (so auch Roesch GO. Art. 38 Anm. 9. Dagegen Kr. § 19 Anm. 2).

3. Eine Pflicht zur Errichtung durch die Gemeinden besteht nur dann, wenn die vorhandenen Einrichtungen nicht ausreichen. Die Fassung des Abs. II bezweckt, daß in letzter Instanz über die Notwendigkeit der Errichtung einer solchen Einrichtung der VGH. (Art. 10 Ziff. 2 VGG.) entscheidet (nicht dagegen über die Art der Anlage). BA. II 464. Vielfach bestehen kirchliche Friedhöfe. Die Kirchengemeinden und -stiftungen haben nicht die Pflicht zur Errichtung von kirchlichen Friedhöfen, wohl aber, wo solche bestehen, die Pflicht zu ihrer Unterhaltung (Art. 12 I Ziff. 1 KirchengemO.). Die ortskirchlichen Vertretungskörper sind auch fernerhin zur Errichtung von konfessionellen Friedhöfen und zu deren Erweiterung berechtigt (BA. I 369). Nur soweit die kirchlichen Friedhöfe nicht ausreichen, besteht eine gemeindliche Pflicht zur Neuerrichtung. Errichtung und Unterhaltung sind außerdem von dem Bedürfnis (der Allgemeinheit, nicht einer kleinen Minderheit) abhängig.

4. Bisher § 100 der II. Beil. z. Verf. v. 1818 (Religionsedikt). Gemeinschaftliche Begräbnisplätze sind entweder gemeindliche für alle Einwohner oder kirchliche für mehrere Konfessionen. An dem für eine Konfession oder mehrere einzelne Konfessionen bestimmten Friedhofe besteht unter der in Abs. III angegebenen Voraussetzung, um für alle Fälle das Begräbnisrecht sicherzustellen, ein Gemeingebrauch auch für Andersgläubige ohne Unterschied der Religion und zwar in der sonst auf dem Friedhof üblichen Reihenfolge und mit den kirchlichen Gebräuchen der Konfession des Verstorbenen. In Zweifelsfällen entscheidet die Verwaltungsbehörde, z. B. auch darüber, welcher von mehreren konfessionellen Friedhöfen für den Andersgläubigen zu benützen ist (VA. II 465). Hierdurch ist ein erzwingbares Recht der Angehörigen des Verstorbenen geschaffen.

5. Simultangebrauch ist der gemeinschaftliche Gebrauch einer Kirche oder eines kirchlichen Friedhofes durch mehrere Religionsgesellschaften; bisher geregelt durch das Religionsedikt v. 1818 (§ 90—103). Diese Bestimmungen bleiben gültig, soweit nicht § 19 I—III sie abändert (geändert z. B. § 100). Der Schlußhalbsatz von § 19 IV läßt ihre Abänderung durch einfaches Gesetz zu. Über die Verwaltung bei solchen Simultanverhältnissen Art. 2 des G. v. 12. Dez. 1921 über die ortskirchlichen Vertretungskörper (GVBl. 617).

Zu den Vorschriften der Verfassung des Deutschen Reiches im Zweiten Hauptteile, Vierten Abschnitt, Artikeln 142 bis 149 wird bestimmt:

§ 20.

Die Freiheit der Kunst, der Wissenschaft und ihrer Lehre wird gewährleistet [1] und kann nur durch Gesetz und nur zur Wahrung der öffentlichen Ordnung, Sicherheit, Gesundheit oder Sittlichkeit beschränkt werden. [2]

RE. § 15 II; VA. I 272, II 465.

Zu der Überschrift vgl. Anm. zu der Überschrift vor § 17.

1. Art. 142 RV. fast gleichlautend. Dessen Satz 1 ist eine Folgerung aus Art. 118 RV., Satz 2 ohne Bedeutung, fehlt in der VU. Art. 142, wie § 20 nicht nur für Deutsche, sondern auch für Ausländer gültig. S. auch Art. 150 RV.

2. Eine unbeschränkte Freiheit gibt es auch hier nicht. Nach Art. 118 I RV. muß sich jede Meinungsäußerung innerhalb der Schranken der allgemeinen Gesetze halten, d. h. der Straf- und sonstigen Gesetze. Beschränkungen durch reine Verwaltungsverordnungen ohne gesetzliche Unterlage sind unzulässig und unwirksam. Das allgemeine Polizeirecht (s. § 16 Anm. 4) schlägt auch hier ein. Vgl. die in Art. 118 II RV. als Ausnahme vom Zensurverbot vorbehaltenen G., LichtspielG. v. 12. Mai 1920 (RGBl. 953); G. v. 18. Dez. 1926 zur Bewahrung der Jugend vor Schund- und Schmutzschriften (RGBl. I 505). Soweit Beamte (bei Ausübung von Kunst und Wissenschaft) in Frage stehen, gelten für sie die allgemeinen beamtenrechtlichen Bestimmungen.

Die in § 20 der Gesetzgebung gezogenen Schranken gelten nicht für die Reichsgesetzgebung (Art. 118 I: Schranken der allgemeinen Gesetze). Allerdings werden auch für diese kaum andere Gesichtspunkte in Frage kommen, als in § 20 angegeben sind. Eine gewisse Beschränkung enthalten Art. 3 § 2 und Art. 4 §§ 1 u. 2 des Konk., und Art. 2 II und 3 II, ferner Art. 2 II der prot. Kirchenverträge.

§ 21[1].

I Die Regelung und Förderung des öffentlichen Erziehungs-, Unterrichts- und Bildungswesens[2] sowie die Genehmigung und Beaufsichtigung der privaten Unterrichts- und Erziehungsanstalten[3] sind Angelegenheiten des Staates. Die öffentlichen Volksschulen sind grundsätzlich Staatsanstalten.[4]

II Die Erziehungsberechtigten und die Personen, denen Schulpflichtige durch besonderen Auftrag anvertraut sind, sind verpflichtet, diese während der Dauer der gesetzlichen Schulpflicht zum Schulbesuche anzuhalten.[5]

RE. § 15 I u. IV; VA. I 373, II 465, 508.

1. Die RV. stellt in Art. 143—149 ein eingehendes Programm für das deutsche Schul- und Bildungswesen auf: Bildung der Jugend in öffentlichen Anstalten in Reich, Ländern und Gemeinden (Art. 143 I), Zweck und Ziel der Schulen (Art. 148), Aufbau (Art. 146), Rücksichtnahme auf Weltanschauung (Art. 146 II), keine Rücksichtnahme auf gesellschaftliche Stellung (Art. 146 I, III), Schulaufsicht (Art. 144), Schulpflicht (Art. 145 S. 1 u. 2), Unentgeltlichkeit (Art. 145 S. 3), Stellung der Lehrer (Art. 143 III), Lehrerbildung (Art. 143 II), Religionsunterricht (Art. 149), Staatsbürgerkunde und Arbeitsunterricht (Art. 148 III), Privatschulen (Art. 147), Volksbildungswesen (Art. 148 IV). Die VU. gibt nur noch eine Ergänzung der Vorschriften, soweit das Landesrecht zur Regelung befugt ist. Die Bestimmungen der RV. in Art. 143 ff. sind aber nur ein Programm, nicht selbst geltendes Recht. Die Bestimmungen des Landesrechts gelten also noch, soweit sie nicht mit dem ReichsgrundschulG. v. 28. April 1920 in Widerspruch stehen (RGBl. 851).

2. In den Grenzen der Art. 143, 149; insoweit ist also § 21 ohne eigene rechtliche Bedeutung.

Das Erziehungs-, Unterrichts- und Bildungswesen ist staatlich zu fördern und zu regeln, wobei das in Art. 148 RV. aufgestellte Schulziel zu beachten und der in Art. 146 bestimmte Aufbau einzuhalten ist. Die Aufgaben des Schul- und Bildungswesens sind nach § 42 I der 3. Steuernotverordnung v. 14. Febr. 1924 (RGBl. 74) den Ländern nach Maßgabe näherer reichsrechtlicher Vorschriften zu selbständiger Regelung und Erfüllung überlassen. Sie bestimmen, inwieweit die Gemeinden sich daran zu beteiligen haben. An Stelle der geistlichen Schulaufsicht ist die weltliche getreten (V. v. 18. Dez. 1918, GVBl. 1275). Maßgebend im übrigen G. v. 1. Aug. 1922 (GVBl. 385) über Schulpflege, Schulleitung und Schulaufsicht. Organischer Aufbau: auf gemeinsamer Grundschule baut sich das mittlere und höhere Schulwesen auf. Auf Antrag der Erziehungsberechtigten Konfessionsschule. Bestimmung hierüber trifft das Landesrecht auf Grund eines Reichsgesetzes. Bis zum Erlasse dieses Gesetzes bleibt es nach Art. 174 RV. bei der bisherigen Rechtslage (Art. 6 Konk., Art. 8, 9 der Kirchenverträge). Zum Lehrplan Bestimmungen der RV. über Staatsbürgerkunde und Arbeitsunterricht (Art. 148 III), Toleranz (Art. 148 II), Religionsunterricht (Art. 149). S. auch Art. 7 Konk., Art. 3—6, 10—12 und Art. 2—7 der Kirchenverträge.

3. Art. 147 RV. unterscheidet Privatschulen, die als Ersatz für öffentl. Schulen dienen, und solche Schulen, die diesen Ersatz nicht bezwecken. Für erstere werden bestimmte, für Volksschulen besonders erschwerte Voraussetzungen für die Genehmigung aufgestellt, für letztere bleibt es beim geltenden Recht. V. v. 10. Mai 1905 (GVBl. 471) über die Gründung, Leitung und Beaufsichtigung von Erziehungs- und Unterrichtsanstalten (d. h. von Anstalten, die entweder die Erziehung im ganzen oder nur die Unterrichtung in bestimmten Gebieten bezwecken). Nach Art. 59 PStGB. ist Gründung oder Leitung solcher Anstalten ohne Genehmigung strafbar. Für private Schulen von Orden und religiösen Kongregationen Art. 9 Konk. und Art. 7, 13 des rechtsrh. prot. Kirchenvertrags.

4. S. Art. 143 I („für die Bildung der Jugend ist durch öffentliche Anstalten zu sorgen; bei ihrer Errichtung wirken Reich, Länder und Gemeinden zusammen") und Art. 143 III („die Lehrer an öffentlichen Schulen haben die Rechte und Pflichten der Staatsbeamten"). Durch § 42 I der 3. SteuernotVO. v. 14. Febr. 1924. (RGBl. 74) ist das Schulwesen den Ländern überlassen. Sie bestimmt daher auch, inwieweit die Gemeinden hiebei mitwirken. In Bayern ist hienach durch § 21 I S. 2 VU. die Volksschule als Staatsanstalt erklärt. Nach Art. 11 des SchulbedarfsG. v. 14. August 1919 (GVBl. 489, mehrfach geändert, vor allem 1. August 1923) wird der sachliche Bedarf der Schule von den Gemeinden, der persönliche vom Staat aufgebracht. Über die Verhältnisse der Volksschullehrer G. v. 14. August 1919 (GVBl. 437), gleichfalls mehrfach geändert. Die Lehrer sind entsprechend der RV. zu Staatsbeamten erklärt.

5. Nach Art. 145 RV. allgemeine Schulpflicht; grund-

sätzlich 8 Volksschuljahre und Fortbildungsschule bis zum vollendeten 18. Lebensjahr. Nach Art. 147 III RV. Pflicht zum Besuch der Volksschule. Vorschulen sind aufzuheben. Nach RG. v. 28. April 1920 (RGBl. 851) kann nur ausnahmsweise Privatunterricht zugelassen werden.

§ 21 II stellt ausdrücklich fest, wer für die Erfüllung der Schulpflicht verantwortlich ist und behält die Regelung der Schulpflicht einem Gesetze vor. Art. 58 PStGB. in der F. des § 33 des SchulaufsichtsG. v. 1. August 1922 (GVBl. 385), SchulpflichtV. v. 22. Dez. 1913 (GVBl. 957).

5. Abschnitt.

Selbstverwaltung, Stiftungen.

(§§ 22—25) (§ 25)

Im LT. wurde die Frage erörtert (VA. II 501), ob nicht durch eine Bestimmung der VU. auch eine Rechtsgrundlage für die Rechtsstellung der Körperschaften des öffentlichen Rechts geschaffen werden müsse. Ein darauf abzielender Antrag Dr. Piloty wurde aber abgelehnt. Richtig ist, daß für die wichtigsten dieser Körperschaften eine Rechtsgrundlage nach der VU. gegeben ist (Gemeinden und Gemeindeverbände § 22, berufsständische Vertretungen § 24, Religionsgesellschaften § 17 und Art. 137 V RV.). Die Folgerung von Dr. Piloty, daß bei der Verleihung von Körperschaftsrechten immer ein Gesetzgebungsakt vorliege und daß, solange hiefür keine gesetzliche Grundlage gegeben sei, die Staatsregierung diese Rechte nicht mehr verleihen könne, ist aber irrig. Bis zur Staatsumwälzung wurde hierin übungsgemäß, und ohne daß Rechtsprechung und Schrifttum die Rechtswirksamkeit dieser Verwaltungsakte jemals irgendwie beanstandeten, kein Gesetzgebungs-, sondern ein Verwaltungsakt erblickt. Die VU. hat hierin keine Änderung eintreten lassen. Die Verwaltungsbefugnisse der Staatsregierung wurden hiedurch insoweit nicht beschränkt. Sie ist also auch fernerhin, wie bisher, befugt, solche Verwaltungsakte vorzunehmen, wobei sie nur an die (gewohnheitsrechtlichen) Bestimmungen des Landesrechts gebunden ist, soweit nicht die VU. oder andere Gesetze irgendwelche Bindungen für besondere Arten von solchen Körperschaften eintreten lassen. Wenn Wirkungen nach § 74 I VU. eintreten sollen, ist allerdings ein Gesetz erforderlich. Zu gleichem Ergebnis kommt R. 6, 7, Hubrich (Archiv für bürgerl. Recht Bd. 33, 42 für das frühere preuß. R.).

Der 5. Abschnitt bezieht sich nur auf die Gemeinden und Gemeindeverbände, auf die berufsständischen Einrichtungen und die Stiftungen, nicht auf die sonst noch möglichen Selbstverwaltungskörper.

§ 22.

I Den bürgerlichen Gemeinden [1] und den Gemeindeverbänden [2] wird das Selbstverwaltungsrecht [3] gewährleistet. Sie verwalten nach Maßgabe der Gesetze ihre eigenen und die ihnen vom Staat übertragenen Angelegenheiten.[4] Sie haben das Recht, ihren Bedarf durch öffentliche Abgaben im Rahmen der Gesetze zu decken.[5] Neue Aufgaben und Lasten können ihnen nur auf Grund Gesetzes zugewiesen werden.[6]

II Der Staat überwacht die Erfüllung ihrer Pflichten und die Gesetzmäßigkeit ihrer Verwaltung.[7]

III Der Staat schützt die Behörden der Gemeinden und Gemeindeverbände bei Durchführung ihrer Aufgaben.[8]

IV Gegen Überschreitung der Grenzen, die den Aufsichtsbehörden durch das Gesetz gezogen sind, haben die Gemeinden und Gemeindeverbände Anspruch auf verwaltungsgerichtlichen Schutz.[9]

V Das Vermögen der Gemeinden und Gemeindeverbände kann unter keinem Vorwande zum Staatsvermögen gezogen werden.

RE. §§ 25, 26; VA. I 144, 162, II 471.

1. Im Sinne der GO. Nicht Ortsgem. Diese waren zwar bis zum G. v. 22. Mai 1919 in gewissem Sinn Selbstverwaltungskörper. Art. 28 dieses G. hat ihnen aber diese Eigenschaft entzogen und die VU. hat sie ihnen nicht wieder gegeben, ebenso nicht die neue GO. Sie sind aber nach Art. 62 OG. auch jetzt noch in gewissem Umfang Körperschaften des öffentlichen Rechts mit dem Recht der Vermögensverwaltung.

2. Körperschaften, die zwischen dem Staat und den Gemeinden stehen, also Bezirke und Kreise. Über deren Aufbau (als Gebietskörperschaften, wie nach dem Selbstverwaltungsgesetz, oder als Zweckverbände, wie nach dem früheren Distrikts- und Landratsgesetz) ist damit nichts bestimmt. S. aber § 23.

3. Das Recht der Selbstverwaltung ist in Art. 127 RV. den Gemeinden und Gemeindeverbänden gleichfalls, aber nur innerhalb der Schranken der Gesetze gewährleistet. Die Landesgesetzgebung ist also in dieser Hinsicht frei, sowohl was den Ausbau als die Aufgaben und die Schranken anlangt. Selbstverwaltung (nach G.: dezentralisierte Staatsverwaltung) = Führung öffentlicher Verwaltungsgeschäfte statt durch den Staat durch andere öffentlichrechtlicher Körperschaften. Das Selbstverwaltungsrecht = Recht auf Ausübung der den Selbstverwaltungskörpern zugewiesenen öffentlichen Funktionen (VGH. 42, 111). Dessen Inhalt bestimmt Satz 2 (N. 425). Über der Selbstverwaltung wacht die Staatsaufsicht auf Einhaltung der Gesetze. Im Vollzug des § 22 I ist in Art. 1 GO. den Gemeinden das Recht der Selbstverwaltung gewährleistet, ebenso den Bezirken und Kreisen in Art. 1 der Bezirks- und Kreisordnung.

4. Das Gemeinderecht unterscheidet den eigenen und den übertragenen Wirkungskreis der Gemeinden, je nachdem die Aufgaben eigentliche Gemeindeangelegenheiten oder staatliche, ihnen zur Erledigung zugewiesene Verwaltungsgeschäfte sind. Das Selbstverwaltungsrecht ist nach Maßgabe der Gesetze auszuüben. In Betracht kommen die Gemeindeordnung, Bezirksordnung, Kreisordnung, ferner für den übertragenen Wirkungskreis die einschlägigen Spezialgesetze. Die Staatsaufsicht äußert sich verschieden, je nachdem eine Angelegenheit des eigenen oder übertragenen Wirkungskreises in Betracht kommt. Neben der eigentlichen Staatsaufsicht, die nur das Staatsministerium des Innern ausübt, kennen die Gemeindegesetze die „Fachaufsicht" durch die sachlich zuständigen Ministerien. Auch Bezirke und Kreise haben das Selbstverwaltungsrecht, wenn auch die engen Beziehungen zu den Verwaltungsbehörden (Bezirksamt und Kreisregierung) manche Abschwächung bedingen.

5. Gemeindeumlagen, Verbrauchssteuern und sonstige örtliche Abgaben. Die zur Deckung des gemeindlichen Bedarfes heranzuziehenden Einnahmen sind aus Art. 43 GO. ersichtlich. Dazu kommen die Überweisungen aus Reichssteuern (Einkommen-, Körperschafts-, Umsatz-, Grunderwerbsteuer). Ferner sind die Gemeinden verpflichtet, eine Vergnügungssteuer zu erheben und berechtigt, weitere Steuern einzuführen (Zuwachssteuer, Grundwertabgabe, Warenhaussteuer, Grundentwertungsausgleichssteuer). Zu den in Satz 3 genannten Abgaben gehören die Gemeindeumlagen (Zuschläge zu den Landessteuern), Verbrauchssteuern und sonstige örtliche Abgaben, auch für die Benützung gemeindlichen Eigentums und gemeindlicher Anstalten. Die Bezirksumlagen sind Beiträge der Gemeinden zur Bestreitung der Bezirksbedürfnisse.

6. Die Zuweisung durch Gesetz ist jederzeit zulässig. Hiebei soll die Beteiligung des Staates an den Kosten gleichfalls gesetzlich geregelt werden (VollzG. z. FinanzausgleichG. v. 28. April 1924, GVBl. 157 Art. 37). Nach § 59 des FinanzausgleichG. v. 23. Juni 1923 (RGBl. 495) darf das Reich den Ländern oder Gemeinden (Gemeindeverbänden) neue Aufgaben (gegenüber dem Stande v. 1. April 1923) nur zuweisen, wenn es gleichzeitig für die nötigen Mittel sorgt. Neuregelung der Beziehungen zwischen Staat, Gemeinden, Bezirken und Kreisen durch G. v. 29. Juli 1927 (GVBl. 266).

7. Grundlage für die Staatsaufsicht (Art. 59 ff. GO.). Sie gliedert sich auch nach Abs. III in Pflichtaufsicht und Rechtsaufsicht. Für die Bezirke siehe Art. 32 ff. BezO., für die Kreise Art. 33 ff. KrO.

8. Schutz der Gemeindebeamten im Strafrecht (§ 359 StGB.). Besonderheiten im gemeindlichen Steuer- und Abgabenrecht.

9. Art. 10 Ziff. 1 und 2 BGG.

§ 23.

Die Wahlen für die Vertretungskörper der Gemeinden[1] und Gemeindeverbände[2] erfolgen nach den Grundsätzen des Landtagswahlrechtes.[3] Sie werden durch Gesetz geregelt.[4]

RE. § 27; BA. I 166, II 471.

1. Gemeinden sind nicht die Ortsgemeinden, hier ist also z. B. Mehrheitswahl zulässig.

2. Über Gemeindeverbände Anm. 2 zu § 22. Vertretungskörper der Gemeinde ist der Gemeinderat, des Bezirks der Bezirkstag, des Kreises der Kreistag. Nicht unter § 23 fällt die Wahl der Bürgermeister und der Ausschüsse und der berufsmäßigen Gemeinderatsmitglieder.

3. Hiedurch ist der Aufbau, auch der Gemeindeverbände als Gebietskörperschaften festgelegt. Art. 17 II RV. verlangt die Anwendung der reichsverfassungsmäßigen Grundsätze für die Wahl zur Volksvertretung nur für die Gemeindewahlen (nicht für die Wahlen bei den Gemeindeverbänden). § 23 erklärt für diese letzteren nur die entsprechenden landesverfassungsmäßigen Grundsätze für anwendbar. Das Reichsrecht wirkt insoweit nicht ein. Als Grundsätze des Landtagswahlrechts oder für die Wahlen zur Volksvertretung sind aber nur die allgemeinen grundlegenden Sätze anzusehen, auf denen das LWG. aufgebaut ist, d. h. nach § 26 I und Art. 17 I RV. die allgemeine, gleiche, geheime, unmittelbare Verhältniswahl. Wenn in Art. 17 I S. 2 RV. noch die Wahl durch „alle reichsdeutschen Männer und Frauen" aufgeführt ist, ist dies teils schon im Begriff der allgemeinen Wahl, und teils in Art. 110 II RV. enthalten. Art. 17 II S. 2 RV. ermöglicht eine Einschränkung des allgemeinen Wahlrechts für Gemeindewahlen, die mit Rücksicht auf Art. 17 II nur hierauf, nicht auf §§ 8 und 11 I gestützt werden kann. Zu den Grundsätzen gehören nicht Einzelheiten, etwa über die Wählbarkeit und über das Verfahren, auch nicht über die Art und die Einzelheiten des Verhältniswahlverfahrens.

§ 23, nicht Art. 17 I RV. verlangt die Anwendung dieser Grundsätze auch auf die Wahl der Vertretungskörper der Gemeindeverbände. Der Versuch, durch die Gemeindegesetzgebung 1927 die Bezirke als Zweckverbände der Gemeinden aufzubauen mit mittelbarer Wahl der Vertretungen, scheiterte mangels der erforderlichen Mehrheit im Landtage.

S. Art. 7 ff. BezO. und Art. 8 ff KrO.

4. Einfaches Gesetz, soweit die Grundsätze des Landtagswahlrechtes beachtet werden und besondere Bestimmungen der RV. und VU. (z. B. § 8) nicht entgegenstehen.

§ 24.

I Die Bildung von berufsständischen Vertretungen zur Wahrnehmung der wirtschaftlichen und sozialen Aufgaben aller schaffenden Kreise des Volkes erfolgt durch Gesetz.[1]

II Diese Vertretungen sind berechtigt, innerhalb ihres Wirkungsbereiches in Gegenständen der Gesetzgebung Anträge an den Landtag zu bringen.[2] In den übrigen Gegenständen ihres Wirkungsbereiches können sie an die Verwaltungsbehörden des Staates und der Gemeinden Anträge richten, über welche Entscheidung getroffen und den Antragstellern mitgeteilt werden muß.[3]

RE. § 68; VA. I 247, 313, II 490, 501.

1. Art. 7 Ziff. 10 RV. zieht in den Bereich der nicht ausschließlichen Reichsgesetzgebung „die Einrichtung beruflicher Vertretungen für das Reichsgebiet". Weiter sieht Art. 165 RV. die ausschließliche Gesetzgebung des Reiches vor über die Wahrnehmung der Interessen der Arbeiter und der Wirtschaft durch Arbeiterräte und Wirtschaftsräte in Gestalt einmal von reinen Vertretungen für Arbeiter und Angestellte (Betriebsarbeiterräte, Bezirksarbeiterräte und Reichsarbeiterrat), sodann von Vertretungen mit gleichberechtigter Teilnahme von Arbeitern und Unternehmern (Bezirkswirtschaftsräte und Reichswirtschaftsrat). Zunächst sind von diesem Aufbau verwirklicht: von den Arbeitervertretungen die Betriebsräte durch G. v. 4. Febr. 1920 (RGBl. 247), von den gemeinschaftlichen Vertretungen der (vorläufige) Reichswirtschaftsrat durch V. v. 4. Mai 1920 (RGBl. 858). Auf diesen Gebieten also keine Zuständigkeit der Länder, für die sonstigen beruflichen Vertretungen nur, solange das Reich nicht eingreift. Solche Vertretungen waren beim Inkrafttreten der VU. z. B. die Gemeindebeamtenkammer, Handelskammern, Handwerkerkammern. Neue Vertretungen können nur durch Gesetz geschaffen werden. Vgl. BauernkammernG. v. 20. März 1920 (GVBl. 67); GO. v. 1927 für die Gemeindebeamtenkammer.

2. Der Landtag ist in seiner Entscheidung hierüber völlig frei, ohne daß eine Pflicht zur Entscheidung und zur Verständigung der Antragsteller (in Gegenständen der Gesetzgebung) besteht (folgt aus Satz 2).

3. Nach Art. 126 RV. hat zwar jeder Deutsche das Recht, auch mit anderen gemeinsam, sich mit Bitten und Beschwerden an die zuständigen Behörden oder an die Volksvertreter zu wenden. Ein Recht auf Verbescheidung und Antwort besteht hienach aber nicht (anders G. Anm. 1 zu Art. 126). Den berufsständischen Vertretungen ist dieses Recht gegenüber bayer. Verwaltungsbehörden (des Staates und der Gemeinden) eingeräumt. Auch an den LT. können derartige Anträge nach Art. 126 RV. gerichtet werden, aber ohne das in Satz 2 bestimmte Recht.

§ 25.

I Das gesamte Vermögen der öffentlichen Stiftungen[1] und die stiftungsmäßige Verwendung seiner Erträgnisse unterstehen dem besonderen Schutze des Staates.[2] Stiftungsvermögen darf unter keinem Vorwande dem Staatsvermögen einverleibt werden.[3] Verwaltung und Ausrichtung der öffentlichen Stiftungen werden staatlich beaufsichtigt.[4]

II Ein besonderes Gesetz über das Stiftungswesen bleibt vorbehalten.[5]

RE. § 28; BA. I 312, II 471.

1. Eine Stiftung entsteht durch eine nach bürgerlichem Recht gültige Verfügung des Stifters und eine Verfügung der Staatsgewalt, die sie genehmigt und mit Rechtspersönlichkeit ausstattet. Öffentlich ist eine Stiftung nach bayer. Recht, wenn sie nach ihrem Zweck einem allgemeinen öffentlichen Interesse dient (P. 95).

2. Der besondere Schutz besteht in staatlicher Aufsicht und einzelnen Vergünstigungen z. B. auf dem Gebiete des Steuerrechts. Für Kirchenstiftungen s. § 18 II S. 2.

3. Stiftungsvermögen darf auch nicht mit anderem Vermögen vermischt werden (Art. 130 I GO.). Bei Unmöglichkeit und Unzeitgemäßheit des Stiftungszweckes (Art. 132 GO.).

4. Die Verwaltung richtet sich nach besonderem Gesetz (z. B. v. 21. Dez. 1921 über die ortskirchl. Vertretungskörper) oder nach der Stiftungsurkunde. Sonst steht sie bei örtlichen Stiftungen den Gemeinden zu (Art. 127 GO.). Ausrichtung = stiftungsgemäße Verwendung der Stiftungserträgnisse (Art. 131 GO.).
Die Staatsaufsicht obliegt den Bezirksverwaltungsbehörden, Kreisregierungen, Staatsmin. des Innern u. f. Unt. u. Kultus (Formationsverordnung v. 17. Dez. 1825 §§ 69—72).

5. Dieses Gesetz ist noch nicht ergangen.

6. Abschnitt.

Landtag.

a) Wahl, Mitgliedschaft, Geschäftsgang, Auflösung.

(§§ 26, 27) (§§ 33, 35, 37—41) (§§ 28—30, 34, 36, 42, 43) (§§ 30 V, VI, 31, 32)

§ 26.

I Der Landtag[1] wird durch allgemeine, gleiche, geheime und unmittelbare Wahl nach dem Grundsatze des Verhältniswahlrechtes gebildet.[2]

II Wählbar sind alle Wahlberechtigten, die am Tage der Wahl das 25. Lebensjahr zurückgelegt haben, seit mindestens einem Jahre Reichsangehörige sind und seit mindestens einem Jahre in Bayern sich aufgehalten haben.[3]

RE. § 37; BA I 185, II 474.

Abs. II neu gefaßt durch G. v. 18. Sept. 1925 (GVBl. 245).

1. Der LT. ist nach § 2 eines der Organe, durch die das Volk die seiner Gesamtheit zustehende Staatsgewalt mittelbar ausübt. Er ist das wichtigste dieser Organe, weil er die Vermutung der Zuständigkeit für sich hat und die wichtigste Staatsaufgabe, die Gesetzgebung, zu erfüllen hat. Er besteht aus einer Kammer und beruht auf unmittelbarer Volkswahl. Er ist ebenso wie Kreistag, Bezirkstag oder Gemeinderat keine Körperschaft des öffentlichen Rechts und keine Behörde. (E. d. StGH. v. 2. Febr. 1921 (BVBl. 1925, 124).

2. Maßgebend für die Wahl ist Art. 17 I S. 2 RV. Ihm entspricht Art. 26 I. Allgemein = ohne Unterschied von Geburt, Geschlecht, Glauben, Beruf, Einkommen oder Vermögen, Vorbildung, Wohnsitzdauer gleich = ohne Unterschied der Wirkung der einzelnen Stimme (kein Pluralwahlrecht), geheim = ohne Bekanntgabe der Abstimmung des Einzelnen, unmittelbar =

durch einmalige Stimmabgabe ohne Einschaltung gewählter Wahlmänner. Grundsatz des Verhältniswahlsystems = Verteilung der Abgeordnetensitze an die an der Wahl beteiligten Gruppen nach dem Verhältnis der für sie abgegebenen Stimmen.

Der LT. kann hienach nur aus einer Kammer, nicht aus zwei Kammern bestehen. Er kann seine Befugnisse aus Art. 17 I RV. nicht mit einem andern Staatsorgan teilen. Soweit diese dem LT. bleiben, könnte neben ihm eine berufsständische Vertretung eingerichtet werden (N. 95).

Maßgebend für die Wahl ist das LWG. v. 15. Mai 1920 (GVBl. 195), geändert durch G. v. 21. Juli 1921 (GVBl. 393), 6. Febr. 1924 (GVBl. 29) u. 18. Juli 1925 (GVBl. 209); Landeswahlordnung v. 6. Febr. 1924 (GVBl. 24) muß vor der nächsten Wahl noch neugefaßt werden. Das Land ist in 8 Wahlkreise (= den Regierungsbezirken) geteilt, diese in Stimmkreise für je einen Abg. Stimmabgabe auf Grund von Wahlvorschlägen für die Wahlkreise in den Stimmkreisen für nur je einen Bewerber. Stimmrestverwertung im ganzen Land. Auf einen Abg. trafen 1920 40000, jetzt 62000 Einwohner. 113 Abg. werden gewählt, dazu 15 „Landesabg.", die auf Grund der gesamten Stimmenzahlen im ganzen Land auf die Wahlvorschläge verteilt werden.

3. Die RV. trifft hierüber keine Bestimmung. Die unter b—d unten angegebenen Erschwerungen sind also zulässig.

Abs. II wurde zunächst sachlich durch Art. 44 LWG. geändert, dann auch förmlich durch G. v. 18. Sept. 1925 (GVBl. 245). Hiernach ist für die Wählbarkeit verlangt:

a) Wahlrecht (§ 8, 9 mit Art. 17 I RV. u. Art. 1 LWG.) bedingt durch eine deutsche Staatsangehörigkeit, Vollendung des 20. Lebensjahres, nicht bloß vorübergehenden oder gelegentlichen Aufenthalt in Bayern. Ausschluß vom Wahlrecht nach § 9 mit Art. 2 I LWG. durch Verurteilung zu Freiheitsstrafen (abgesehen von solchen, mit denen der Verlust der bürgerl. Ehrenrechte für die Zeit dieses Verlustes verbunden ist) steht der

Wählbarkeit nicht entgegen. Ohne Einfluß ist auch das Ruhen des Wahlrechtes (Art. 2 II LWG.) und die Behinderung an der Ausübung desselben (Art. 2 III LWG.),

b) Vollendung des 25. Lebensjahrs;

c) Reichsangehörigkeit seit mindestens einem Jahr;

d) Aufenthalt (nicht Wohnsitz) in Bayern seit mindestens einem Jahr.

Die Wählbarkeit wird geprüft zunächst vom Kreiswahlleiter und Kreiswahlausschuß (Art. 48 LWG.), sodann vom Wahlvorstand (Art. 52 LWG.), nochmals vom Kreiswahlausschuß (Art. 54 LWG.) und endlich vom LT. (§ 33, Art. 62 LWG.).

§ 27.

Der Landtag wird auf vier[1] Jahre gewählt. Vor Ablauf dieser Zeit ist er neu zu wählen.[2]

RE. § 38; VA. I 187; II 474.

1. Vor 1918 6, RE. 3, VA. I 5, VA. II 4 Jahre, wie RV. Art. 23. Wahldauer oder Landtagsdauer (Wahlperiode), eingeteilt in Tagungen (§ 30), beginnt mit dem Tage der Wahl, wenn an mehreren Tagen gewählt wird, mit dem letzten der Wahltage, auch wenn die Wahl vor Ablauf der Wahldauer des vorigen LT. erfolgt (so auch A. Art. 23 RV. Anm. 1) und endigt mit dem Ablauf des Vortags nach 4 Jahren. Ebenso N. 134, Kr. § 27 Anm. 1; a. M. G. Art. 23 Anm. 1. Die Landtagsdauer ist von Bedeutung nach §§ 28, 39, 40, 41. Kürzere Dauer bei Auflösung (§§ 30—32) mit Beendigung am Auflösungstag. Die Tätigkeit des neuen LT. kann frühestens mit dem Ablauf der Wahldauer des alten LT. beginnen (N. 155).

2. Anordnung der Wahl nach § 65 V. Der Wahltag muß ein Sonntag oder allgem. öffentlicher Ruhetag sein (Art. 33 LWG.) und vor Ablauf der Wahldauer des alten LT. liegen, um eine landtagslose Zeit zu vermeiden, und zwar kurz zuvor, um das Nebeneinanderbestehen von zwei LT. möglichst abzukürzen. Bei Auflösung §§ 30 V, VI u. 31, 32.

Einberufung des neugewählten LT. § 30 II S. 2.

§ 28.

I Der Landtag bestimmt durch eine Geschäftsordnung[1] seine Einrichtungen, seinen Geschäftsgang, seine Disziplin und Gliederung. Er wählt für seine Dauer aus seiner Mitte einen Vorstand,[2] der aus einem Präsidenten, seinen Vertretern und den Schriftführern besteht. Der Präsident und seine Vertreter führen die Geschäfte nach Ablauf der Dauer des Landtags oder nach dessen Auflösung bis zum Zusammentritte des neuen Landtags fort.[3]

II Die Verhandlungen des Landtags sind öffentlich. Die Geschäftsordnung kann Ausnahmen zulassen. Die Minister und ihre Bevollmächtigten können für Mitteilungen oder Verhandlungen, die Geheimhaltung erfordern, den Ausschluß der Öffentlichkeit beantragen.[4]

III Über Gesetzentwürfe findet mindestens eine doppelte Lesung in der Vollversammlung statt.[5]

IV Die Entwürfe der Gesetze und des Haushaltsplanes sind vor der ersten Lesung allgemein zugänglich zu machen.[6]

RV. § 39; VA. I 184, II 474.

1. Bis 1919 GeschäftsgangsG. v. 19. Jan. 1872 (GVBl. 253). Jetzt GeschO. v. 9. März 1923 (Landt.-Drucksachen Beil. 310, 350), enthält Bestimmungen über Zusammentritt, Gliederung (Präsident, Schriftführer, Ältestenrat, Fraktionen), Ausschüsse, Geschäftsführung, (Gesetzesvorlagen, Volksbegehren, Volksentscheidungen, Anträge, Eingaben und Beschwerden, Interpellationen und kurze Anfragen, Verfahren bei Ministeranklagen und bei Verfassungsstreitigkeiten), Sitzungen (Aufrechterhaltung der Ordnung, Beratung, Abstimmungen), Beziehungen zur Staatsregierung und nach außen, Urlaub und Aufwandentschädigung. Die GeschO. ist gültig, solange sie der LT. nicht mit einfacher Mehrheit abändert. Auch im einzelnen Fall kann mit der gleichen Mehrheit hiervon abgewichen werden. Über die Disziplin §§ 30, 31 GeschO. (Ordnungsruf, Wortentziehung, Ausschluß) auch für Zuhörer (Wegweisung) nicht für Minister und Regierungsvertreter (in einem Fall ist eine „Rüge" erfolgt). Denn sie können jederzeit das Wort verlangen § 65 III. Die GeschO. gilt nur für die Mitglieder des LT. Verkehr mit Privatpersonen § 45 II, III GeschO. u. § 65 Anm. 8. Dem Präsidenten steht das Hausrecht, aber keine Polizeigewalt zu (BlAdmPr. Bd. 71, 97). Polizeiliche Maßnahmen im LT.-Gebäude finden aber übungsgemäß nur mit Zustimmung des LT.-Präsidenten statt. RG. v. 8. Mai 1920 über die Befriedung der Gebäude des RT. und des LT. (RGBl. 909). Innerhalb des „Bannkreises" des LT. Versammlungen unter freiem Himmel und Umzüge verboten. Ausnahmen nur mit Genehmigung des Staatsmin. d. Inn. und des LTPräsidenten. Nach § 4 kann der Präsident Anordnungen über das Betreten des Gebäudes und das Verhalten darin ergehen lassen. Hiezu MB. v 13. Juli 1920 (GVBl. 364) über den Umfang des „Bannkreises".

2. § 5—8 GeschO. Auch die Schriftführer sind unter Umständen zur Vertretung des Präsidenten berufen. Am Vorstand sind die Fraktionen nach ihrer Stärke beteiligt. In der einzelnen Sitzung wird ein Präsident mit zwei Schriftführern tätig (§ 41 I GeschO.).

3. G. v. 1. Nov. 1923 (GVBl. 373); BayZfR. 1924, 4. Immunität § 39 IV. Während der Wahldauer außerhalb der Tagungen Weiterführung der Geschäfte nach Satz 2 („für seine Dauer").

4. Gemeint sind hier nur die Vollversammlungen (A. Art. 29 S. 1, so auch ausdrücklich preuß. Verf. Art. 23). Auch zu den Ausschußsitzungen hat die Presse in bestimmtem Umfang Zutritt. Ausschluß der Öffentlichkeit für Vollsitzungen nach § 27 GeschO. auf Antrag des Vorstands, v. 15 Abg. oder der Regierung durch Beschluß des LT. Bei Ordnungsstörungen ferner Räumung der Tribünen durch den Präsidenten. Regelung des Eintritts durch Kartenausgabe zulässig.

5. § 14 GeschO., über sonstige Anträge (ohne Gesetzesinhalt) einmalige Lesung (§ 17 IV GeschO.). Bei Ablehnung in 1. Lesung keine 2. Lesung (Sitzung vom 30. Mai 1927).

6. § 13 IX GeschO.

§ 29.

Bestellung, Besoldung und Entlassung sowie Dienstverhältnis und Dienstbeaufsichtigung der Landtagsbeamten [1] werden durch die Geschäftsordnung des Landtages geregelt, soweit nicht durch Gesetz anderes bestimmt ist. [2]

In 2. Lesung der VU. eingeschaltet. VA. II 475.

1. LT.-Beamte sind im Dienste des LT. tätige Beamte. Sie sind:

a) eigentliche LT.-Beamte gemäß § 29, vom Vorstande des LT. angestellt; das sind alle, die nicht unter b u. c fallen;

b) Staatsbeamte im Dienste des LT., bei deren Ernennung und Dienstaufsicht der LT. gem. Art. 185 II bis V des BeamtenG. mitwirkt, nämlich die Vorstände der drei Ämter (Landtagsamt, Landtagsarchiv, Landesanstalt für Kurzschrift) und die sonstigen Mitglieder der Letzteren;

c) Staatsbeamte im Dienste des LT., bei denen kein solches Mitwirkungsrecht des LT. gegeben ist (z. Zt. nur ein mittlerer Beamter der LA. f. Kurzschr.).

2. Die Regelung für die LT.-Beamten im Sinne der Anm. 1 a ist durch Art. 185 VI des BeamtenG. i. d. F. v. 25. Nov. 1921 (GVBl. 551) erfolgt. Sie haben die Rechte und Pflichten der Staatsbeamten. Ihre Anstellung erfolgt aber durch den Vorstand des LT., der ihre vorgesetzte Behörde bildet. § 7 II GeschO. Hienach erfolgt auch die Entlassung, Besoldung, Regelung des Dienstverhältnisses und die Dienstbeaufsichtigung der LT.-Beamten im Rahmen des Art. 185 VI des BeamtenG., weiter auch die Aufnahme, Entlassung und Entlohnung der Angestellten des LT. durch den Vorstand. Für die Besoldung sind die Grundsätze des Beamtenbesoldungs G. im Allgemeinen maßgebend.

Für die Beamten in Anm. 1 b und c gelten die allgemeinen beamtenrechtlichen Bestimmungen, für die Beamten unter b mit der Maßgabe des Art. 185 II—V des BeamtenG.

§ 30.

I Der Landtag tritt alljährlich mindestens einmal zu einer ordentlichen Tagung [1] zusammen. Zu einer außerordentlichen [2] Tagung versammelt er sich, wenn seine Einberufung vom Vorstand oder Gesamtministerium beschlossen oder von 50 Mitgliedern oder einem Fünftel der stimmberechtigten Staatsbürger beantragt wird.

II Der Präsident beruft, eröffnet und schließt den Landtag.[3] Zu jeder ersten Tagung nach einer Neuwahl wird der Landtag von seinen drei ältesten Mitgliedern binnen 17 Tagen nach dem Tage der amtlichen Feststellung des Wahlergebnisses einberufen.[4]

III Der Landtag hat das Recht, seine Tagung zu schließen.[5] Er setzt für die zwischen zwei Tagungen liegende Zeit einen Zwischenausschuß [6] ein und betraut ihn mit bestimmten Befugnissen.[7]

IV Zur Wahrung der Rechte der Volksvertretung setzt der Landtag für die Zeit nach Ablauf seiner Dauer oder nach seiner Auflösung einen ständigen Ausschuß ein.[8]

V Begehrt[9] mindestens ein Fünftel der stimmberechtigten Staatsbürger die Auflösung des Landtages, so ist eine Volksentscheidung hierüber anzuordnen. Die Abstimmung ist nur rechtswirksam, wenn an ihr mindestens die Hälfte der Stimmberechtigten teilgenommen[10] und eine Mehrheit von mindestens Zweidrittel der abgegebenen Stimmen für die Auflösung sich ausgesprochen haben.

VI Wird die Auflösung des Landtages beschlossen, so ist sie durch seinen Präsidenten baldigst zu vollziehen.[11]

RE. § 40; BA. I 127, 193; BA. II 475.

1. Tagung = Sitzungsperiode, übungsmäßig der Sitzungsabschnitt vom Herbst bis zum Sommer, mit Einschluß der kurzen in Mitte liegenden Vertagungen, zum Unterschied von der Wahlperiode oder Wahldauer (4 Jahre, § 27). Der Tag des Zusammentritts ist nicht so festgelegt, wie in Art. 24 I RV., auch durch § 79 II nicht bestimmt. Zusammentritt gewöhnlich im Spätherbst. Die Einberufung erfolgt durch den Präsidenten des LT. (§ 30 II S. 1). Der Ältestenrat kann die Einberufung für einen bestimmten Zeitpunkt vom Präsidenten verlangen (§ 29 II GeschO.).

2. „Außerordentlich" ist die Tagung im Hinblick auf ihre Einleitung, durch Beschluß des Vorstandes des LT. (§ 28 I S. 2) oder das Gesamtmin. (§ 4) oder auf Antrag von 50 Abg. oder durch Volksbegehren (§ 10 I, II, Art. 29 LWG.). Solche Beschlüsse und Anträge sind an den Präsidenten des LT. zu richten, der sie zu vollziehen hat.

3. Die „Berufung" innerhalb der Wahlperiode erfolgt „nach Verständigung mit dem Ältestenrat" (§ 29 II GeschO.). Die „Eröffnung" geschieht in der ersten Sitzung, die „Schließung" „auf LT.-Beschluß" (Abs. III S. 1 u. § 29 I GeschO.). Übungsgemäß geht die Besprechung der Geschäftslage im Ältestenrat voraus. Der förmliche Beschluß des LT. wird dann durch die widerspruchslose Kenntnisnahme ersetzt.

4. Die 3 ältesten Mitglieder stellt der Landeswahlleiter nach § 60 II LWG. fest und setzt sie von ihrer

Aufgabe in Kenntnis. Das älteste Mitglied (Alterspräsident) eröffnet und leitet auch die 1. Sitzung bis zur Wahl des Präsidenten (§ 1 GeschO.) Die „amtliche Feststellung des Wahlergebnisses" erfolgt, sobald die Annahme der Mandate durch alle Abgeordnete feststeht (Art. 60 I LWG.).

5. Mit der Schließung ruht die Tätigkeit des LT., auch seiner Ausschüsse, mit Ausnahme des im Satz 2 des Abs. III eingeführten Ausschusses. Zu unterscheiden hievon die Sitzungspausen an Weihnachten, Ostern und aus sonstigen besonderen Anlässen, bei denen von einer Vertagung gesprochen werden kann. Gewöhnlich wird auch bei der Schließung, wie bei Vertagungen dem Präsidenten das Recht eingeräumt, die nächste Sitzung nach Lage der Geschäfte anzusetzen.

6. Die reinliche Scheidung zwischen dem Zwischenausschuß und dem ständigen Ausschuß wurde wegen der immer wieder vorkommenden Verwechslungen der beiden mit verschiedenen Befugnissen betrauten Ausschüsse durch G. v. 1. Nov. 1923 (GVBl. 373) und v. 1. Mai 1924 (GVBl. 145) vollzogen. Der Zwischenausschuß muß bei Tagungsschluß eingesetzt werden. Zusammentritt nur nach Bedarf. Hinsichtlich der Immunität der Mitglieder § 39 IV, Mitgliederzahl 28.

7. Jeweils im einzelnen Fall nach Ermessen. Übungsgemäß erstreckt auf „alle das gesetzgeberische Gebiet nicht berührenden Maßnahmen". Anders beim ständigen Ausschuß. Dieser ist ohne weiteres zur „Wahrung der Rechte der Volksvertretung" befugt. Über die Frage, ob das Recht der Gesetzgebung darunter fällt (verneint von N. 137, Kr. Anm. 7 zu § 30), keine volle Klarheit. Im LT. wurde diese Frage von fast allen Parteien bejaht (Sitzung des ständ. Aussch. v. 22. Juni 1920 und v. 6. August 1921). Doch scheute sich der Ausschuß bisher, ein Gesetz zu erlassen. S. den Beschluß v. 22. Juni 1920. Verfassungsänderungen kann der Ausschuß keinesfalls vornehmen. Deshalb war das G. v. 31. März 1924 (GVBl. 126) nötig, das den Ausschuß zu Abweichungen vom LWG. in der Form des § 92 ermächtigte.

8. Der ständige Ausschuß ist eine notwendige Einrichtung, um ein Vakuum und eine unter Umständen monatelang dauernde Lahmlegung des Staates zu vermeiden. Er leitet seine Befugnisse nicht aus der Delegation durch den LT., sondern aus der VU. selbst ab. Hinsichtlich der Gesetzgebungsbefugnis s. Anm. 7.

9. S. § 10 I, II. Beteiligung wird wie bei Verfassungsänderungen verlangt. Über das Verfahren Art. 22—29 LWG. Volksentscheidung ist nur dann anzuordnen, wenn der LT. in der Zwischenzeit sich nicht selbst aufgelöst hat. So erklärte 1924 die Regierung im LT., sie werde im Hinblick auf die inzwischen vom LT. beschlossene Auflösung von der Anberaumung einer Volksentscheidung hierüber trotz des Volksbegehrens absehen. Der LT. nahm hievon ohne Erinnerung Kenntnis.

10. Für die Beteiligung bei der Volksentscheidung wird hier noch mehr verlangt als bei Verfassungsänderungen (1/2 statt 2/5 der Stimmberechtigten). Über das Verfahren Art. 30—39 und 66—73 LWG.

11. Der LT. ist nicht schon mit der Feststellung des Ergebnisses durch den Landeswahlausschuß (Art. 71 LWG.) oder mit der Feststellung der Rechtswirksamkeit der Volksentscheidung aufgelöst, also auch noch berechtigt, weitere Beschlüsse zu fassen. Hiezu ist nach Abs. VI erst noch die Erklärung des Präsidenten nötig, die als Zeitpunkt der Auflösung einen nicht zu weit in der Zukunft liegenden Tag wählen kann. (S. Abs. VI „baldigst".)

Unterbleibt die Auflösung, so könnte hiewegen ein Verfassungsstreit vor dem Staatsgerichtshof, aber nur durch die Regierung, nicht durch die Staatsbürgerschaft anhängig gemacht werden (§ 2 Ziff. 3 StGHG.).

§ 31.

Der Landtag[1] kann jederzeit seine Auflösung beschließen. Zur Gültigkeit des Beschlusses ist die Anwesenheit von Zweidrittel und die Zustimmung von mehr als der Hälfte der gesetzlichen Mitgliederzahl[2] erforderlich.

RE. § 41; BA. I 215, II 476.

1. Die Regierung hat kein Auflösungsrecht (anders im Reich, Art. 25 RV., wo der Reichspräsident, der vom Volk gewählt ist, auflösen kann). Auch hierin zeigt sich die übermächtige Stellung des LT. gegenüber der Regierung. Dafür kann der LT. neben der Auflösung durch Volksentscheidung sich selbst auflösen, wenn die Stimmung der Wähler oder Schwierigkeiten im LT. selbst dies erfordern. Den Tag der Auflösung muß der LT. bestimmen. Fehlt eine Zeitbestimmung hiefür, so ist die Auflösung mit sofortiger Wirkung anzunehmen. Der Zeitpunkt kann hinausgerückt werden, etwa bis zur Erledigung einer bestimmten Aufgabe. Die Auflösung bewirkt den Verlust der Mandate mit dem Tag der Wirksamkeit. Ausnahmen § 28 I S. 3 und § 30 IV.

2. Die durch Art. 41 II und 42 LWG. bestimmte Zahl, ohne Abrechnung der irgendwie behinderten Abgeordneten (128, z. Zt. noch 129). Bei der Feststellung der Anwesenheitsziffer zählen Stimmenthaltungen und ungültige Stimmen mit.

§ 32.

Nach einer Auflösung[1] des Landtages sind Neuwahlen so anzuordnen,[2] daß die Einberufung[3] binnen 60 Tagen erfolgen kann.

RE. § 40 V und 41 S. 2; BA. I 215, II 476.

1. § 30 VI und § 31.

2. Nach § 65 V durch das Gesamtministerium oder den damit betrauten Minister.

3. Unter Einberufung ist sinngemäß und übungsgemäß nicht der Tag zu verstehen, an dem der LT. nach § 30 II S. 2 zusammenberufen wird, sondern an dem er zusammentritt. S. P. 106, anders mit Unrecht Kr. § 32 Anm. 3. Der Tag, auf den die Einberufung zu erfolgen hat, ist auch schon durch § 30 II S. 2 bestimmt. Die

60 Tage rechnen von dem Tage der Auflösung an. Bei dem jetzigen Wahlverfahren läßt sich der ganze Mechanismus der Wahl von der Auflösung bis zum Wiederzusammentritt nicht binnen 60 Tagen abwickeln. Bei der Auflösung 1924 wurde daher die Wirkung der Auflösung auf einen späteren Tag festgesetzt und mit Zustimmung des LT. die Wahl auf diesen Tag angesetzt. Dadurch wird Zeit für die Wahlvorbereitungen gewonnen.

§ 33.

Der Landtag prüft das Recht der Mitgliedschaft und entscheidet über die Gültigkeit der Wahlen.[1] Er kann diese Aufgabe einem Gerichtshof übertragen.[2]

RV. § 42; BA. I 215, II 477.

1. Mit der Feststellung des Wahlergebnisses durch den Landeswahlleiter gemäß Art. 60 LWG. sind die von ihm als gewählt bekanntgegebenen Bewerber Mitglieder des LT. Für den Beginn der Tätigkeit des LT. ist die vorgängige Wahlprüfung nicht erforderlich. Sie erfolgt nachträglich durch Prüfung der Gültigkeit der Wahl im ganzen und der Wahl der einzelnen Abgeordneten. Wird die Wahl eines einzelnen Abgeordneten für ungültig erklärt, so rückt der nächste Ersatzmann aus dem gleichen Wahlvorschlag ein. Bei Landesabgeordneten ist ein neues Benennungsverfahren einzuleiten (Art. 61 LWG.). Wird die Wahl im Wahlkreis für ungültig erklärt, so hat eine Nachwahl im Wahlkreis stattzufinden. Wird die Wahl nur in einem oder in mehreren Stimmbezirken für ungültig erklärt, so ist in diesen die Wahl zu wiederholen (Art. 64, 65 LWG.). Wahlbeanstandungen durch die Wahlberechtigten sind zulässig und beim LT. binnen 1 Monat nach der Wahl einzureichen (Art. 63 LWG.). Verliert ein Abgeordneter während der Wahldauer die Wählbarkeit (etwa durch Wegzug aus Bayern), so entscheidet auch in diesem Fall über seine Mitgliedschaft der LT. Der Verlust des Mandats tritt nach § 41 I mit dem Wegzug ein.

2. Dies würde eine Änderung des Art. 62 LWG. voraussetzen. Ein Wahlprüfungsgericht entscheidet z. B. im Reich und in Preußen.

§ 34.

Vorbehaltlich besonderer Vorschrift der Verfassung[1] beschließt[2] der Landtag[3] mit Mehrheit[4] der abgegebenen[5] Stimmen und bei Anwesenheit[6] von mehr als der Hälfte seiner Mitglieder.[7]

RV. § 43; BV. I 218, II 477.

1. §§ 31 (Selbstauflösung), 55 IV (Mißtrauensvotum), 56 II (Ministeranklage), 58 I (Wahl des Ministerpräsidenten), 70 II (Wahl der parlamentarischen Mitglieder des StGH.), 81 (Erhöhung der Ausgaben gegen den Antrag des Gesamtmin.), 92 (Verfassungsänderung).

2. Jede Äußerung des LT. geht als „Beschluß" vor sich. Soweit die GeschO. nichts anderes vorschreibt, kann er auch stillschweigend als Zustimmung zu einem Vorschlag erfolgen. Übungsgemäß wird die Zustimmung vom Präsidenten festgestellt.

3. Nur die Vollversammlung. Auch in den Ausschüssen ist die Anwesenheit der Mehrheit der Mitglieder des Ausschusses nötig. Für die Abstimmung genügt hier immer einfache Mehrheit. Stimmengleichheit gilt als Ablehnung (§ 12 II und VIII GeschO.).

4. Die „Mehrheit" erfordert mehr als die Hälfte, bei 129 also 65.

5. „Abgegeben" sind nur die Stimmen mit Ja und Nein. Nicht mitgezählt werden Stimmenthaltungen bei namentlichen Abstimmungen. Denn solche Abgeordnete verzichten ja ausdrücklich auf die Abgabe ihrer Stimme. (Ebenso Kr., G. bei Art. 32). Über die Art der Abstimmung §§ 39—44 GeschO. Stimmengleichheit gilt als Ablehnung.

6. Die Beschlußfähigkeit wird solange vermutet, als nicht das Gegenteil durch eine namentliche Abstimmung feststeht oder die Beschlußfähigkeit vor einer Abstimmung

ausdrücklich bezweifelt wird (§ 44 GeschO.). Die Anwesenheit genügt, Stimmenthaltung ist insofern ohne Einfluß.

7. Es müssen mehr als die Hälfte der gesetzlichen Mitgliederzahl anwesend sein (z. Zt. also mindestens 65). Beurlaubungen, Ausschlüsse, Verhinderungen an der Abstimmung nach § 43 GeschO. usw. führen nicht zu einer Minderung dieser Zahl. Die „Zahl der Mitglieder" ist durch das LWG. (Art. 41, 42) bestimmt. Wenn hier nicht von der „gesetzlichen Mitgliederzahl" (§ 92) die Rede ist, hat dies doch keinen Unterschied in der Berechnung zur Folge. Sitze, die zufällig erledigt sind, zählen also in beiden Fällen mit.

§ 35.

I Die Mitglieder des Landtages sind Vertreter[1] des gesamten Volkes[2] und an Aufträge der Wähler[3] nicht gebunden. Sie können ihre Rechte[4] nur selbst ausüben.

II Beamte,[5] Angestellte und ständige Arbeiter des Staates,[6] der bürgerlichen[7] Gemeinden und der Gemeindeverbände[8] sowie Heeresangehörige[9] bedürfen keines Urlaubes[10] zur Teilnahme an den Landtagsverhandlungen.[11] Bewerben sie sich auf Grund eines nach gesetzlicher Vorschrift eingereichten Wahlvorschlages um einen Sitz im Landtage, so ist ihnen von der Einreichung des Wahlvorschlages an Urlaub zu gewähren.[12]

RE. § 44; VA I 218, II 477, 506.

1. Der LT. ist Organ des Staates, so gut wie das Volk, hat eigene Rechte nach der VU., nicht etwa nur in Vertretung des Volkes. Der Begriff „Vertreter" ist also nicht rechtlich, sondern nur tatsächlich aufzufassen.

2. Obwohl sie von einer Partei auf einen Wahlvorschlag gesetzt sind und nur von einem Teil der Wähler

gewählt sind, müssen sie stets die Belange des ganzen Volkes im Auge behalten. Sie genügen dieser Pflicht, so wie sie sich ihnen nach ihrer Überzeugung darstellt. Damit verträgt es sich nicht, wenn beim Austritt eines Abgeordneten aus der Partei verlangt wird, daß er sein Mandat niederlegt. Selbst schriftliche Verpflichtungen gegenüber der Partei in dieser Hinsicht sind rechtlich unerheblich. Die Durchführung einer solchen Bestimmung wäre auch aus sonstigen Gründen nicht möglich. Wie soll z. B. beim Zerfall einer Partei festgestellt werden, welche Partei die echte ist?

3. Auch nicht der Parteileitungen. Auch keine Verpflichtung durch Versprechungen vor der Wahl.

4. Recht auf Mitgliedschaft (§§ 33, 41), Immunität (§§ 37—39), finanzielle Rechte (§ 40), Recht auf Teilnahme an der Tätigkeit des LT. (§ 35 II); so z. B. Antragsrecht (§ 36).

5. Art. 39 RV. gibt dieses Recht allen „Beamten" (d. h. allen in einem öffentlichrechtlichen Dienstverhältnis [der Reichs-, Landes- oder Selbstverwaltung] angestellten und mit öffentlichen Aufgaben betrauten Personen) und den Angehörigen der Wehrmacht, auch für die Teilnahme am LT. Ihr Recht ist durch Art. 39 RV. reichsrechtlich gewährleistet. § 35 geht weiter, indem er das Recht auch den Angestellten und ständigen Arbeitern der Staats- und Selbstverwaltung (die in einem privatrechtlichen Verhältnis zum Staate stehen) gibt. Nicht in Betracht kommen (weder nach RV., noch nach BU.) die Beamten der Kirchen, der sonstigen Körperschaften des öffentlichen Rechts (BA. I 291) oder gar von Privaten. Insoweit kommt nur Art. 160 RV. in Betracht. Das Abgeordnetenmandat ist ein „Ehrenamt".

6. Nach Art. 39 RV. auch Beamte (also nicht Arbeiter und Angestellte) des Reichs und anderer deutscher Länder.

7. Nicht der Kirchengemeinden.

8. Der Bezirke und Kreise.

9. Durch Art. 39 I RV. (Angehörige der Wehrmacht) ersetzt. Ob diese Bestimmung durch das ReichswehrG. v.

23. März 1921 beseitigt ist (Kr. § 35 Anm. 5), kann zweifelhaft sein. Denn die nach Art. 133 II RV. zulässige Beseitigung einzelner politischer Rechte der Reichswehrangehörigen muß ausdrücklich erfolgen. Die Wählbarkeit ist ihnen jedenfalls nicht entzogen.

10. Sie haben gesetzliche Dienstbefreiung mit Weiterlaufen der Bezüge.

11. Art. 39 RV.: „zur Ausübung ihres Amtes". Als Teilnahme an den LTVerhandlungen wird hier auch in Bayern trotz des engeren Wortlautes jede Tätigkeit angesehen, die mit dem Mandat zusammenhängt, auch bei längerer Vertagung des LT., auch Arbeit für Fraktion und Partei, Verkehr mit den Wählern usw.

12. Art. 39 II RV. geht weiter als § 35 S. 2; denn er kennt keine Begrenzung für den Beginn des Urlaubs. (Anders P. in BA. II 506.) Nach der RV. ist die Einreichung eines Wahlvorschlags nicht vorausgesetzt. Doch kann hier noch die Behörde prüfen, ob der Urlaub erforderlich ist, während nach der BU. der Urlaub spätestens vom 17. Tag von der Wahl an (Art. 46 I LWG.) ohne weiteres zu gewähren ist.

§ 36.

Jeder Abgeordnete[1] hat nach Maßgabe der Geschäftsordnung[2] das Recht, Anträge[3] zu stellen.

RV. § 47; BA. I 221, II 478.

1. Aber nicht immer für sich allein. Beschränkungen insoweit nach §§ 41, 52, 55, 56 u. der GeschO. (s. Anm. 2).

2. Sie regelt die Form der Anträge. Diese werden in manchen Fällen von der Unterstützung durch eine bestimmte Zahl von Abgeordneten abhängig gemacht (§§ 13, 23, 26, 27, 35, 37, 41 GeschO.).

3. „Grundrecht der Abgeordneten" (P. in BA. II 478). Erweiterung des Rechtes des einzelnen Staatsbürgers aus Art. 126 RV.

§ 37.

I Kein Abgeordneter darf zu irgendeiner Zeit[1] wegen einer Äußerung,[2] die er in Ausübung seines Berufs[3] getan hat, oder wegen seiner Abstimmung gerichtlich oder dienstlich verfolgt[4] oder sonst außerhalb der Versammlung[5] zur Verantwortung gezogen werden.[6]

II Hat ein Abgeordneter in dieser Eigenschaft von jemand eine Tatsache anvertraut erhalten oder jemand eine solche anvertraut, so ist er berechtigt, über diese Personen und Tatsachen das Zeugnis zu verweigern.[7] Hinsichtlich der Beschlagnahme von Schriftstücken steht er den Personen gleich, die ein gesetzliches Recht haben, das Zeugnis zu verweigern.[8]

RE. § 45; BA. I 220, II 478, 508.

Die Immunität der Abgeordneten stellt sie nicht etwa den Exterritorialen gleich, sondern gibt ihnen nur einzelne vom Gesetz ausdrücklich als Ausnahmen zugestandene Vorzugsrechte mit bestimmt begrenztem Umfang. An diesen Umfang ist der Vollzug streng gebunden. Auf die Vorrechte kann nicht verzichtet werden.

a) Materielle Immunität (§ 37 I = Art. 36 RV.), = berufliche Verantwortungsfreiheit, von der Tagung unabhängig.

b) Prozessuale Immunität 1. § 39 I und II (Art. 37 RV.) = Strafverfolgungsprivileg, 2. § 39 III = örtliches Zeugschaftsprivileg, beide nur während der Tagung, 3. § 37 II (Art. 38 RV.) = Zeugnisverweigerungsrecht oder sachliches Zeugschaftsprivileg, von der Tagung unabhängig.

Abs. I durch § 11 StGB. und Art. 36 RV., Abs. II durch Art. 38 RV. verdrängt.

1. Auch nicht nach Verlust der Abgeordneteneigenschaft.

2. Äußerung nur von Gedanken (Tatsachen oder Meinungen) schriftlich, mündlich oder sonstwie; nicht sonstige Handlungen, etwa Tätlichkeiten.

3. Auslegung verschieden, bald weiter (N. 182: nicht nur Tätigkeit im Plenum, Ausschuß, Vorstand, Ältestenrat, sondern auch in der Öffentlichkeit, Partei, Versammlungen, Presse), bald enger (herrschende Meinung, A. G. Kr.: nur bei unmittelbarem Zusammenhang mit dem Abgeordnetenberuf). Die weitere Auslegung ist abzulehnen. Zum „Beruf" kann nur das gehören, was andere, die nicht Abgeordnete sind, nicht ausüben können, nicht das, worin auch andere ebenso sich betätigen können (BayZfR. 1923, 157). So auch BayObLGSt. 26, 70: „Die Jurisdiktion der Gerichte beginnt, wo die des Parlaments aufhört."

4. Unzulässig ist öffentliche Strafverfolgung und Privatklage, ebenso Disziplinarstrafverfahren und Ordnungsstrafverfahren. Nur persönlicher Strafausschließungsgrund. Die Tat bleibt strafbar. Teilnehmer können gestraft werden. Wahrung berechtigter Interessen (§ 139 StGB.) gegenüber einer solchen Äußerung zulässig.

5. In der „Versammlung" d. h. im LT. und seinen Ausschüssen kann der Präsident nach der GeschO. zur Verantwortung ziehen (§ 31 GeschO.).

6. „Zur Verantwortung ziehen" unzulässig nur mit amtl. Mitteln (Zivilklage, polizeil. Eingreifen, Strafverfahren, Dienststrafverfahren, ehrengerichtl. Verfahren). Zulässig dagegen private Rechenschaftsforderung, auch von Partei wegen, ferner wirtschaftliche, gesellschaftliche Maßnahmen.

7. Ersetzt durch Art. 38 I S. 1 RV. Dieses (beschränkte und genau begrenzte) Zeugnisverweigerungsrecht ergänzt jetzt die Bestimmungen der ZPO. und StPO. Nur ein Recht, nicht eine Pflicht zur Zeugnisverweigerung. Das Recht besteht auch noch nach Verlust der Abgeordneteneigenschaft. Die Mitteilung einer Tatsache muß dem Abgeordneten als solchen zugegangen oder von ihm als solchen ausgegangen sein. Die Aussage kann verweigert

werden über die Urheber oder Empfänger einer solchen Mitteilung und die Mitteilung selbst.

8. Durch Art. 38 I S. 2 RV. verdrängt. Keine allgemeine Beschlagnahmefreiheit des „Materials" des Abg. oder aller Schriftstücke, die er in Händen hat, auch dann nicht, wenn sie an ihn als Abg. gerichtet sind, sondern nur ein bestimmt begrenztes Recht auf Freiheit von der Beschlagnahme nach §§ 95 II, 97 StPO. für einzelne Schriftstücke (nicht Drucksachen), wenn sie als Beweismittel gegen eine bestimmte Person gebraucht werden sollen, die dem Abg. oder der der Abg. Tatsachen anvertraut hat, es sei denn, daß der Abg. selbst der Teilnahme, der Begünstigung oder Hehlerei verdächtig ist. Wie die Beschlagnahme, ist auch die Durchsuchung in solchen Fällen mit der gleichen Einschränkung unzulässig. Im übrigen, soweit die Ausnahme des Art. 38 RV. nicht eingreift, ist Beschlagnahme und Durchsuchung auch gegenüber Abg. zulässig. (Urt. des StGH. v. 28. Febr. 1923, BVBl. 1925 S. 125.)

Durchsuchungen und Beschlagnahmen im Landtag sind nur mit Genehmigung des Präsidenten zulässig. Art. 38 II RV. Dieses Recht erstreckt sich nicht auf die Wohnung oder sonstigen Arbeitsräume der Abg. außerhalb des LT. Hier ist Durchsuchung und Beschlagnahme unter den in Art. 38 I S. 2 RV. gesteckten Grenzen zulässig.

§ 38.

Wahrheitsgetreue Berichte über Verhandlungen[1] in den öffentlichen[2] Sitzungen bleiben von jeder Verantwortung frei.[3]

RE. § 46; VA I 221, II 478.

1. Art. 30 RV. hat § 38 vollständig verdrängt, und zwar teils nur ersetzt, teils noch erweitert, ebenso den § 12 StGB. Geschützt sind „Berichte". d. h. erzählende Darstellungen eines historischen Vorgangs in seinem wesentlichen Verlauf (RGSt. 18, 207), wenn sie „Verhandlungen" des Landtags „wahrheitsgetreu" wie-

dergeben. Die Wiedergabe einer einzelnen Rede ist also nur dann geschützt, wenn hiedurch der betr. Verhandlungsgegenstand erschöpft ist. Sonst ist erforderlich, daß die ganze Verhandlung über den Gegenstand wahrheitsgetreu wiedergegeben wird. Es ist nicht erforderlich, daß die Wiedergabe wortgetreu ist, doch muß sie mit dem berichteten Hergang übereinstimmen. Sie muß den Gegenstand entsprechend bezeichnen und die für und wider gehaltenen Reden der Abg. und Regierungsvertreter mit dem Ergebnis einer etwaigen Abstimmung wiedergeben, ohne daß daran eine Kritik des Berichterstatters angeknüpft wird.

Der Bericht kann mündlich oder schriftlich, in einer Versammlung oder in der Presse erfolgen.

2. Art. 20 RV. gibt nur die Berichte über die öffentlichen Sitzungen frei. Berichte über nicht öffentliche Sitzungen sind nicht privilegiert.

3. Die Verantwortungsfreiheit besteht auf dem Gebiete des Strafrechts, Dienststrafrechts und Zivilrechts.

§ 39.

I Kein Abgeordneter darf während der Tagung ohne Genehmigung des Landtages verhaftet oder wegen einer mit Strafe bedrohten Handlung in Untersuchung gezogen werden, außer wenn er bei Ausübung der Tat oder im Laufe des nächsten Tages festgenommen worden ist.[1]

II Auf Verlangen des Landtages ist jede Haft eines Abgeordneten und jedes Strafverfahren gegen einen solchen für die Dauer der Tagung aufzuheben.[2]

III Während der Tagung darf kein Abgeordneter, solange er sich am Orte der Versammlung aufhält, ohne Genehmigung des Landtages an einem anderen Orte als Zeuge oder Sachverständiger vernommen werden.[3]

IV Diese Bestimmungen finden auf den Präsidenten und seine Vertreter (§ 28 Abs. I),[4] ferner auf die Mitglieder des Zwischenausschusses[5] und des Ständigen Ausschusses[6] sowie sonstiger Ausschüsse, die zwischen zwei Tagungen des Landtags versammelt sind, und ihre von der Vollversammlung bestimmten Ersatzmänner sinngemäße Anwendung.[8]

RE. § 48; BA. I 222, 225, II 478.

1. Abs. I ist durch Art. 37 I u. II RV. vollständig verdrängt. Hienach ist es verboten, einen Abg. während der Sitzungsperiode ohne Genehmigung des LT. wegen einer strafbaren Handlung zur Untersuchung zu ziehen oder zu verhaften (Untersuchungshaft), es sei denn, daß die Festnahme bei Ausübung der Tat oder spätestens im Laufe des folgenden Tages erfolgt ist (Abs. I) und ferner ohne die gleiche Genehmigung ihn so in seiner persönl. Freiheit zu beschränken, daß er in der Ausübung des Abgeordnetenberufes beeinträchtigt wird (Abs. II). Die Bestimmungen der RV. decken also nicht nur die ganze Bestimmung der VU., sondern gehen noch etwas weiter, indem sie außer der Beschränkung der persönlichen Freiheit, die in Verhaftung besteht (neben der Untersuchungshaft, Strafhaft, Zivilhaft, Schutzhaft, Polizeihaft) auch weitere Beschränkungen der persönlichen Freiheit verbietet, die nicht in einer Verhaftung bestehen z. B. Verwaltungszwang, Vorführung (die nicht als Untersuchungshaft anzusehen ist), Aufenthaltsbeschränkungen. „Tagung oder Sitzungsperiode = Sitzungsabschnitt. Nach dem hiebei maßgebenden bayer. Recht ist übungsgemäß hierunter die im Herbst beginnende, im Sommer geschlossene Tagung zu verstehen, einschl. der kurzen Vertagungen während dieser Zeit.

„Zur Untersuchung ziehen" bedeutet: jede amtliche Tätigkeit gegenüber einem der Begehung einer Straftat verdächtigen Abg., die darauf abzielt, nach Feststellung einer strafbaren Handlung den Täter zu ermitteln und zu bestrafen (RGSt. 24, 209), also jede mittelbare oder unmittelbare Untersuchungshandlung gegen den Abg. als Beschuldigten oder Angeklagten, z. B. Vernehmung durch Polizei oder Gericht, vorläufige Festnahme, Durchsuchung, Beschlagnahme. Der LT. hat in einem Fall ausgesprochen, daß in der Genehmigung zur Strafverfolgung auch die Genehmigung zur Vorführung inbegriffen sei. Unzulässig ist (ohne Genehmigung) die Erhebung der öffentlichen Klage oder Privatklage, die Eröffnung der Voruntersuchung. Zulässig ist die Einleitung eines Ermittlungsverfahrens, das sich nicht gegen den Abg. richtet. Unzulässig ist die Einleitung eines Ordnungs- oder Dienststrafverfahrens oder eines ehrengerichtlichen Verfahrens bei Berufsvertretungen.

2. Auch Abs. II ist durch Art. 37 III RV. verdrängt, der auch weitergeht als die VU., insofern, als nicht nur Strafverfahren und Haft, sondern auch jede sonstige Beschränkung der persönlichen Freiheit (s. Anm. 1) aufzuheben ist. Es handelt sich hiebei (im Gegensatz zu Abs. I oder Art. 37 I, II RV.: behördliche Maßnahmen gegen Abg. während der Tagung) um amtl. Maßnahmen, die schon eingesetzt hatten, ehe der Abg. sein Amt erhielt oder ehe die Tagung begann. In diesem Falle muß nicht die Behörde um die Genehmigung des LT. nachsuchen, sondern der LT. die Aufhebung der Maßnahme verlangen. Strafverfahren ist hier gleichbedeutend mit „zur Untersuchung ziehen" in Abs. I.

3. Abs. III entspricht dem Inhalt der für die Vernehmung von Abg. als Zeugen und Sachverständige im Straf- und Zivilprozeß maßgebenden § 50 II u. III u. 72 StPO. u. §§ 382 II, III u. 402 ZPO.

4. Abs. IV durch G. v. 1. Nov. 1923 (GVBl. 373) u. v. 1. Mai 1924 (GVBl. 145) in seiner jetzigen Fassung festgestellt und jetzt durch RG. v. 22. Mai 1926 (RGBl. 243) durch Einfügung des Art. 40 a in die RV. ersetzt. Hienach gelten Art. 36 (materiellrechtl. Immunität = Verantwortungsfreiheit), 37 (Strafverfolgungsprivileg), 38 I (Zeugschaftsprivileg) und 39 I (Urlaubs-

freiheit für Beamte) für den Präsidenten und seine Vertreter, ferner die Mitglieder und ersten stellv. Mitglieder von Ausschüssen, die außerhalb der Tagung der Wahlperiode tätig werden. Stellv. des Präsidenten sind die im § 5 II GeschO. bezeichneten Abg. (Vizepräsidenten, Schriftführer), auch nach Schluß der Tagung, solange sie nach § 28 I S. 2 ihr Amt weiterzuführen haben.

5. § 30 III, BayZfR. 1924, 301; 1925, 157.

6. § 30 IV.

7. Nicht die von den Fraktionen nachträglich und gelegentlich abgeordneten Vertreter.

8. Die Genehmigung nach Abs. I erteilt, das Verlangen nach Abs. II stellt insoweit der Ausschuß Art. 40 a III RV.).

§ 40.

Die Abgeordneten haben für die Dauer des Landtages[1] Anspruch auf freie Benützung der staatlichen Verkehrsmittel[2] und auf Entschädigung nach Gesetz.[3]

RE. § 49; VA. I 223, II 479.

1. Die Worte „für die Dauer des Landtages" hat erst der VA. eingefügt, um festzustellen, daß die Freifahrt während der ganzen Landtagsdauer besteht (früher bis zum 8. Tag nach Schluß des LT., so auch jetzt noch die Praxis), also auch während der Vertagungen. Der Zusatz erstreckt sich nicht auf die AufwandsEntsch.

Für die einzelnen Abg. beginnt das Recht mit der Feststellung des Wahlergebnisses und der Annahme der Wahl und endet mit dem Verlust der Abgeordneteneigenschaft, vielmehr 8 Tage nachher.

2. Staatliche Eisenbahnen, Schiffe, Post- (Pferde- oder Kraftwagen-)linien, auch staatliche Flugzeugverbindungen.

Beim Übergang der bayer. Eisenbahnen auf das Reich hat sich dieses verpflichtet, den Mitgliedern der gesetzgebenden Körperschaften der Länder „in dem bisherigen Umfang" Freifahrt zu gewähren. (Schlußprot. zu § 21 des Staatsvertrags GVBl. 20, 173.) Ebenso beim Übergang der Post (GVBl. 20, 152). Die freie Fahrt erstreckt sich auf Bayern, für die rechtsrh. Abg. nicht auf die Verbindungslinien zwischen Bayern und Pfalz; auf diesen haben nur die pfälz. Abg. Freifahrt.

3. G. über die Aufwandentschädigung der Abg. v. 16. Sept. 1920 (GVBl. 427) geändert 17. Febr. 1921 (GVBl. 26), 10. Dez. 1921 (GVBl. 587), 10. Juni 1922 (GVBl. 339), 7. Dez. 1922 (GVBl. 655), 17. Juli 1923 (GVBl. 233), 31. März 1924 (GVBl. 1926), 6. Nov. 1924 (GVBl. 225), 11. März 1927 (GVBl. 97), meist durch die Inflation veranlaßt. Jetzt monatlich 300 Mk. für Münchener, 450 Mk. für Auswärtige, für Ausschuß-, Vorstands- und Ältestenratsitzungen 10 (15) Mk. Tagegeld, Präsident 40 % Zuschlag. Bei Versäumung von Vollsitzungen oder von namentlichen Abstimmungen Abzug von 10 (15) Mk., Ausnahme bei Krankheit, höherer Gewalt und Geschäften im Dienste des LT. Erhöhter Abzug bei Versäumung von mehr als 5 aufeinanderfolgenden Sitzungen. Entsch. entfällt für die Zeit, in der sich ein Abg. einer vom LT. genehmigten Strafverfolgung oder -vollstreckung entzieht. Als abwesend gilt auch, wer an einer namentlichen Abstimmung in einer Vollsitzung nicht teilnimmt, auch wenn seine Anwesenheit sonst ordnungsgemäß festgestellt ist (G. v. 11. März 1927).

§ 41.

¹ Die Mitgliedschaft[1] endigt[2] mit Ablauf der Landtagsdauer,[3] Auflösung[4] des Landtages, Ungültigkeitserklärung der Wahl,[5] Wegfall der Wählbarkeit,[6] Aberkennung durch Urteil des Staatsgerichtshofes,[7] Wegfall der Gründe für die Berufung als Ersatzmann[8] oder Verzicht.[9] Der Verzicht ist unwiderruflich. Er ist dem Präsidenten schriftlich zu erklären.

II Als Verzicht gilt auch die Annahme eines öffentlichen Dienstes in einem mit Bayern im Kriege befindlichen Staat.[10]

III Auf Verlust der Mitgliedschaft ist zu erkennen[11] gegen Abgeordnete,

1. welche in gewinnsüchtiger Absicht[12] ihren Einfluß als Abgeordnete in einer die Ehre und das Ansehen der Volksvertretung gröblich gefährdenden Weise mißbraucht haben,[13]
2. welche vorsätzlich Mitteilungen, deren Geheimhaltung wegen Gefährdung des Vaterlandes oder der öffentlichen Sicherheit in Sitzungen des Landtags oder seiner Ausschüsse mit Zweidrittelmehrheit der Mitgliederzahl beschlossen worden ist, in der Voraussicht, daß sie öffentlich bekannt werden, einem anderen zur Kenntnis gebracht haben.[14]

IV Der Antrag auf Erhebung der Anklage ist an den Landtag zu richten. Er kann von jedem Abgeordneten gegen sich selbst gestellt werden. Im übrigen ist der Antrag nur zulässig, wenn er von mindestens einem Drittel der gesetzlichen Mitgliederzahl des Landtags gestellt wird. Der Landtag entscheidet über die Erhebung der Anklage mit einfacher Mehrheit seiner gesetzlichen Mitgliederzahl.[15]

V Über die Anklage entscheidet der Staatsgerichtshof (§ 70). Das Urteil kann nur auf Freisprechung oder auf Verlust der Mitgliedschaft des Landtags lauten. Verliert ein Abgeordneter die Mitgliedschaft des Landtags schon vor der Verkündung des Urteils, so wird das Verfahren eingestellt. Widerspricht der Angeklagte der Einstellung auf

Aufforderung hin, so ist die Entscheidung nur über die Schuldfrage zu treffen.[16]

VI Im Falle der Freisprechung im Wiederaufnahmeverfahren lebt die Mitgliedschaft nur dann wieder auf, wenn sie nicht inzwischen aus anderen Gründen erloschen wäre. Die Feststellung des ausscheidenden Abgeordneten obliegt dem Landtage nach den Grundsätzen des Landeswahlgesetzes.[17]

RV. § 50; BA I 230, II 486.

1. Die Abgeordneteneigenschaft mit allen ihren Folgen (§ 35 Anm. 4).

2. Art. 45 LWG.: „Ein Abg. verliert seinen Sitz"... Die Bestimmungen von BU. und LWG. decken sich nur teilweise, jede hat für sich noch besondere Endigungsgründe, die sich bei § 41 aus anderen Bestimmungen der BU., bei Art. 45 LWG. aus Besonderheiten des Wahlverfahrens erklären. Art. 45 LWG. ist mit verfassungsändernder Mehrheit beschlossen.

3. 4 Jahre (§ 27 Anm. 1) vom Tage der Wahl an. Für den Präsidenten und seine Vertreter und die Mitglieder des ständigen Ausschusses endigen die Rechte und Pflichten aus der Wahl erst mit dem Zusammentritt des neuen LT. (§§ 28 I S. 3, 30 IV, 39 IV).

4. § 31, 30 V, Ausnahmen wie bei Anm. 3.

5. Art. 45 I Ziff. 4 LWG., wonach „sonstiges Ausscheiden beim Wahlprüfungsverfahren" hinzukommt. Beim Wahlprüfungsverfahren vor dem LT. kann nämlich das Wahlergebnis auch noch berichtigt werden, wodurch eine Änderung der Personen der Abgeordneten eintreten kann. Art. 45 I Ziff. 5 LWG. führt weiter die nachträgliche Änderung des Wahlergebnisses an, die nicht beim Wahlprüfungsverfahren, sondern aus Anlaß von Nachwahlen oder Wiederholungswahlen (Art. 64, 65 LWG.) durch den Landeswahlausschuß erfolgt.

6. § 26 II, Art. 45 I Ziff. 2 LWG. Verlust des Wahlrechts durch Verlust der Reichsangehörigkeit, Aufgabe des

Aufenthalts in Bayern, sonstigen Verlust des Wahlrechts nach § 9. Art. 45 I Ziff. 3 LWG. führt weiter noch die strafrichterliche Aberkennung der Rechte aus öffentlichen Wahlen an, abgesehen von der Aberkennung der bürgerlichen Ehrenrechte (§§ 32—37 StGB.), durch besondere Aberkennung jener Rechte wegen Hoch- und Landesverrat (§§ 81 ff. StGB.).

7. Abs. III—V, eingefügt durch G. v. 18. Sept. 1925 (GVBl. 245).

8. In den Fällen des Abs. VI, eingefügt durch G. v. 18. Sept. 1925 (GVBl. 245).

9. Art. 45 II LWG.

10. Gleichbedeutend mit Krieg gegen das Deutsche Reich. Aus der Zeit der Entstehung zu erklären.

11. Abs. III—VI, eingeführt durch G. v. 18. Sept. 1925 (GVBl. 245). Aberkennung durch den StGH. (Abs. V).

12. Absicht der Erreichung irgendeines materiellen Vorteils für sich oder andere, vgl. §§ 133 II, 169, 301 StGB.

13. Die Abgeordnetenpflicht ist in § 35 I bestimmt. Mißbrauch liegt dann vor, wenn der Einfluß des Abg. zur Erreichung eines unzulässigen Zieles oder eines erlaubten Zieles in unzulässiger Weise benützt wird. Es muß sich um bewußte und gewollte Einwirkungen auf andere Personen mit den den Abg. zu Gebote stehenden Mitteln handeln. Zur Beurteilung der Zulässigkeit des Zieles oder Weges ist zugrunde zu legen der ungeschriebene Parlamentsgebrauch, der Ehrenkodex der Abg. Zu Gewinnabsicht und Mißbrauch des Abg.-Einflusses muß noch die gröbliche Gefährdung der Ehre und des Ansehens der Volksvertretung hinzukommen.

14. Erforderlich ist subjektiv Vorsatz und Voraussicht des öffentlichen Bekanntwerdens, objektiv die Bekanntgabe an andere (nicht Abg.) von Mitteilungen, deren Geheimhaltung aus besonderen Gründen mit $^2/_3$-Mehrheit (auch eines Ausschusses) beschlossen wurde.

15. Das Verfahren im LT. besteht aus dem Antrag auf Erhebung der Anklage und der Entscheidung über diesen Antrag. Mit diesem LT.-Beschluß ist die Anklage erhoben.

16. Der StGH. entscheidet in der kleinen Besetzung nach § 3 Ziff. 2 des G. v. 11. Juni 1920 (GVBl. 323), geändert mit G. v. 18. Sept. 1925 (GVBl. 245). Über Besonderheiten des Verfahrens § 41 a des G. v. 18. Sept. 1925.

Der Abg. kann durch Mandatsverzicht dem Verfahren entgehen, kann aber von sich aus trotz Mandatsverlustes die Weiterführung des Verfahrens in Form eines Feststellungsverfahrens erreichen.

17. Bei Aberkennung eines Mandates rückt der nächste Ersatzmann ein (Art. 61 LWG.). Bei Freisprechung im Wiederaufnahmeverfahren lebt das Mandat wieder auf, wenn dessen Verlust nicht durch sonstige Gründe veranlaßt ist. Dann muß der eingetretene Ersatzmann wieder ausscheiden. Die Entscheidung hierüber ist dem LT. übertragen. Es muß nicht immer der für den Ausgeschiedenen Eingetretene ausscheiden, z. B. dann nicht, wenn inzwischen eine weitere Erledigung eingetreten war. Dann scheidet der zuletzt Eingetretene aus.

§ 42.

Die Geschäftsordnung[1] des Landtages hat dafür zu sorgen, daß in seinen Ausschüssen[2] die Minderheiten verhältnismäßig[3] vertreten sind.

RE. § 51; VA. I 232, II 487.

1. § 28.

2. § 10 II, III GeschO. Mitgliederzahl 14—28, mit Vorsitzendem und Schriftführer. Diese Posten werden in den verschiedenen Ausschüssen auf die Fraktionen nach ihrer Stärke verteilt. Die Ausschüsse arbeiten nicht während der Vertagung des LT. Ausnahme § 30 III, IV.

3. §§ 8 II u. 11 GeschO. Das Verhältnis richtet sich nach der Stärke der Fraktionen im LT., nicht nach der Zahl der bei der Wahl erhaltenen Stimmen. Nicht strenge, sondern nur annähernde Verhältnismäßigkeit.

§ 43.

Alle Verhandlungen und Beschlüsse der Vollversammlung des Landtages [1] und der nach § 30 Abs. III und IV gebildeten Ausschüsse,[2] der Haushaltsplan,[3] die Staatsrechnungen,[4] der Vermögens- und Schuldenstand [5] des Staates sind im Wortlaut allgemein zugänglich zu machen.[6]

RE. § 52; AB. I 232, II 487.

1. § 27 III GeschO.
2. In der Fassung durch G. v. 1. Mai 1924 (GVBl. 145). Nicht bei sonstigen Ausschüssen, für die nur eine Niederschrift durch den Schriftführer des Ausschusses mit Hilfe der Landesanstalt für Kurzschrift aufgenommen wird (§ 12 IX GeschO.), die aber nur den Mitgliedern des LT., nicht öffentlich zugänglich ist.
3. §§ 48, 79.
4. § 49, 84, 85.
5. § 49.
6. In den LTDrucksachen.

b) Aufgaben, Rechte.

1. Gesetzgebung (§§ 44, 45; s. auch §§ 74—77). 2. Mitwirkung bei der Organisation (§ 46). 3. Mitwirkung im Finanzwesen (§§ 47—49; s. auch §§ 78—85). 4. Mitwirkung bei Staatsverträgen (§ 50). 5. Amnestie (§ 51). 6. Beziehungen zur Regierung (§§ 52—56).

§ 44.

Der Landtag [1] hat das Recht der Gesetzgebung [2] und übt es nach den Bestimmungen der Verfassung [3] aus.

RE. § 54; BA. I 233, II 487.

1. Im Gegensatz zur früheren Verfassung, allein für sich, ohne Mitwirkung eines anderen Staatsorgans. Daneben hat auch das Volk das Gesetzgebungsrecht (§§ 10, 76, 77).

2. Im formellen Sinn (soweit Vorschriften in der besonderen Form des Gesetzes erlassen werden sollen). Daß Gesetze im materiellen Sinn (Rechtsvorschriften über die Freiheit der Person und des Eigentums — andere Rechtsvorschriften kann es nicht geben, N. 111) in Gesetzesform zu erlassen sind, bestimmt § 74. Daraus folgt, daß — vorbehaltlich der Volksgesetzgebung — nur der LT. das Recht zum Erlaß von materiellen Gesetzen (sei es unmittelbar, sei es mittelbar durch die Ermächtigungserteilung zu Rechtsverordnungen) besitzt.

3. Die VU. gibt Schranken in formeller (z. B. §§ 28 III, 34, 92) und materieller (z. B. §§ 13 ff., 67 ff.) Hinsicht. Weitere Schranken gibt die RV. z. B. in Art. 6—13 u. 17, vor allem in Art. 12 I. Abweichungen von den Bestimmungen der VU. sind in der Form des § 92 möglich.

§ 45.

Ehe der Landtag Vorlagen[1] der Volksentscheidung unterbreitet,[2] hat er hierüber nach §§ 76 und 77 Beschluß zu fassen.[3]

RE. § 55; VA. I 234, II 487.

1. Außer Anträgen auf Auflösung des LT. (§ 30 V) kommen nur Gesetzesvorlagen in Betracht, entweder nach Volksbegehren gem. § 10 I Ziff. 1 u. 2, die vom LT. nicht unverändert angenommen wurden (Gesetzes- oder Verfassungsinitiative), oder gemäß § 76 III S. 4 im Verlauf eines Referendums (anschließende Referendumsinitiative) oder § 77 II (reine Referendumsinitiative). § 13 III—VI GeschO.

2. Die Einleitung der Volksentscheidung geht also vom LT. aus. Den Vollzug hat das Ministerium des Innern (Art. 66 LWG.).

3. Ehe das Volk zur Entscheidung aufgerufen wird, hat zuerst der LT. den Antrag zu prüfen und zu bebeschließen,

a) ob das Volksbegehren gemäß §§ 10 I u. 76 II zulässig und rechtswirksam ist (§ 76 I S. 2), und

b) ob er bei Verfassungs- und Gesetzesinitiative die Vorlage nicht von sich aus unverändert zum Gesetz erheben (oder bei Auflösungsanträgen sich auflösen) will, bei Referendumsinitiative, ob er dem Antrag nicht stattgeben will.

Wird die Frage a verneint, so ist das Verfahren erledigt. Verfassungsstreit hiewegen nicht möglich. Wird sie bejaht, dem Wunsche aber nicht nach b sachlich stattgegeben, so kommt das Volk zu Wort.

Siehe die Darstellung in § 77.

§ 46.

Verordnungen, welche die Einrichtung oder Veränderung von Behörden oder Stellen betreffen,[1] sind dem Landtage zur Genehmigung[2] vorzulegen. In dringenden Fällen kann das Gesamtministerium solche Verordnungen unter Vorbehalt der nachträglichen Bestätigung des Landtages erlassen.[3]

RE. § 56; BA. I 275, II 487.

1. § 46 setzt das Organisationsrecht, d. h. das Recht, Behörden und Stellen als Staatsorgane zu errichten und einzurichten, voraus. Es steht der Staatsregierung, dem Gesamtministerium, zu (§§ 4 u. 61 Ziff. 6). Beschränkungen ergeben sich aus dem Budgetrecht des LT. und aus § 46. Als Ausnahme ist § 46 einschränkend auszulegen. Zweck der Vorschrift ist, dem LT., auch abgesehen vom Budgetrecht, die Überwachung der organisatorischen Tätigkeit der Regierung für wichtigere Fälle zu sichern und einen unmittelbaren Einfluß auf die Gestaltung der Behördeneinrichtung zu verschaffen. Die Vorlage an den LT. ist also erforderlich, wenn der LT. nach seiner Stellung im Staat und nach der Art der beabsichtigten Einrichtung ein Interesse an der Mitwirkung haben kann. Hienach ist § 46 auszulegen. Angelegenheiten von untergeordneter Bedeutung können nicht in Betracht kommen, also nicht die Errichtung oder Veränderung von Gendarmeriestationen, auch nicht Änderungen in der Einrichtung von Behörden, die für ihren Bestand nicht wesentlich sind, z. B. Änderungen im Dienstbezirk, wohl aber Änderungen der Zuständigkeit der Min. „Behörde" ist eine Einrichtung, der staatliche Geschäfte in bestimmtem Umfang zur Wahrnehmung anvertraut sind. Hier kommen nur staatliche Behörden in Betracht, unter Umständen auch ehrenamtliche. Unter „Stellen" sind teils obere Behörden, teils besondere Arten von Behörden, wie z. B. Wirtschaftsstellen, Wohlfahrtsstellen zu verstehen. Die „Einrichtung" einer Behörde umfaßt deren Zusammensetzung, innere Gestaltung, sachliche und örtliche Zuständigkeit, Zahl, endlich auch die Ordnung des Geschäftsgangs (v. Seydel-Piloty S. 320) in der oben angegebenen Einschränkung. Diese folgt schon daraus, daß nur Verordnungen (s. § 61 Anm. 13), also allgemeine Anordnungen, nicht einzelne Verfügungen vorlagepflichtig sind. Änderungen sind nur dann vorlagepflichtig, wenn sie wesentlich sind, nicht etwa alle im gewöhnlichen Lauf der Verwaltung sich ergebenden Veränderungen. Nicht vorlagepflichtig sind Verordnungen im Vollzug von Reichsges.

2. Wird die Genehmigung nicht erteilt, so kann die V. nicht ergehen. Der LT. kann die Genehmigung an die Bedingung von Änderungen knüpfen. Das Min. ist aber hieran nicht gebunden; es kann den Erlaß der V. dann unterlassen, statt die Bedingungen zu erfüllen. Wenn die V. neben dem nach § 46 vorlagepflichtigen Inhalt weitere Bestimmungen enthält, so erstreckt sich das Genehmigungsrecht des LT. nicht hierauf. Doch kann er insoweit von seinen sonstigen verfassungsmäßigen Rechten Gebrauch machen, womit der gleiche Erfolg zu erreichen ist. LTBeschluß v. 27. Juni 1921 geht weiter (BVBl. 1925, 119).

3. Im allgemeinen ist die Genehmigung des LT. vorher einzuholen. Wird die nachträgliche Genehmigung nicht erteilt, so verliert die V. ihre Wirksamkeit und ist zurückzunehmen.

§ 47.

1 Ohne Genehmigung[1] des Landtages kann keine neue Anleihe,[2] welche die Erhöhung des bisherigen

Schuldenstandes des Staates an Kapital oder Verzinsung bewirkt, aufgenommen oder eine Bürgschaft[3] zu Lasten des Staates eingegangen werden.

II Ohne Genehmigung des Landtages kann weder der von ihm beschlossene Staatsschuldentilgungsplan[4] geändert, noch ein zur Schuldentilgung bestimmtes Gefäll zu einem anderen Zwecke verwendet werden.

III Das Grundstockvermögen[5] des Staates darf in seinem Wertbestande durch Veräußerungen[6] nicht verringert werden. Soweit nicht durch Gesetz[7] das Ministerium zu Veräußerungen von Grundstockvermögen ermächtigt wird, können solche nur mit Genehmigung[8] des Landtages erfolgen. Der Erlös solcher Veräußerungen ist zu Neuerwerbungen für das Grundstockvermögen zu verwenden.[9]

RE. § 57; BA. I 236, II 487.

Hier beginnen die Bestimmungen über die Teilnahme des LT. am Finanzwesen: Vermögen und Anleihen (§ 47), Einnahmen und Ausgaben (§ 48), Rechnungsstellung (§ 49). Näheres in §§ 78—85.

1. Zur Gültigkeit des Abschlusses ist die Genehmigung nötig. Der LT. ist hinsichtlich des Zweckes der Anleihen nicht beschränkt, solche sind also auch zu ordentlichen Ausgaben möglich. Nicht Gesetzesform.

2. = Finanzschulden, z. B. durch Schatzanweisungen, Schuldverschreibungen, nicht Verwaltungsschulden im Laufe der ordentl. Verwaltung, auch nicht Ausgabe von Papiergeld (hier aber reichsrechtliche Bindung).

3. Eine Art der Kreditgewährung durch den Staat, in Form der Sicherheitsleistung zugunsten von nicht dem Staat gehörenden, vor allem gemeinnützigen Unternehmen; für andere Kreditgewährungen ist keine Genehmigung des LT. vorgeschrieben.

4. Abs. II setzt voraus, daß bei jeder Anleihe ein Schuldentilgungsplan beschlossen wird. Kontrollrecht des LT. nach § 52 I.

5. = die Vermögensbestandteile, die bestimmt sind, wenigstens ihrem Werte nach für den Staat dauernd erhalten zu bleiben (im Gegensatz zu den Vermögensteilen, die nur vorübergehend im Besitze des Staates stehen und dazu bestimmt sind, für staatliche Zwecke verbraucht zu werden) also das Verwaltungsvermögen und die nicht für laufende Zwecke bestimmten Teile des Finanzvermögens, z. B. Amtsgebäude, Straßen, Forsten. Die Bestimmung kann ausdrücklich oder durch schlüssige Handlungen erfolgen.

6. Veräußerung = Verkauf, Tausch, Schenkung, Verpfändung, Einbringung in eine Gesellschaft, Eigentumsaufgabe.

7. Entweder durch ein allgemeines Gesetz, das für bestimmte Arten von Veräußerungen die Genehmigung von vornherein erteilt, oder durch Gesetz im einzelnen Fall.

8. Die Genehmigung ist Voraussetzung für die Gültigkeit des Vertrags. Sie erstreckt sich auf die Bedingungen der Veräußerung.

9. Sonst verfassungändernde͏s Gesetz erforderlich.

§ 48.

Der Landtag beschließt[1] über den vom Gesamtministerium alljährlich vorzulegenden Haushaltsplan.[2]

RE. § 58; BA I 236, II 488.

1. Eine Verwaltungsaufgabe des LT. Beschluß in Gesetzesform. Die Endziffern der einzelnen Haushalte sind dem Finanzgesetz in einer Übersicht beigefügt.

2. Inhalt und Aufstellung des Haushaltplans § 79, durch Ressortmin., Finanzmin. und Gesamtmin. (§ 61 Ziff. 10, 11, 8), Vorlage an den LT. bis 1. Okt.

(§ 79 II). Einjährige Finanzperiode (§ 78). Bei verspätetem Zustandekommen des Haushaltsplans § 80 II, III. Verschieden davon das Finanzgesetz § 80 I, 82.

Meinungsverschiedenheiten zwischen LT. und Regierung über Erhöhung der Ausgaben oder neue Ausgaben § 81.

Einbringung der Fehlbeträge § 83.

§ 49.

Der Landtag beschließt[1] über die alljährlich vom Gesamtministerium abzulegende Rechnung[2] des Staates samt Vermögens- und Schuldennachweis.

RE. § 59; VA. I 246, II 488.

1. Der Beschluß (kein Gesetz) äußert sich nach § 85 über die „Entlastung der Min."

2. Aufstellung und Art der Rechnung § 84 I. Hierauf zunächst rechnungsmäßige Überprüfung durch den obersten Rechnungshof (§ 84 II), Bericht des Rechnungshofes an das Gesamtmin. mit dem in § 84 III bestimmten Inhalt. Vorlage dieses Berichtes mit Äußerung des Min. samt den Rechnungsnachweisungen an den LT. (§ 84 III S. 2).

§ 50.

Der Landtag genehmigt[1] die Staatsverträge.[2] Sie sind, wenn sie Rechtssätze enthalten, hinsichtlich ihres Rechtsinhaltes als Gesetze zu beschließen.[3]

RE. § 66; VA. I 242, II 489.

1. Die Genehmigung des LT. ist Voraussetzung für die Gültigkeit der Staatsverträge nach innen und nach außen. Die Mitwirkung des LT. ist nicht abhängig vom Inhalt des Vertrags, also nicht nur für Gegenstände der Gesetzgebung, sondern auch der Verwaltung; anders RV. Art. 45 III. Der Beschluß des LT. bedarf aber nur im Fall des Satz 2 der Form des Gesetzes.

2. Abschluß durch das Gesamtmin. (§ 61 Ziff. 3). Ausfertigung und Verkündigung durch LT.-Präsident und Minister-Präsident (§ 62 I).

a) Staatsverträge mit auswärtigen Staaten sind nach Art. 78 I, II RV. zulässig nur in Angelegenheiten, deren Regelung der Landesgesetzgebung ausschließlich oder neben dem Reich zusteht, und nur mit Zustimmung des Reiches. Für Staatsverträge, die Grenzänderungen enthalten, s. § 1 Anm. 5.

b) Verträge mit dem päpstlichen Stuhl fallen nicht unter Art. 78 RV., sind also in Gegenständen der Länderzuständigkeit zulässig, ohne formelle Mitwirkung des Reiches.

c) Staatsverträge mit dem Reich und andern deutschen Staaten sind zulässig, soweit der Gegenstand nicht in die ausschließliche Gesetzgebung des Reiches fällt. Mitwirkung des Reiches bei Verträgen mit andern deutschen Ländern nur, wo sie besonders vorgeschrieben ist.

Zu unterscheiden von Staatsverträgen sind einfache Verwaltungsvereinbarungen und privatrechtliche Verträge. Zustimmung des LT. hiezu nicht erforderlich, des Reiches nur gem. Art. 78 RV. (ebenso N. u. Kr.), Verträge mit öffentlich-rechtlichen Körperschaften innerhalb Bayerns bedürfen der Zustimmung des LT. nur, wenn sie Rechtssätze enthalten. (Vgl. die Vertr. mit den evangelischen Kirchen von 1924.)

3. Rechtssätze = Rechtsinhalt = materielles Recht nach § 74. Der Vertrag wird in solchen Fällen vom LT. im ganzen durch ein „Mantelgesetz" genehmigt, z. B. GVBl. 1920, 355 u. 1925, 53: „. . werden im Hinblick auf die darin enthaltenen Rechtssätze als Ganzes in Gesetzesform beschlossen".

§ 51.

I Der Landtag beschließt durch Gesetz über Straferlasse, die sich auf alle bestraften Personen oder auf besondere Gruppen beziehen.[1]

II Straferlasse für einzelne Personen stehen dem Gesamtministerium oder nach dessen Beschlusse den einzelnen Ministerien zu.[2]

RC. § 67; BA I 242, II 489.

1. Schließt sich an § 69 VI letzter Halbsatz an. Abs. I behandelt die „Amnestie", Abs. II die Einzelbegnadigung. Die Begnadigung ist Sache des Vollzugs. Amnestiegesetze sind also formelle Gesetze. Ebenso Art. 49 RV. Das Reich ist zuständig, soweit Reichsgerichte in 1. Instanz urteilen, sonst die Länder. Dem „Straferlaß" steht die Strafmilderung (nach Höhe und Art der Strafe) gleich. „Besondere Gruppen", z. B. bei größeren gemeinsamen Unternehmungen, etwa Hochverrat. Verhinderung oder Niederschlagung von Strafverfahren wäre verfassungswidrig (§ 69 VI erster Halbsatz).

2. Durch V. v. 10. Okt. 1919 (GVBl. 692) hat das Gesamtmin. die ihm zustehende Ausübung des Begnadigungsrechtes, mit Ausnahme der Fälle der Todesstrafe den einzelnen Ministerien für ihren Geschäftsbereich übertragen.

§ 52.

I Durch beauftragte Mitglieder kann der Landtag nach vorausgegangener Verständigung des Ministeriums von den Einrichtungen und Unternehmungen der Staatsverwaltung, insbesondere der Staatsschuldenverwaltung Einsicht nehmen.[1]

II Der Landtag muß auf Antrag von einem Fünftel seiner Mitglieder Ausschüsse zur Untersuchung von Tatsachen ernennen.[2] Sie haben das Recht, staatliche und gemeindliche Behörden zur Durchführung ihrer Aufgabe in Anspruch zu nehmen.[3] Die Ausschüsse können die Untersuchungen auch selbst durchführen.[4] Auf die Erhebungen der

Ausschüsse und der von ihnen ersuchten Behörden finden die Vorschriften der Strafprozeßordnung sinngemäße Anwendung.[5] Die gesetzlichen Vorschriften über die Wahrung des Brief-, Post-, Telegraphen- und Fernsprechgeheimnisses werden hierdurch nicht berührt.[6] Die Geschäftsordnung des Landtages regelt das Verfahren.[7]

RE. § 60; BA. I 237, II 488.

Hiemit beginnt die Regelung der Beziehungen zwischen Regierung und LT. mit einem weitgehenden Aufsichtsrecht des LT.

a) Die Regierung bedarf des Vertrauens des LT. (§ 59 I), Notwendigkeit des Rücktritts beim Fehlen des Vertrauens (§ 59 II),

b) Informationsrecht des LT. nach § 52 I, II u. 65 IV;

c) Recht, die Minister zur Verantwortung zu ziehen (§ 53), und zwar parlamentarisch (§ 54, 55) oder vor Gericht (§ 56).

1. Abs. I. Recht zu Visitationen, (das die RV. nicht kennt). Der Auftrag geht vom LT.-Plenum aus. Die Einsichtnahme kann sich auf alle Einrichtungen und Unternehmungen erstrecken, die mit Landesverwaltungsangelegenheiten sich befassen. Sie ist nur Kenntnisnahme, kein Anordnungsrecht. Die Folgerungen zieht der LT. auf sonst verfassungsmäßigem Wege (Buchst. a u. c oben). Für die Staatsschuldenverwaltung werden 2 ständige Kommissare und 2 Stellvertreter bestellt (auch zur Mitzeichnung der Schuldurkunden). Vgl. z. B. GVBl. 1924, 192.

2. Abs. II setzt die „parlamentarischen Untersuchungsausschüsse" ein. Solche haben auch in Bayern schon mehrfach getagt (1920 zur Untersuchung angeblicher Mißstände bei der Polizeidirektion München, 1923 zur Untersuchung der Verhältnisse in der Gefangenanstalt Niederschönenfeld). Eingesetzt, aber noch nicht getagt hat der Ausschuß zur Untersuchung der Vorgänge vom 1. Mai 1923—9. Nov. 1923.

Minderheitsrecht. Der LT. „muß" auf Antrag der Minderheit solche Ausschüsse, bestehend aus Abg., ernennen. Diese Ausschüsse können eingesetzt werden zur „Untersuchung von Tatsachen" (Vorgängen, Zuständen) aller Art, soweit die Zuständigkeit des LT. reicht (also keine richterliche Betätigung). Bei der Ernennung sind die Tatsachen zu bezeichnen, die der Ausschuß untersuchen soll; denn der LT. muß den Ausschuß mit der Untersuchung bestimmter Tatsachen betrauen. Über die formelle Vorbehandlung im LT. § 18 GeschO. Aufgabe des Ausschusses ist nicht nur die Feststellung der Tatsachen. Übungsgemäß schließt sich als Abschluß der Untersuchung ein den Beschluß des LT. vorbereitender Antrag an den LT. an mit einem Werturteil über die Tatsachen. Auch hierin liegt ein „Untersuchen". (So A. gegen G.) Nach § 10 I GeschO. obliegt den Ausschüssen die „Vorberatung" der Verhandlungsgegenstände, wozu auch die kritische abschließende Würdigung der untersuchten Tatsachen gehört. Auch der LT. fällt keine richterl. Entscheidung. Den Umfang der Untersuchung bestimmt der Ausschuß. (Gegensatz Art. 34 RV., wonach ihn die Antragsteller bestimmen können.) Hinsichtlich der Öffentlichkeit gelten die Vorschriften für die sonstigen Ausschüsse (§ 28 II).

3. „Amtshilfe" haben alle Behörden des Landes und der Gemeinden zu leisten (auch Gerichte). Auf das Verlangen der Aktenvorlage findet nach Satz 3 § 96 StPO. Anwendung (anders A.).

4. Durch Einsichtnahme von Akten der Behörden und durch die im Verfahren nach der StPO., nicht des Gerichtsverfassungsgesetzes, zulässigen Beweismittel. Die Ausschüsse haben insoweit die Befugnisse der Behörden; hieraus folgern A. und G. zu Art. 34 RV., auch Kr. Anm. 8, daß solche Ausschüsse behördlichen Charakter haben. Sie haben diesen aber wohl nicht in höherem Maß als der LT., wenn er nach § 52 I sein Kontrollrecht ausübt. Es handelt sich um eine parlamentarische Einrichtung, die nur mit besonderen Befugnissen ausgestattet ist. Keine Befugnis zu Ordnungsstrafen gegenüber Zeu-

gen und Sachverständigen. Wegen Ungebühr jedoch Einschreiten auf Grund des Hausrechtes durch den Vorsitzenden.

5. Nur die Vorschriften der StPO. (nicht des GVG.) können angewendet werden, die dem Zweck und Sinn des Verfahrens vor dem Untersuchungsausschuß entsprechen; also z. B. eidliche Vernehmung von Zeugen und Sachverständigen (mit Zwangsverfahren), Augenschein und Beschlagnahme und Durchsuchung (anders A., G., ebenso Kr.). Unzulässig Untersuchungshaft (so A.).

6. Art. 117 RV. Das Brief- usw. geheimnis ist also nicht nach § 99 StPO. aufgehoben.

7. § 46 II GeschO. Eine GeschO. für solche Ausschüsse besteht noch nicht.

§ 53.

Der Landtag hat das Recht, das Gesamtministerium oder einzelne Minister zur Verantwortung zu ziehen.[1] Dies kann durch parlamentarische[2] oder gerichtliche[3] Mittel geschehen.

RE. § 61; BA. I 237, II 488.

1. Das Gesamtministerium, die Minister und Staatssekretäre sind dem LT. nach § 59 II „für ihre Amtsführung" verantwortlich. Diese Verantwortung wird gemäß § 53 geltend gemacht. Gegen die Minister und Staatssekretäre (N. 129) gibt es kein Dienststrafverfahren nach dem Beamtengesetz — denn sie sind zwar öffentliche Beamte, aber nicht Beamte im Sinne des Beamtengesetzes —, sie haben nur eine politische Verantwortung nach der BU., außerdem besteht die Möglichkeit von Strafverfahren nach § 359 StGB.

Zur Verantwortung wird gezogen entweder das Gesamtministerium oder der einzelne Minister (auch Staatssekretär), je nach der Zuständigkeit der zu beanstandenden Maßnahme (§ 4 Anm. 1). Es braucht kein Verschulden vorzuliegen. Es genügen schon politische Meinungsverschiedenheiten. Für Beschlüsse des Gesamtministeriums sind alle Minister verantwortlich. Sie können sich dem nur entziehen, wenn sie ihr Amt niederlegen (R. 33).

2. Rechenschaftsforderung (§ 54) und Mißtrauenskundgabe (§ 55).

3. Anklage vor dem StGH. (§ 56).

§ 54.

Das ordentliche parlamentarische Mittel[1] ist die Rechenschaftsforderung.[2] Der zur Rechenschaft geforderte Minister hat sich im Landtage persönlich zu verantworten.[3]

RV. § 62; BA. I 188, II 488.

1. Gegensatz: das außerordentliche parlamentarische Mittel (§ 55) und das gerichtliche Mittel (§ 56). Bei „Mittel" ist zu ergänzen: um die Minister zur Verantwortung zu ziehen.

2. Analog der Auskunftpflicht nach § 65 IV, aber weitergehend im Hinblick auf den Zweck und die Art der Ausübung (Satz 2). Hier kommen nur die einzelnen Minister und Staatssekretäre in Frage (R. 128, 129).

3. Ausnahme von der Befugnis nach § 65 I, sich vertreten zu lassen. Zurückgetretene Minister haben diese Pflicht nicht mehr. So auch § 55 III S. 1. Kann durch das sonst in Aussicht stehende Mißtrauensvotum mittelbar erzwungen werden.

§ 55.

I Das außerordentliche parlamentarische Mittel[1] ist die Kundgabe des Mißtrauens,[2] die sich gegen das Gesamtministerium oder gegen einzelne Minister richten kann.[3]

II Der Antrag auf eine solche Kundgebung[4] bedarf der Unterstützung von mindestens 30 Abgeordneten, ist dem Ministerpräsidenten[5] sofort schriftlich mitzuteilen und innerhalb fünf Tagen zur Beratung zu bringen.

III Die Minister müssen zur Verhandlung über die gegen sie gerichteten Mißtrauensanträge persönlich erscheinen, wenn sie nicht vorher zurücktreten.[6] Erscheinen sie nicht, so kann in ihrer Abwesenheit beraten und beschlossen werden.

IV Der Beschluß ist gültig, wenn mindestens die Mehrheit der gesetzlichen Mitgliederzahl zustimmt.[7] Er ist eingehend zu begründen.[8]

RE. § 63; BAI 238, II 488.

1. S. § 54 Anm. 1.

2. Art. 17 I RV., § 59 I, II.

3. § 53 Anm. 1. Auch gegen zurückgetretene Minister jedenfalls wegen Handlungen aus ihrer Amtszeit. Nach § 59 II auch gegen Staatssekretäre in den Grenzen des § 59 I S. 2 zulässig. Der Ausspruch des Mißtrauens gegen das Gesamtministerium wirkt auch gegen die einzelnen Minister und Staatssekretäre.

4. § 19 GeschO.

5. Da es sich, selbst wenn er nicht betroffen ist, um die von ihm ernannten Min. handelt.

6. Das Recht des Rücktritts (§ 59 II) wird durch den Antrag nicht berührt. Abs. III ist eine Ausnahme von der Möglichkeit des § 65 I, sich vertreten zu lassen. Satz 2 sieht aber die Möglichkeit des Nichterscheinens vor.

7. Gegenüber § 34 erschwert. Gesetzliche Mitgliederzahl s. § 31 Anm. 2. Für ein Vertrauensvotum ist keine erschwerte, sondern nur einfache Mehrheit nötig.

8. Kein Disziplinarerkenntnis (R. 49). Es wird nur die abweichende Meinung des LT. zur Geltung gebracht. Der LT. kann dadurch auch in das Gebiet der eigenen Zuständigkeit des Ministeriums nach § 4 übergreifen, ohne daß eine Verfassungsverletzung gegeben wäre. Die

Grenzen der Zuständigkeit des Ministeriums und des LT. verschwimmen dadurch. Die Gründe des LT. können darin bestehen, daß der Minister eine Rechtsvorschrift verletzt, oder unzweckmäßig gehandelt habe. Die Folge des Beschlusses ist nach § 59 II die Pflicht zum Rücktritt. Solange dieser nicht erfolgt ist, ist die Anrufung des StGH. (§ 2 Ziff. 3 StGHG.) möglich, wenn es sich um Meinungsverschiedenheiten über die Auslegung der VU. handelt (R. 12, 49).

§ 56.

I Das gerichtliche Mittel[1] der Geltendmachung der Ministerverantwortlichkeit[2] ist die Anklage vor dem Staatsgerichtshofe.[3] Die Anklage kann nur darauf gerichtet sein, daß ein Minister in Ausübung seines Amtes durch Handlungen oder Unterlassungen die Verfassung oder ein Gesetz vorsätzlich oder grobfahrlässig verletzt hat.[4]

II Der Antrag auf Erhebung der Anklage muß von mindestens 50 Abgeordneten unterzeichnet sein. Der Beschluß bedarf der Zustimmung der für Verfassungsänderungen vorgeschriebenen Mehrheit.[5]

III Wird der Angeklagte für schuldig befunden, so kann nur auf Entfernung aus dem Amte erkannt werden.[6] War er schon vor dem Urteil zurückgetreten, so ist eine Entscheidung nur über die Schuldfrage zu treffen.[7]

IV Die Anklage wird durch Vertagung oder Auflösung des Landtages oder Ablauf der Landtagsdauer nicht berührt.[8]

RE. § 64; VA I 240, II 489.

1. S. § 54 Anm. 1.

2. §§ 53, 59 II. Für Minister und Staatssekretäre (anders Begr. z. StGHG. zu § 2, P. 120, R. 129, Kr. § 56 Anm. 2; hiegegen [mit Recht] R. 26, Annalen 1927, 376 und § 25 GeschO.). Auch nach dem Rücktritt § 22 StGHG.).

3. § 70; StGHG. v. 11. Juni 1920 (GVBl. 323) in §§ 2 Ziff. 1, 3 Ziff 1, 21—41. Ein verfassungsgerichtl., nicht strafgerichtl. Verfahren. Dieses kann nebenher gehen (auch ein solches kann zum Verlust des Amtes führen, §§ 31 ff. StGB.), für frühere Beamte auch ein Dienststrafverfahren (§ 35 II StGHG.). Anklage nur durch den LT., nicht durch Privatpersonen (E. d. StGH. v. 19. Juli 1922). Verjährung nicht vorgesehen.

4. Tatbestand: objektiv: Handlung oder Unterlassung, Amtsausübung, Verletzung der VU. oder eines Gesetzes, subjektiv: Vorsatz oder grobe Fahrlässigkeit. Aus der Begr. z. StGHG.: Außeramtliche, private Handlungen oder Unterlassungen kommen nicht in Betracht. „Verfassung" auch die RV., „Gesetz" auch ein RGes., aber nicht Gewohnheitsrecht. (Anders R. 50 Gesetz = Rechtssatz). Nicht notwendig Verletzung eines Strafgesetzes.

5. Behandlung im LT. nach § 25 GeschO. $^2/_3$ Mehrheit nach § 92. Zurücknahme der Anklage nach der Begr. z. Entwurf mit einfacher Mehrheit zulässig (wohl nicht richtig, s. Anm. zu § 23 StGHG.).

6. Über das Verfahren vor dem StGH. s. Anm. 3. Das Urteil wird mit der Verkündung wirksam (§ 40 StGHG.). Das Urteil hat nicht die Wirkung des dauernden Ausschlusses von bayer. Minister- oder Staatssekretärposten; R. 51 und Annalen 1927, 378 haben offenbar nur die Begr. z. Gesetzentw. im Auge. Diese ist aber insoweit bei der Beratung im LT. ausdrücklich zurückgezogen und diese Wirkung abgelehnt worden. Über die vermögensrechtlichen Folgen s. § 60 VU. u. § 36 StGHG. Anm. 2). Begnadigung nicht vorgesehen, wohl aber Wiederaufnahme des Verfahrens (§ 41 StGHG).

7. § 35 I StGHG. Der Ausspruch sonstiger Folgen im Urteil nicht zulässig.

8. § 9 StGHG.

7. Abschnitt.

Staatsverwaltung.

a) Ministerium.

§ 57.

I Dem Gesamtministerium[1] obliegt die Leitung der gesamten Staatsverwaltung,[2] der Vollzug aller Gesetze, Reichsverordnungen und Beschlüsse des Landtages[3] sowie die Vertretung Bayerns gegenüber dem Reiche, den einzelnen Staaten des Reiches und den auswärtigen Mächten im Rahmen der Verfassung des Deutschen Reiches.[4]

II Alle Staatsbehörden sind ihm untergeordnet.[5] Die Unabhängigkeit der Rechtsprechung und der Tätigkeit des Rechnungshofes wird hierdurch nicht berührt.[6]

III Das Ministerium handhabt auch in den gesetzlichen Schranken die Oberaufsicht über die Selbstverwaltung der Gemeinden und Gemeindeverbände.[7]

RE. § 69; BA. I 247, II 490, 503.

1. Zu unterscheiden: a) Gesamtministerium = Gesamtheit der Minister, Ministerrat, ein Kollegium (der Minister), an dessen Spitze der Minister-Präsident und b) Die Einzelminister als Einzelorgane des Staates. S. § 4 Anm. 1.

2. § 4 S. 1. Auch in Reichsangelegenheiten, soweit der Vollzug durch Landesbehörden erfolgt, jedoch unter Reichsaufsicht (Art. 14, 15 RV.). Diese Befugnis ist dadurch tatsächlich beschränkt, daß das Gesamtmin. für seine ganze Amtsführung dem LT. verantwortlich ist, also dessen Auffassung auch in Verwaltungsangelegenheiten Rechnung tragen muß, wenn es nicht zurücktreten

will. Über die Abgrenzung zwischen Gesamtmin. und den einzelnen Min. § 61 Ziff. 2 (Vermutung der Zuständigkeit für Letztere). Meinungsverschiedenheiten unter den Min. regelt das Gesamtmin. Es bestimmt auch die Richtlinien für die Politik (nach einem „Koalitionsprogramm", wo eine Koalition, mangels genügender Stärke einer einzelnen Partei, die Regierung gemeinsam führt).

3. Gesetze = auch Reichsgesetze; bei diesen und den Reichsverordnungen, soweit der Vollzug nicht durch Reichsbehörden erfolgt. Die vom Gesamtmin. erlassenen Landesverordnungen sind als selbstverständlich nicht aufgezählt. Beschlüsse des LT. sind rechtsverbindlich, soweit sie sich in der Zuständigkeit des LT. halten, tatsächlich und politisch wirksam, wenn auch nicht verbindlich auch sonstige Beschlüsse, wenn es dem Gesamtmin. nicht gelingt, den LT. von ihrer Unzweckmäßigkeit zu überzeugen, oder wenn der LT. nicht wegen der Geringfügigkeit der Meinungsverschiedenheit einen abweichenden Vollzug durch das Ministerium hinnimmt. Sonst droht § 59 II.

4. Nach Art. 78 RV. sind bayer. Gesandte nicht möglich bei auswärtigen Staaten (wohl aber beim päpstlichen Stuhl), möglich beim Reich und den übrigen deutschen Ländern. Die Übertragung dieser Zuständigkeit an einzelne Minister ist zulässig nach § 61 Ziff. 3.

5. Ergibt sich aus § 4 S. 1 Nähere Ausführung in § 61 Ziff. 5. Unterordnung besteht zunächst unter die einzelnen Ministerien.

6. Die Gerichte (Art. 102 RV.; §§ 5, 71 II) sind hinsichtlich der Rechtsprechung, der oberste Rechnungshof (§ 69 I S. 2) hinsichtlich der Rechnungsprüfung von der Unterordnung unter die Ministerien ausgenommen; hinsichtl. der verwaltenden Tätigkeit unterliegen sie ihr.

7. § 22 I. Die Oberaufsicht bei der eigentlichen Staatsaufsicht übt nur das Staatsministerium des Innern, nicht das Gesamtministerium. Das neue Gemeinderecht sieht daneben eine „Sachaufsicht" der für einzelne Gegenstände zuständigen Staatsministerien vor.

§ 58.

I Das Gesamtministerium[1] wird durch den Landtag bestellt.[2] Der Landtag wählt den Ministerpräsidenten.[3] Zur Gültigkeit der Wahl ist die Zustimmung der Mehrheit der gesetzlichen Mitgliederzahl erforderlich.[4] Der Ministerpräsident unterbreitet dem Landtag eine Vorschlagsliste für die übrigen Ministerien.[5] Er besetzt diese im Einverständnisse mit dem Landtage.[6] Bei Erledigung einzelner Ministerien wird in gleicher Weise verfahren.

II Den Ministern können Staatssekretäre als ständige politische Stellvertreter beigegeben werden.[7] Sie werden auf Vorschlag des Ministers im Einverständnisse mit dem Landtage durch das Gesamtministerium ernannt und entlassen.[8]

III Jeder Minister hat einen bestimmten Geschäftskreis zu verwalten.[9] Alle Geschäfte der Staatsverwaltung sind nach Maßgabe der Gesetze vom Gesamtministerium unter die Ministerien zu verteilen.[10] Die Verteilung ist im Gesetz- und Verordnungsblatte bekanntzumachen.

IV Als Vertreter des Ministerpräsidenten für die ihm vorbehaltenen Geschäfte ist durch das Gesamtministerium ein Minister zu bestellen.[11]

RE. § 70; VA. I 247, 315, II 490.

1. § 4 Anm. 1.

2. Die Bestellung geschieht nach Satz 2—5. Nur der Minister-Präsident wird vom LT. gewählt. Er ernennt, allerdings im Einverständnis mit dem LT., die übrigen Minister. (Anders im Reich, [Art. 53], wo der Reichspräsident auch die Reichsminister ernennt und

entläßt.) So ergibt sich schon bei der Bestellung der Minister ihre Abhängigkeit vom LT. Daher kommt ihre Gebundenheit (s. auch § 55 I u. 59 II) trotz der verfassungsmäßig bestimmten Selbständigkeit ihres Wirkungskreises.

3. Voraussetzungen: § 6 (nicht verlangt ist bayer. Staatsangehörigkeit), § 12, nicht verlangt Mitgliedschaft des LT. (auch nicht bei den übrigen Ministern). Nicht anwendbar § 68 (s. Anm. 1). Über die Stellung des Minister-Präsidenten N. BVBl. 1926, 113. Er hat nicht etwa (wie der Reichskanzler, Art. 56 RV.) die Richtlinien der Politik zu bestimmen. Dies ist Aufgabe des Gesamtministeriums (Kollegialsystem). (§§ 61 Ziff. 6, 62 II, 63.) Der Neugewählte übernimmt die Geschäfte erst nach Bildung des Ministeriums (§ 66 I).

4. S. § 31 Anm. 2.

5. Voraussetzungen, wie bei Anm. 3. In der VU. sind erwähnt Minister-Präsident und Minister der Finanzen. Die Zahl der Minister ist sonst in der VU. nicht bestimmt. Zur Änderung Zustimmung des LT. nach § 46 und aus haushaltsrechtlichen Gründen notwendig.

6. Einfache Mehrheit des LT. Es genügt, wenn bei Bekanntgabe der Vorschlagsliste im LT., wie dies Brauch ist, kein Widerspruch erfolgt. Die Ernennung ist erfolgt mit der Ausfertigung der Bestellungsurkunde durch den Minister-Präsidenten. Die Minister leisten keinen besonderen Eid, nur den Eid auf die VU. und RV. (G. v. 6. Nov. 1919 GVBl. 783).

7. Ständige Stellvertreter der Minister sind sonst die gemäß § 66 II u. 61 Ziff. 4 vom Gesamtministerium zu bestellenden, aus früherer Zeit übernommenen (unpolitischen) Staatsräte (Beamte nach dem BeamtenG.) mit voller Stellvertretungsbefugnis auch für die Tätigkeit im Gesamtmin., da § 66 II keine Grenze zieht (anders N. 223; ebenso Kr. § 66 Anm. 2), und mit Verantwortung nach dem BeamtenG., aber ohne politische Verantwortung nach § 59 II. Nach § 66 II können sie auch mit der Leitung eines erledigten Ministeriums betraut werden.

8. Über die Stellung der Staatssekretäre s. Dr. Schmelzle Annalen 1927, 361 ff. Zu ihrer Ernennung wirken der Einzelminister, das Gesamtministerium und der LT. zusammen. Sie haben, soweit sie für den Minister selbständig handeln, dessen Stellung. S. §§ 53, 54, 55, 56, 59 I S. 2. Entlassung auf dem gleichen Wege, wie die Ernennung durch das Gesamtministerium, also nicht ohne Zustimmung des LT. (Annalen 1927, 381); daneben freiwilliger Rücktritt oder nach § 59 II erzwungener Rücktritt. Über den Rücktritt als Folge des Rücktrittes des Ministeriums Meinungsverschiedenheit. Überwiegende Gründe sprechen dafür, nicht ein Ende des Amtes ipso jure, sondern erst durch die Rücktrittserklärung des Staatssekretärs anzunehmen. Allerdings muß der Staatssekretär zurücktreten, wenn ein neuer Minister kommt. Er kann aber nach § 66 II zunächst bei Erledigung des Ministeriums mit Zustimmung des Gesamtmin. weiter amtieren, bis ein neuer Minister kommt. Dieser kann ihn nach § 58 II neu vorschlagen. So die Praxis und N. in der b. Staatsztg. Nr. 34 v. 11. Nov. 1926. Über die Verantwortung des Staatssekretärs § 59 I S. 2.

9. Ein Min. kann auch mehrere Geschäftskreise verwalten, hat aber im Gesamtmin. immer nur 1 Stimme. Auch der Min.-Präs. muß ein Min. führen. In seinem Geschäftskreis ist jeder Min. innerhalb der vom Gesamtmin. aufgestellten Richtlinien (§ 57 Anm. 2) selbständig. Nur in Finanzangelegenheiten besteht ein gewisses Überwachungsrecht des Finanzmin. (§ 61 Ziff. 11).

10. Auch Geschäfte, die das Gesamtmin. erledigt (§ 61 Ziff. 2), bearbeitet zunächst das zuständige Min. Vielfach sind durch Gesetz Zuständigkeiten einzelner Min. bestimmt. Sonst kann das Gesamtmin. frei hierüber bestimmen. Zur Zeit 8 Min. Der LT. hat 1923 die Verminderung auf 5 beschlossen, ohne zu bestimmen, welche aufzulösen sind. Der Beschluß konnte noch nicht durchgeführt werden.

11. S. Anm. 3. Zur Legitimation ist ein Beschluß des Gesamtmin. nötig.

§ 59.

I Die Minister bedürfen zu ihrer Amtsführung des Vertrauens des Landtages.[1] Das Gleiche gilt für die Staatssekretäre, soweit sie in Vertretung der Minister selbständig handeln.[2]

II Das Gesamtministerium, die Minister und Staatssekretäre sind für ihre Amtsführung dem Landtage verantwortlich.[3] Sie können jederzeit von ihrem Amte zurücktreten;[4] sie müssen zurücktreten, wenn ihnen das Mißtrauen des Landtages ausgesprochen wird.[5]

III Die Minister und Staatssekretäre dürfen ein anderes besoldetes Amt, einen Beruf oder ein Gewerbe nicht ausüben.[6]

R. §§ 71, 72; BA. I 255, 266, 324, 332, II 491.

1. Die parlamentarische Regierungsform ist durch Art. 17 II RV. für alle Länder vorgeschrieben. Hienach kann eine Regierung nur so lange ihr Amt führen, als sie das Vertrauen des LT. besitzt. Es braucht nicht ausdrücklich erklärt zu sein, wird vielmehr solange vermutet, als nicht das Mißtrauen ausgesprochen ist. Wenn die Kundgabe des Mißtrauens die Folge des § 59 II haben soll, muß sie ausdrücklich in der Form des § 55 erfolgt sein. Es genügt nicht die Erklärung durch einzelne Abg. oder Parteien, auch nicht die Ablehnung einzelner Anträge des Ministers.

2. § 58 II; s. dort Anm. 7, 8.

3. Verantwortlich das Kollegium und die Einzelpersonen. Die Verantwortung wird nach §§ 53 ff. geltend gemacht.

4. Der Rücktritt ist sofort wirksam. Tritt der Min.-Präs. zurück, so hat er dies dem LT. mitzuteilen, damit dieser die Neuwahl einleitet. „Jederzeit", also auch, wenn die Mißtrauenskundgabe schon eingeleitet ist. Pflicht zur Fortführung der Geschäfte nach § 66 I bei

Gesamtrücktritt. Mit dem MinPräs. treten übungs- und sachgemäß auch die übrigen Min. zurück, da er sie ernannt hat.

5. § 55. Auch in diesem Fall ist eine Erklärung der Min. nötig, was sich aus dem Wortlaut des § 59 II S. 2 ergibt (a. M. P. § 59 Anm. 5). Wird sie verweigert, so ist Anklage vor dem StGH. möglich und erforderlich. Notwendig ist der ausdrückliche Ausspruch des „Mißtrauens". Nicht genügend Verweigerung des Vertrauens (ebenso A. Art. 54 Anm. 3; a. A. G. Art. 54 Anm. 2, Kr. § 59 Anm. 7) oder eine irgendwie sonst gegen das Gesamtmin. oder die Min. gerichtete Abstimmung. Für das Mißtrauen genügt einfache Mehrheit nach § 34. Wirkung nicht von selbst, erst durch den Rücktritt.

6. Verboten ist ausdrücklich die Führung eines besoldeten Amtes (in Land, Reich, auch Gemeinde), eines Berufes oder Gewerbes, d. h. jeder privaten Erwerbstätigkeit. Die Führung von Aufsichtsratstellen ist damit nicht ausdrücklich verboten, unterbleibt aber gewohnheitsrechtlich und übungsgemäß (Landtagssitzung vom 8. Juli 1925, StenBer. 359, Annalen 1927, 374).

§ 60.

I Die Minister haben Anspruch auf Besoldung, die durch Gesetz zu regeln ist.[1] Versorgungsansprüche für sich und ihre Hinterbliebenen stehen ihnen nicht zu.[2]

II Ein Minister, der zur Zeit seiner Bestellung als etatmäßiger Beamter[3] im bayerischen Staatsdienste stand, hat bei seinem Rücktritt[4] Anspruch[5] auf Übertragung einer verfügbaren etatmäßigen Beamtenstelle, die seinem früheren Amte gleichwertig und gleichartig ist.[6] Das Gleiche gilt für solche Minister, denen als früheren etatmäßigen bayerischen Staatsbeamten der Rücktritt in den bayerischen Staatsdienst zur Zeit ihrer Bestellung noch vorbehalten war.

III Ein Minister, auf den die Voraussetzungen des Abs. II zutreffen oder der zur Zeit seiner Bestellung mit Anspruch auf Versorgung im Dienste des Reiches, eines Landes oder in einem sonstigen öffentlichen Dienste stand,[7] erhält bei seinem Rücktritt einen Ruhegehalt samt Zuschlägen nach den für unwiderrufliche etatmäßige bayerische Staatsbeamte geltenden Vorschriften[8] mit dem Abmaße, daß der Ruhegehalt gleich ist dem Wartegeld aus dem pensionsfähigen Diensteinkommen seiner früheren Stelle und daß der Anspruch auf den Ruhegehalt erlischt, wenn dem Minister eine seinem früheren Amte mindestens gleichwertige versorgungsberechtigte Stelle im bayerischen Staatsdienst, im Dienste des Reichs, eines Landes oder in einem sonstigen öffentlichen Dienst übertragen wird. Der Anspruch auf den Ruhegehalt beginnt mit dem Ablaufe des Monats, in dem der Minister zurückgetreten ist.

IV In den Fällen der Absätze II und III sind Gehaltsvorrückungen und Beförderungsmöglichkeiten bis zum Abgang als Minister nach bayerischen Anstellungs- und Beförderungsverhältnissen zu berücksichtigen. Über die Gehaltsvorrückungen und die Beförderungsmöglichkeiten entscheidet das Gesamtministerium unter Ausschluß des Rechtswegs; das Gleiche gilt hinsichtlich der Frage, ob die neue Stelle (Abs. II, III) dem früheren Amte gleichwertig und gleichartig ist.

V Nach dem Ruhegehalte (Abs. III) wird die Versorgung der Hinterbliebenen eines früheren Ministers mit Ruhegehalt (Abs. III Satz 1) nach den für Hinterbliebene der bayerischen etatmäßigen Staatsbeamten geltenden Vorschriften geregelt;[9] das Gleiche gilt, wenn der Minister, der im Falle des Rücktritts Anspruch auf Ruhegehalt nach Abs. III hätte, im Dienste gestorben ist. Keinen Anspruch auf Versorgung haben Hinterbliebene aus einer Ehe, die ein früherer Minister nach seinem Rücktritt geschlossen hat.

VI Vorstehende Bestimmungen finden auf die Staatssekretäre entsprechende Anwendung.

RE. § 72 II, III; BA. I 258, 267, 316, II 431, G. v. 9. Juli 1923 (GVBl. 12).

1. Gesetz über die Besoldung der Min. und Staatssekretäre v. 19. Dez. 1919 (GVBl. 1920, 11) mit Art. 1 des G. v. 8. Dez. 1921 (GVBl. 1923, 4) und mit Art. 2 des G. v. 29. Febr. 1924 (GVBl. 117). Sie haben Anspruch auf Besoldung und Aufwandentschädigung, der Min.-Präs. auch auf Dienstwohnung. Sie sind, wie die Staatssekretäre, nicht Beamte im Sinne des BeamtenG., aber politische Beamte, also Beamte im weiteren Sinne, öffentliche Diener.

2. Ausnahmen nach Abs. II und III, da ein vorher bestehendes Beamtenverhältnis als ruhend und mit dem Rücktritt als Min. wieder auflebend behandelt wird.

3. Während Abs. III auch auf Beamte des Reiches und sonstige öffentliche Beamte Anwendung findet, spricht Abs. II nur von etatmäßigen bayer. Staatsbeamten (Art. 2 BeamtenG.).

4. Auch wenn Mißtrauenskundgabe vorausgegangen. § 59 II, nicht bei § 56 III.

5. Aber keine Pflicht zur Übernahme durch den früheren Min.

6. Gleichartig, d. h. derart, daß sie den Beamten, aus denen der Min. hervorgegangen ist, zugänglich ist; gleichwertig, d. h. nach Rang und Gehalt. Abs. IV ist zu berücksichtigen.

7. Gilt im Gegensatz zu Abs. II auch für Beamte des Reiches, anderer deutscher Länder und von Körperschaften des öffentlichen Rechts, um auch solche für Ministerposten gewinnen zu können.

8. Nach dem BeamtenG. auf Grund seines früheren pensionsfähigen Diensteinkommens. S. auch Abs. IV. Ausnahme v. Abs. I S. 2. Einzelheiten in der Begr. zum G. v. 9. Jan. 1923.

9. Gleichfalls Ausnahme von Abs. I S. 2.

§ 61.

Für die Aufgaben und die Geschäftsführung des Gesamtministeriums[1] und der Ministerien[2] bestehen folgende Grundsätze:

1. Die Staatsverwaltung wird nach der Verfassung, den Gesetzen[3] und dem Haushaltsplane[4] geführt.
2. Das Gesamtministerium erledigt die ihm durch diese Verfassung, die Gesetze und allgemeinen Verordnungen zugewiesenen Aufgaben.[5]

   Alle übrigen Aufgaben sind nach den oben aufgeführten Grundsätzen von den einzelnen Ministerien zu erfüllen.[6] Das Gesamtministerium ist befugt, die Entscheidung über einzelne dieser Angelegenheiten an sich zu ziehen, soferne sie von allgemeiner politischer Bedeutung sind.
3. Das Gesamtministerium vertritt Bayern gegenüber dem Reich und anderen Staaten, soweit

diese Geschäfte nicht einem besonderen Ministerium übertragen sind.[7]

4. Das Gesamtministerium ernennt die Vertreter[8] der Minister und die Vorstände der den Ministerien unmittelbar untergeordneten Behörden.[9] Die übrigen Beamten werden durch die zuständigen einzelnen Minister[10] oder die von ihnen beauftragten Behörden ernannt.
5. Jeder Minister übt die Dienstaufsicht[11] über die Behörden und Beamten seines Dienstzweiges und entscheidet vorbehaltlich der Zuständigkeit der Gerichte und der Verwaltungsgerichte über die Beschwerden, welche sich aus seinem Geschäftsbereich ergeben.[12]
6. Das Gesamtministerium erläßt unter Beachtung des § 46 die allgemeinen Verwaltungsverordnungen.[13]
7. Rechtsverordnungen[14] können durch das Gesamtministerium oder die einzelnen Minister[15] nur auf Grund gesetzlicher Ermächtigung erlassen werden. Das Notverordnungsrecht steht dem Gesamtministerium nach näherer gesetzlicher Bestimmung zu.[16]
8. Das Gesamtministerium beschließt über alle Vorlagen, die dem Landtag im Namen der Regierung zu machen sind.[17]
9. Jedes Ministerium bearbeitet die Gesetzentwürfe, welche sich auf seinen Geschäftskreis erstrecken.[18]
10. Jedes Ministerium entwirft den Haushaltsplan seines Geschäftskreises und ist für dessen Vollzug verantwortlich.

11. Das Ministerium der Finanzen stellt den Gesamthaushaltsplan auf und überwacht dessen Vollzug.[19]

RE. § 73; BA. I 274, II 491.

Ziff. 1 stellt die Grundlage für die Führung der Staatsverwaltung im allgemeinen, vor allem auch in finanzieller Hinsicht dar.

Über die Zuständigkeit des Gesamtmin. Ziff. 2 I, 3, 4 S. 1, 6, 7, 8, der einzelnen Min. Ziff. 2 II, 4 S. 2, 5, 7, 9, 10. Eine Sonderbestimmung für das Finanzmin. enthält Ziff. 11.

1. §§ 4, 57 I; über die Form der Beschlüsse §§ 63, 62 II.

2. § 58 III.

3. Des Reiches und des Landes.

4. § 79.

5. Allgemeine Ausscheidung der Zuständigkeit des Gesamtmin. und der einzelnen Min. Das Gesamtmin. erledigt nur die ihm eigens überwiesenen Aufgaben. In der VU. kommen außer § 61 § 4, 10 II, 46, 48, 49, 51 II, 57, 58 II—IV, 60, 62, 64, 65, 68, 76 I, 77 II, 80 II, III, 81, 82, 84 in Betracht. Doch kann es nach Ziff. 2 II S. 2 auch sonstige Aufgaben an sich ziehen.

6. Sie haben die Vermutung der Zuständigkeit für sich, auch die privatrechtliche Vertretung vor Gericht. Auch die früher dem König zugestandenen Aufgaben erfüllen die einzelnen Min. nach der noch gültigen V. v. 15. Nov. 1918 (GVBl. 1231). Die Verteilung auf die einzelnen Min. erfolgt nach § 58 III S. 2 durch das Gesamtmin.

7. § 57 I. Auch gegenüber dem päpstlichen Stuhl. All diese Geschäfte führt im allgemeinen das Staatsmin. des Äußern. Es versieht auch die Reichsratsbevollmächtigten (nach Art. 63 RV. die Minister) und die stellvertretenden Bevollmächtigten (Beamte der Min. mit dem Sitz in Berlin) mit Weisung („Instruktion") für ihre Abstimmung im Reichsrat, namentlich bei Meinungsver-

schiedenheiten unter den beteiligten Ministerien (in wichtigen Fragen nach Beratung im Ministerrat).

8. §§ 58 IV, 65 II, 66 II.

9. Übungsgemäß und dem Zweck der Bestimmung entsprechend nicht bei den höheren Lehranstalten (BBBl. 1925, 118).

10. Beamte s. § 67 Anm. 1. Hat ein Beamter Geschäfte mehrerer Min. zu erledigen, so wird er vom Gesamtmin. ernannt.

11. Dienstaufsicht nach dem BeamtenG.

12. Oberaufsichtsbeschwerde. Gegen die Verfügungen der einzelnen Min. gibt es keine Beschwerde an das Gesamtmin. oder den MinPräs.

13. Verwaltungsverordnungen (im Gegensatz zu Rechtsverordnungen, Ziff. 7) sind solche, die keine Rechtssätze für die Allgemeinheit, sondern nur Anordnungen auf Grund von besonderen Gewaltverhältnissen enthalten, also vor allem Dienstbefehle an die Behörden, aber auch auf Grund von sonstigen Unterordnungsverhältnissen (N. 438, BBBl. 1925, 114, Kr. § 61 Anm. 20a zu eng). Die Befugnis zum Erlaß von solchen ergibt sich aus der allgemeinen Stellung der Verwaltung. Hier ist nur die Zuständigkeit innerhalb der Verwaltung geregelt. Bekanntgabe der nach § 46 zu behandelnden Verwaltungsverordnungen im GVBl. (§ 75), sonst beliebig (MB. v. 14. Juli 1922, GVBl. 363). „Allgemeine" Verwaltungsverordnungen sind neben den Verordnungen nach § 46 solche, die nicht nur einzelne Verwaltungszweige, sondern die Verwaltung als Ganzes (N. 438) oder wenigstens einen größeren Teil der Verwaltung betreffen.

14. Rechtsverordnungen sind solche, die für die Einwohner des Staates verbindliche Rechtsvorschriften enthalten (§ 74). Gegensatz s. Anm. 13.

15. Die Ausscheidung hinsichtlich der Zuständigkeit trifft das ermächtigende Gesetz. Wo keine ausdrückliche Bestimmung vorliegt, spricht die Vermutung auch insoweit für die Zuständigkeit der einzelnen Min. z. B. auch dann, wenn in Vorschriften des Reiches die

„Landesregierung" für zuständig erklärt ist. Bekanntgabe im GVBl. § 75. Rechtsverordnungen sind auch die ober-, bezirks- und ortspolizeilichen Vorschriften. Der Erlaß von solchen ist aber auch in Zukunft durch die bisher zuständigen Behörden noch zulässig. Zweck der Ziff. 7 ist nicht, diese Zuständigkeit auszuschließen. Dies würde die Lahmlegung der örtlichen Polizei bedeuten und kann nicht Absicht der VU. sein. § 61 will nach seiner Einleitung nur die Ausscheidung zwischen Gesamtmin. und Min. treffen. Ebenso BVBl. 1925, 117. Anders Kr. § 61 Anm. 23.

16. Das Notverordnungsrecht ist in Art. 9 PStGB. geregelt. Voraussetzung: daß der LT. nicht versammelt ist, daß die Abwendung einer dringenden Gefahr für die Sicherheit des Staates oder für Leben, Gesundheit oder Vermögen der Staatsangehörigen die Vorschrift erfordert, daß sonst nirgends eine anwendbare Vorschrift oder die Befugnis zu ihrer Erlassung besteht, und nur Geldstrafe bis 150 Mk. oder Haft bis zu 30 Tagen angedroht wird. Eine Notverordnung hat sachlich Gesetzeswirkung. Jetzt ohne Bedeutung, da der LT. fast immer versammelt ist und Art. 48 RV. und § 64 weitergehende Befugnisse verleihen.

17. Nämlich außer den Gesetzen die Organisationsverordnungen (§ 46), Haushaltsplan und Rechnungen (§§ 48, 49; über die Vorarbeiten Ziff. 9 bis 11). Die Übersendung an den LT. erfolgt durch das zuständige Ministerium „auf Grund Beschlusses des Gesamtministeriums"; ohne Beschluß des Gesamtministeriums ist eine solche Vorlage unzulässig. Die Abänderungsanträge zu solchen Vorlagen bei der Behandlung im LT. erfolgen ohne weiteren Beschluß des Gesamtministeriums.

18. § 58 III u. Ziff. 9.

19. Inhalt des Haushaltplans § 79. Nach der Aufstellung des Einzelhaushalts durch den einzelnen Minister und Zusammenstellung des Gesamthaushalts durch den Finanzminister beschließt das Gesamtministerium über die strittigen Punkte und stellt den Haushaltsplan, wie er dem LT. vorzulegen ist, endgültig fest (§ 48). Für die Einhaltung des vom LT. beschlossenen Haushalts ist einmal das zuständige Ministerium verantwortlich, das hiezu seine Dienstaufsicht über seine Behörden ausüben muß, und weiter das Finanzministerium. Jede Überschreitung und jede nicht haushaltmäßige Ausgabe bedarf seiner Zustimmung.

§ 62.

I Die Landesgesetze[1] sind vom Landtagspräsidenten und Gesamtministerium,[2] die Staatsverträge[3] vom Landtagspräsidenten und Ministerpräsidenten auszufertigen[4] und zu verkündigen.[5]

II Der Ministerpräsident[6] hat Vorsitz und Stichentscheid[7] im Gesamtministerium und überwacht den Vollzug der Beschlüsse.[8]

III Der Ministerpräsident hat das Recht, in allen Staatsangelegenheiten sich durch Beamte aller Ministerien und durch sonstige von ihm hierzu berufene Personen beraten zu lassen.[9]

RE. § 74; BA I 278, II 492.

1. § 44, 10 III, Art. 73 LWG.
2. § 57 I.
3. § 50.

4. „Ausfertigung" erfolgt durch Unterschrift des LT. Präsidenten und der Minister oder ihrer verfassungsmäßig bestellten Vertreter (Staatssekretäre unterzeichnen nur, wenn ihr Minister verhindert ist). Eine fehlende Unterschrift eines Ministers bewirkt nicht Ungültigkeit (§ 63 Anm. 4). Die Ausfertigung bedeutet die Bestätigung, daß das Gesetz in der vorliegenden Form durch Beschluß des LT. oder Volksentscheidung nach Inhalt und Form verfassungsmäßig zustande gekommen ist. Sie erfolgt alsbald nach der Beschlußfassung des LT., wenn ein Staatsvertrag oder ein nach § 77 I von der Volks-

entscheidung ausgenommenes Gesetz in Frage steht, sonst nach Ablauf von 3 Monaten, da nach Ablauf dieser Zeit feststeht, daß keine Volksentscheidung über das Gesetz (Referendum) angerufen wird. Das Datum, das das Gesetz trägt, ist nicht das des LT.-Beschlusses, sondern das, an dem die letzte erforderliche Unterschrift abgegeben worden ist.

5. „Verkündigung" ist die Bekanntgabe im GVBl. (§ 75). Inkrafttreten am 14. Tag nach der Ausgabe des GVBl., wenn nicht anders bestimmt ist (§ 75).

6. Ebenso sein Vertreter nach § 58 IV.

7. § 63.

8. Der Vollzug der Beschlüsse des Gesamtmin. ist nach §§ 58 III, 61 Ziff. 2 II S. 2. Sache des zuständigen einzelnen Ministers. Für den Vollzug ist aber neben dem einzelnen Minister auch noch der Minister-Präsident verantwortlich.

9. Die Beamten, nicht aber sonstige Personen, sind zur Auskunft und Beratung verpflichtet. Hienach wäre Einrichtung eines beratenden Kollegiums (Staatsrat) möglich. (R. BVBl. 1926, 193.)

§ 63.

In allen Angelegenheiten, über die das Gesamtministerium[1] zu beschließen hat,[2] entscheidet Stimmenmehrheit[3] der anwesenden[4] Minister.[5]

RE. § 75; BA. I 210, II 493.

1. § 57 I.

2. § 61 Ziff. 2, 3, 4, 6, 7, 8 u. Anm. 5 zu § 61.

3. Immer einfache Mehrheit. Stichentscheid des Minister-Präsidenten § 62 II.

4. Keine Anwesenheitsziffer verlangt. Wenn aber der nicht anwesende oder überstimmte Minister die Verantwortung für einen ohne oder gegen ihn gefaßten Beschluß nicht tragen will, muß er zurücktreten.

5. Der Staatssekretär hat nur dann Stimmrecht, wenn sein Minister verhindert ist.

§ 64.

I Das Gesamtministerium[1] wacht über die Sicherheit des Staates.[2] Es hat bei drohender Gefahr[3] die Maßnahmen[4] zu ergreifen, welche die Ruhe und Ordnung im Innern sichern[5] oder gegenüber der Gefahr eines Angriffes von außen[6] unmittelbar erforderlich sind. Zu diesem Zwecke kann es vorübergehend die verfassungsmäßigen Grundrechte ganz oder teilweise außer Kraft setzen.[7]

II Um einer augenblicklichen dringenden Gefahr zu begegnen, kann das Gesamtministerium über die bewaffnete Macht verfügen[8] und die erforderlichen Anordnungen treffen.[9]

RE. § 76; VA I 283, II 493.

1. § 64 hat seine Bedeutung durch Art. 48 RV. zum größten Teil verloren. Er erläutert zunächst, was unter der „Landesregierung" des Art. 48 IV zu verstehen ist, nämlich das Gesamtmin., und berechtigt weiter das Gesamtmin., über den Rahmen des Art. 48 RV. hinaus die notwendigen Maßnahmen einmal gegenüber Angriffen von außen neben Art. 79 S. 1 RV. (s. Anm. 6 unten) und sodann zur Sicherung der Ruhe und Ordnung im Innern auf dem der Landesgesetzgebung vorbehaltenen Gebiete zu treffen. Im übrigen, soweit er mit Art. 48 RV. gleichen Inhalt hat, ist er hiedurch verdrängt. (N. 205 f.)

2. Immer, in ruhigen, wie unruhigen Zeiten.

3. Die Gefahr muß für die Ruhe und Ordnung im Innern oder durch einen drohenden Angriff von außen bestehen.

4. Welche Maßnahmen erforderlich sind, entscheidet das Gesamtmin. Reichsrecht kann nur gem. Art. 48 außer Kraft gesetzt werden (BayZfR. 1925, 269), Landesrecht nach § 64, wenn es zu dem hier angegebenen Zweck nötig ist.

5. Auch durch Anordnungen wirtschaftlicher Art, z. B. V. v. 28. April 1924 z. Vollz. d. LandessteuerG. (GVBl. 145), vom obersten LG. für zulässig erklärt. Die Nachprüfung der Notwendigkeit und Zweckmäßigkeit der Maßnahmen steht den Gerichten nicht zu.

6. Die Verteidigung des Reichs ist Reichssache (Art. 79 S. 1 RV.). Im übrigen können Reichspräs. und Landes-Reg. nach Art. 48 RV. die nötigen Maßnahmen auch in diesem Fall treffen. Soweit landesrechtliche Bestimmungen in Frage kommen, bietet § 64 die Unterlage.

7. Grundrechte der RV., auch wenn sie in der VU. wiederholt sind, können nur auf Grund Art. 48 in dem dort angegebenen Umfang außer Kraft gesetzt werden. Die Dauer der Anordnungen nach § 64 und die Zeit ihrer Aufhebung bestimmt das Gesamtmin. Reichspräsident und Reichstag haben gegenüber Anordnungen auf Grund des § 64 nicht das Einwirkungsrecht, wie gegenüber Anordnungen nach Art. 48. Für den LT. fehlt es an einer unmittelbaren Einwirkungsmöglichkeit (abgesehen von § 53ff.).

8. Hiezu gibt § 17 ReichswehrG. v. 23. März 1921 (GVBl. 329) die rechtliche Handhabe. Voraussetzung, daß die eigenen Kräfte des Landes (Schutzmannschaft, Landespolizei, Gendarmerie) nicht ausreichen. S. auch § 88.

9. S. Abs. I.

§ 65.

I Die Minister haben das Recht,[1] jederzeit im Landtage zu erscheinen und die Vorlagen ihres Geschäftskreises persönlich zu vertreten oder durch Bevollmächtigte[2] vertreten zu lassen.

II Durch Beschluß des Gesamtministeriums[3] kann jeder Minister auch zur Vertretung von Vorlagen eines anderen als seines eigenen Geschäftskreises ermächtigt werden.

III Die Minister haben das Recht, im Landtage jederzeit das Wort zu ihren Vorlagen oder zu den Vorlagen, mit deren Vertretung sie beauftragt sind, zu verlangen.[4] Auch können sie verlangen, daß ein Gegenstand zunächst in einen Ausschuß des Landtages zur Beratung verwiesen werde.[5] Zu jedem Gegenstande der Verhandlung müssen sie auf Begehren gehört werden.[6] Die gleichen Rechte stehen auch den Bevollmächtigten der Minister zu.[7]

IV Jeder Minister ist verpflichtet, dem Landtag auf Verlangen über die Verwaltung seines Geschäftskreises Auskunft zu geben.[8]

V Im Falle der Auflösung[9] des Landtages oder des Ablaufes der Landtagsdauer[10] ordnet das Gesamtministerium oder der von ihm damit betraute Minister die Neuwahlen an.[11]

RE. § 77; BA. I 284, II 493.

1. In den Fällen der §§ 54, 55 III auch die Pflicht, sonst Vertretungsmöglichkeit.

2. Im allgemeinen Beamte ihres Min., aber auch sonstige Personen. Über deren Rechte Abs. III S. 4. Keine Disziplin des LT. über die Regierungsvertreter; doch wurde ein Rügerecht schon in Anspruch genommen.

3. §§ 57 I, 63, 62 II. Ausnahme von § 58 III S. 1.

4. § 32 VII GeschO., Stellung von Abänderungsanträgen § 14 V GeschO.

5. § 13 VIII GeschO.

6. Ergänzt den Abs. I.

7. Anm. 2.

8. Die Inanspruchnahme der Auskunftspflicht der Min. ist für den LT. die einfachste Form, um sich Kenntnis von der Führung der Staatsverwaltung zu verschaffen. Dem MinPräs. obliegt diese Pflicht über Abs. IV hinaus, außer für seinen Geschäftskreis auch noch hinsichtlich der

eigentlichen Geschäfte des MinPräs. nach § 62 II. Die Auskunft kann erholt werden:

a) durch formlose Anfragen einzelner Abg. Hierauf kann der Min. die Antwort erteilen oder, auch im LT., ablehnen, weil der Abg. nicht der „LT." ist und nur diesem gegenüber, nicht dem einzelnen Abg. gegenüber, Auskunftpflicht besteht,

b) in den amtlichen Formen, der „kurzen Anfrage" (von mindestens 5 Abg., § 24 GeschO.) oder der „Interpellation" (von 15 Abg., § 23 GeschO.), durch Vermittlung des Präsidenten des LT. Die Auskunft wird dann dem „LT." erteilt.

Weitere Informationsmöglichkeit nach § 45 III GeschO. durch Erholung von mündlichen oder schriftlichen Gutachten von Sachverständigen, zu deren Abgabe aber niemand verpflichtet ist. Sonstiger unmittelbarer Verkehr des LT. mit Behörden, Körperschaften und Privatpersonen nach § 45 II GeschO. unzulässig. Kein Empfang von Abordnungen oder Bittstellern im LT.

9. § 31 (durch Beschl. des LT.), § 30 V (durch Volksentscheidung).

10. 4 Jahre (§ 27).

11. Zeitpunkt der Neuwahl bei Ablauf der Wahldauer § 27 S. 2 (vor Ablauf der Wahldauer), bei Auflösung § 32, so daß die Einberufung binnen 60 Tagen erfolgen kann.

§ 66.

I Sind alle[1] Minister zurückgetreten, so haben sie bis zur Bildung[2] eines neuen Ministeriums die Geschäfte weiterzuführen.[3]

II Mit der Vertretung der einzelnen[4] Minister im Fall ihrer Verhinderung und mit der Leitung eines Ministeriums im Falle seiner Erledigung können nur Staatssekretäre und Staatsräte betraut[5] werden.

RV. § 78; BA. I 284, II 493.

1. Nur beim (freiwilligen oder nach § 59 erzwungenen) Rücktritt, nicht nach dem Amtsverlust gemäß § 56. Beim Rücktritt einzelner Min. gilt Abs. II, nicht Abs. I.

2. Vollendet mit der Wahl des neuen MinPräs. und der Besetzung der sämtlichen Ministerien.

3. Der Grund ist, daß der Staat durch den Rücktritt keinen Schaden leiden soll. Alles was hiezu nötig ist, hat das Min. also auch nach seinem Rücktritt noch zu tun. § 61 Ziff. 1 bleibt auch für die Weiterführung der Geschäfte maßgebend. Nur kann den Min. dabei nicht zugemutet werden, etwas gegen ihr Gewissen und ihre Staatsauffassung zu tun, da sie, gerade um dies zu vermeiden, zurückgetreten sind. Etwas weniger weit geht Kr. BVBl. 1926, 468, der alles ausschließen will, was eine „Kampfstellung" zum LT. bedingt. Diese Unterscheidung ist aber m. E. nicht in der Sache selbst bedingt, sondern von außen hineingetragen. Eine solche Beschränkung kann nicht durch Auslegung, sondern nur ausdrücklich auferlegt werden. Die Grenzen der Tätigkeit bestimmt nicht das Recht, sondern das politische Taktgefühl. Der LT. könnte einer ihm etwa unbequemen Tätigkeit durch die Wahl eines MinPräs. bald ein Ende machen. Solange er dies nicht tut, muß er das Min. hinnehmen, wie es ist, und mit der Staatsauffassung, die es vertritt. Die besonderen (sozusagen dienstrechtlichen) Pflichten der Min. z. B. (§§ 54, 55, 59 III) obliegen den Zurückgetretenen nicht mehr. Ministeranklage ist aus solchem Anlaß nicht mehr zulässig.

4. Gegensatz: Rücktritt des Gesamtmin. (Abs. I). Staatssekretäre sind politische Ministerstellvertreter (§§ 58 II, 59 I), Staatsräte unpolitische Beamte, beide mit gleichen Befugnissen, aber verschiedener Verantwortlichkeit. Daneben auch Stellvertretung durch andere Minister (§ 65 II).

5. Nach §§ 61 Ziff. 4 und 58 II durch das Gesamtmin. Über die Stellung der Staatsräte BayZfR. 1920, 57 u. § 58 Anm. 7. Auch der Staatssekretär des Zurückgetretenen kann mit der Vertretung betraut werden; solange er nicht zurückgetreten ist. (Anders Annalen 1927, 385.)

b) Behörden, Staatsdienst.

§ 67.

I Den Beamten[1] wird die Freiheit der religiösen und politischen Gesinnung und des Zusammenschlusses gewährleistet.[2]

II Dienstrecht, Diensteinkommen und Versorgung werden gesetzlich geregelt.[3] Die wohlerworbenen Rechte der Beamten sind unverletzlich.[4] Für die vermögensrechtlichen Ansprüche der Beamten steht der Rechtsweg offen.[5]

III Unwiderruflich angestellte Staatsbeamte können wegen schuldhaften Verhaltens nur unter den gesetzlichen Voraussetzungen und Formen vorläufig ihres Amtes enthoben, einstweilen oder endgültig in den Ruhestand oder in ein anderes Amt mit geringerem Gehalte versetzt oder entlassen werden.[6]

RE. § 35; BA. I 205, II 474, 508.

1. Beamter ist, wer infolge eines öffentlichen Anstellungsaktes in einem öffentlichrechtlichen Dienstverhältnis steht, z. B. als Staatsbeamter zum Staate, als Gemeindebeamter zur Gemeinde. Nicht Minister. Zuständigkeit des Reiches nach Art. 10 Ziff. 3 RV. S. Art. 128 bis 131 RV. Landesrechtliche Regelung nur im Rahmen des Reichsrechts zulässig. Wie in Art. 129 ff. RV. sind hier nicht nur die Beamten des Staates, sondern auch der öffentlichrechtlichen Körperschaften gemeint, nicht kirchliche Beamte (Art. 137 III S. 2 RV.; s. auch JW. 1927, 1253).

2. Die Freiheit der religiösen Gesinnung ist schon durch Art. 135 RV., der politischen Gesinnung und das Recht des Zusammenschlusses durch Art. 130 II RV. gewährleistet. Abs. I ist also ohne eigene Bedeutung. Wegen der Betätigung der religiösen Gesinnung s. § 17 I. Hinsichtlich der politischen Betätigung sind dem Beamten

durch seine im BeamtenG. begründete Treuepflicht gegenüber dem Staate bestimmte Schranken gesetzt. Er darf sich z. B. nicht für gewaltsamen Umsturz einsetzen, nicht an politischen Generalstreiken teilnehmen, nicht unmittelbar an Handlungen sich beteiligen, die politische Parteiziele auf ungesetzlichem Wege erreichen wollen (Pr.-OVG. 78, 455).

3. BeamtenG. v. 16. Aug. 1908 (GVBl. 581), BeamtenbesoldungsG. v. 2. Juni 1920 (GVBl. 1923, 109) PensionsergänzungsG. v. 23. März 1921 (GVBl. 117), GemeindebeamtenG. v. 15. Juli 1916 (GVBl. 113); weitere Bestimmungen in der Gemeindeordnung (Art. 76 ff.).

Das Reich ist nach Art. 10 Ziff. 3 zuständig zur Aufstellung von Grundsätzen. S. Art. 104, 129—131 RV.

4. Durch Art. 129 I S. 3 RV. verdrängt. Ein Eingriff in die Rechte der Beamten ist hienach nur mit Änderung der RV. möglich. Über den Umfang RG. ZS. 104, 58; 107, 6.

5. Durch Art. 129 I S. 4 RV. verdrängt (Zivilrechtsweg). Der StGH. ist insoweit nicht zuständig (E. d. StGH. v. 29. März 1926).

6. Durch Art. 129 II RV. verdrängt. Dieser spricht von allen, nicht nur von den unwiderruflichen Beamten, allgemein, nicht nur bei schuldhaftem Verhalten.

§ 68.

I Zu einem öffentlichen Amte[1] kann nur berufen werden, wer seit mindestens fünf Jahren die deutsche Reichsangehörigkeit besitzt.[2] Ausnahmen sind nur auf Grund eines Beschlusses des Gesamtministeriums zulässig.[3]

II Die Staatsbeamten werden ernannt.[4] Die Ernennung geschieht, soweit nicht das Gesetz anderes bestimmt, auf Lebenszeit.[5]

RE. § 35 I; VA. I 205, II 423.

1. Als „öffentliches Amt" sind anzusehen die Ämter im Dienste des Staates, der Gemeinden und Gemeindeverbände, nicht der öffentlichrechtlichen Körperschaften und der Religionsgesellschaften (s. § 12 Anm. 3), nicht der Minister und Staatssekretäre, deren Verhältnisse in §§ 57—66 behandelt sind. Bei Neuwahl des Gesamtmin. wäre Abs. II S. 2 ohnehin unvollziehbar. (N. 233 und BBBl. 1927, 86; a. M. N., Dr. Schmelzle in Annalen 1927, 374 u. Kr.).

2. Dieses Erfordernis weicht von Art. 128 I RV. („alle Staatsbürger") ab, ist aber hienach (zuzulassen „nach Maßgabe der Gesetze") möglich. Das BeamtenG. kann auch nach der BU. (§ 12: „nach Maßgabe der Gesetze") noch weitere Bedingungen für die Anstellung setzen. § 1 des StaatsangehörigkeitsG. v. 22. Juli 1913 (RGBl. 583). Folge der Außerachtlassung BGVZ. 1922, 97.

3. In solchen Fällen wird gemäß § 14 des Staatsangehörigkeits G. durch die Anstellung die Staatsangehörigkeit erworben.

4. Hiemit ist grundsätzlich das Wahlbeamtentum abgelehnt; gilt nur für Staatsbeamte, nicht Gemeindebeamte und Beamte sonstiger öffentlichrechtlicher Körperschaften. Bestimmungen, wie sie z. B. Art. 24 u. 25 des SelbstverwaltungsG. v. 22. Mai 1919 enthielten (Vorschlags- und Abberufungsrecht des Bezirkstags für die Stelle des Bezirksamtsvorstandes) sind hiedurch nicht unmöglich.

5. Ebenso Art. 129 I RV., der Abs. II S. 2 verdrängt hat. Die Zulassung von Ausnahmen durch einfaches G. durch die RV. findet keine Anwendung auf Richter (Art. 104 I RV.). Für andere Beamte sieht das BeamtenG. (§§ 5, 6) zunächst die widerrufliche Anstellung für gewisse Zeitdauer vor.

§ 69.

I Richter können nur aus gesetzlichen Gründen und im gesetzlich geregelten Verfahren gegen ihren

Willen versetzt, ihres Amtes enthoben, in den Ruhestand versetzt oder entlassen werden.[1] Die Mitglieder des Rechnungshofes sind den Richtern gleichgestellt.[2]

II Rechtspflege und Verwaltung sind getrennt.[3] Den Gerichten können Geschäfte der Justizverwaltung und der freiwilligen Gerichtsbarkeit übertragen werden.[4]

III Die Entscheidung von Streitigkeiten über die Zuständigkeit zwischen den Gerichten und Verwaltungsbehörden erfolgt in gesetzlich geregeltem Verfahren durch besonders hierfür gebildete Gerichte.[5]

IV Alle Streitigkeiten über Rechte und Ansprüche des bürgerlichen Rechtes und alle Strafsachen sind den bürgerlichen Gerichten zur Entscheidung zuzuweisen, soweit nicht durch diese Verfassung, die Verfassung des Deutschen Reiches oder ein besonderes Gesetz etwas anderes angeordnet ist.[6]

V Der Staat nimmt in Sachen des bürgerlichen Rechtes vor den ordentlichen Gerichten Recht.[7]

VI Anhängige Streitsachen und strafrechtliche Untersuchungen können weder durch den Landtag noch durch die Ministerien oder sonstige Verwaltungsbehörden gehemmt,[8] von den Gerichten erkannte Strafen können nur nach den Vorschriften dieser Verfassung oder der Verfassung des Deutschen Reiches gemildert oder erlassen werden.[9]

RE. § 32; VA. I 167, II 472.

1. Folgerungen aus § 5, durch Art. 104 I S. 2 verdrängt. Hier ist für solche Fälle richterliche Entscheidung verlangt. Ausnahme für die vorläufige Amtsenthebung, die kraft Gesetzes eintritt (Art. 104 II RV.) und für die

Versetzung bei Organisationsänderungen (Art. 104 III RV.). Als Richter gelten nach Art. 104 IV nicht Handelsrichter, Schöffen und Geschworene. Art. 104 I S. 3 läßt die Einführung einer Altersgrenze zu.

2. Art. 184 BeamtenG., ebenso die Richter des VGH. nach Art. 2 BGG. v. 8. Aug. 1878 und § 71 II.

3. Grundsatz der Trennung von Justiz und Verwaltung (entsprechend §§ 1 u. 13 GVG.), wie er sich auch aus § 57 II S. 2, § 61 Ziff. 5, § 69 IV u. VI ergibt. Für die Trennung von Verwaltung und Verwaltungsrechtspflege ist § 71 maßgebend. Im unteren und mittleren Rechtszug ist diese Trennung allerdings nicht voll durchgeführt.

4. § 4 EGGVG. RG. v. 17. Mai 1898 über die freiwillige Gerichtsbarkeit.

5. § 17 IV GVG. und G. v. 18. Aug. 1879 über Kompetenzkonflikte (GVBl. 991).

6. Die bürgerlichen Rechtsstreitigkeiten und Strafsachen sind den ordentlichen Gerichten schon längst durch § 13 GVG. zugewiesen.

7. Eine Bekräftigung des durch § 4 EGZPO. hergestellten Zustandes. Die örtliche Zuständigkeit ist für solche Rechtsstreitigkeiten durch § 18 ZPO. bestimmt. Vor der Klagestellung ist ein Abhilfegesuch bei der höheren Verwaltungsbehörde nötig (Art. 2 AGZPO. v. 23. Febr. 1879).

8. Eingriffe in die Rechtspflege sind verboten, auch die Niederschlagung von Strafverfahren (Abolition). S. auch § 57 II S. 2 und Art. 105 S. 2 RV., dieser gleichlautend mit § 16 GVG.

9. § 51 u. Art. 49 RV.

§ 70.

I Über Anklagen gegen Minister[1] und Abgeordnete,[2] Verfassungsbeschwerden[3] und Verfassungsstreitigkeiten,[4] für welche ein Rechtsweg nicht eröffnet ist, entscheidet der Staatsgerichtshof.[5]

II Er besteht aus dem Präsidenten des Obersten Landesgerichtes als Vorsitzenden, aus acht Richtern,[6] von denen drei dem Verwaltungsgerichtshof angehören müssen, und zehn Mitgliedern,[7] die vom Landtage für seine Dauer[8] mit Zweidrittelmehrheit der anwesenden[9] Mitglieder zu wählen sind.

III Die Richter des Verwaltungsgerichtshofes werden vom Präsidenten dieses Gerichtes, die übrigen Richter vom Präsidenten des Obersten Landesgerichtes auf die Dauer ihres Hauptamtes ernannt.[10]

IV Das Verfahren des Staatsgerichtshofes wird durch Gesetz geregelt.[11]

RE. § 32 VIII; VA. I 168, II 472.

1. § 56.

2. § 41 III. G. v. 18. Sept. 1925 (GVBl. 245).

3. § 93.

4. Nach § 2 Ziff. 3 StaatsgerichtshofG. nur Streitigkeiten (auch Meinungsverschiedenheiten) über Auslegung von Bestimmungen der bayer. VU. und sonstiger Verfassungsgesetze zwischen LT. und Regierung, also nicht zwischen anderen Faktoren, Organen oder Personen, wie dies der Entwurf des StGHG. vorgesehen hatte. Solche sind gemäß § 93 auszutragen. Nicht für eine Minderheit des LT. Zum Unterschied von der Ministeranklage ist hier Vorsatz oder grobe Fahrlässigkeit nicht erforderlich. Der StGH. für das Deutsche Reich (Art. 19 RV.) kommt für bayer. Angelegenheiten nicht mit einer ergänzenden Zuständigkeit in Betracht, da in Bayern ein StGH. besteht; s. Begr. z. StGHG. A III (ebenso P. 163, Kr. Anm. 3 zu § 70, anders N. 467). Wo der Rechtsweg (auch VGH.) besteht, scheidet der StGH. aus.

5. Besetzung des Gerichts verschieden nach der Art der zu treffenden Entscheidungen (§ 3 StGHG. v. 11. Juni 1920) in der vollen Besetzung mit 19 Mitgliedern bei

Ministeranklagen, sonst in der kleinen Besetzung mit 9 Mitgliedern.

6. Soweit sie nicht dem Verwaltungsgerichtshof zu entnehmen sind, ist der Präsident des Obersten Landesgerichts hinsichtlich der Ernennung frei. Sie müssen nur „Richter" sein.

7. Sie sind nur vom LT. zu wählen. Sie müssen zwar nach dem Wortlaut nicht Abg. sein (VA. I 170); doch werden übungsgemäß bis jetzt nur solche gewählt.

8. Erweitert durch § 9 StGHG. (bis zur Neuwahl durch den neugewählten LT.).

9. Besondere Anwesenheitsziffer nicht verlangt.

10. §§ 4—7 StGHG.

11. G. v. 11. Juni 1920 (GVBl. 323). Es enthält außer den Verfahrensvorschriften auch einzelne sachliche Ergänzungen der VU.; wurde im LT. zwar „einstimmig" angenommen, aber nicht als verfassungsändernd behandelt (s. N. 452), obwohl die Begr. z. Gesetz dies für nötig erachtet hatte.

§ 71.

I Für bestrittene Rechtsansprüche und Verbindlichkeiten auf dem Gebiete des öffentlichen Rechtes steht nach Maßgabe der Gesetze das Verwaltungsrechtsverfahren[1] offen.

II Die mit der Verwaltungsrechtspflege betrauten Behörden erkennen mit richterlicher Unabhängigkeit.[2] Ihre Erkenntnisse binden auch die Organe der öffentlichen Gewalt.[3]

III Zuständigkeit und Verfahren werden durch Gesetz geregelt.[4]

RE. § 33; VA. I 172, II 473.

1. Durch Art. 107 RV. ist die Einrichtung einer Verwaltungsgerichtsbarkeit in den Ländern verlangt „nach Maßgabe der Gesetze zum Schutze der einzelnen gegen Anordnungen und Verfügungen der Verwaltungsbehör-

den". § 71 sieht daher für öffentlichrechtliche Rechtsansprüche und Verbindlichkeiten, die in irgendeiner Weise zwischen den Organen der öffentlichen Gewalt und den einzelnen oder zwischen einzelnen bestritten sind (RE. § 33), das Verwaltungsrechtsverfahren, nach Maßgabe der Gesetze" vor, überläßt also, ebenso wie die RV. die Art der Regelung ganz dem Gesetze (VGG. v. 8. Aug. 1878). Dieses beruht auf dem Enumerationsprinzip. Es führt die einzelnen Fälle auf, in denen der Verwaltungsrechtsweg zulässig ist, so daß dieser in allen anderen Fällen nicht zulässig ist. Eine allgemeine Anfechtungsklage ist nicht vorgesehen. BGVZ. 1921, 277.

2. §§ 5, 57 II S. 2, 61 Ziff. 5, 69. Die richterliche Unabhängigkeit besteht, einerlei, ob die entscheidenden Behörden eigene Verwaltungsgerichte oder nur Verwaltungsbehörden sind.

3. Auch den LT., Staatsgerichtshof usw.

4. VGG. v. 8. August 1878 (GVBl. 369), Vereinfachung des Verfahrens durch G. v. 7. März 1924 (GVBl. 65).

§ 72.

Die mit der Rechtspflege betrauten Behörden[1] prüfen bei ihren Entscheidungen, ob ein anzuwendendes Gesetz nicht mit einer Bestimmung der Verfassung des Deutschen Reiches, dieser Verfassung oder einem anderen Verfassungsgesetz in Widerspruch steht.[2]

VE. § 33 a; VA. II 473.

1. Gerichte, auch Verwaltungsgerichte. BayZfR. 1924, 330.

2. Art. 13 II RV. Bei Reichsgesetzen ist ihre Reichsverfassungsmäßigkeit, bei Landesgesetzen ihre Reichs- und Landesverfassungsmäßigkeit zu prüfen und zwar nicht nur in sachlicher, sondern auch in förmlicher Hinsicht. Auch den Verwaltungsbehörden steht auf Grund allgemeiner Rechtsregeln diese Prüfung zu. Nach dem RG. v. 8. April 1920 (RGBl. 510) ist zu der in Art. 13 II

RV. vorgesehenen Prüfung landesrechtlicher Vorschriften auf ihre Vereinbarkeit mit dem Reichsrecht das Reichsgericht auf Antrag der Reichs- oder Landeszentralbehörde zuständig. Entw. eines Gesetzes über die Verfassungsmäßigkeit von Reichsgesetzen liegt dem Reichstag vor.

§ 73.

Die Geschäfts- und Verhandlungssprache im öffentlichen Dienst ist die deutsche Sprache.

RE. § 36; VA. I, 185, II 474.

Nicht nur im mündlichen, sondern auch im schriftlichen Verkehr. Fremdsprachige Schriftstücke sind wirkungslos. Art. 113 RV. bezieht sich nur auf fremdsprachige Siedelungsgebiete (die es in Bayern nicht gibt), nicht auf einzelne Personen in deutschsprachigen Gebieten.

8. Abschnitt.

Gesetzgebung, Staatshaushalt.

(§§ 74—77) (§§ 78—85).

§ 74.

I Alle für die Einwohner des Staates verbindlichen Rechtsvorschriften, welche die Freiheit der Person[1] oder das Vermögen[2] betreffen, können nur im Wege der Gesetzgebung erlassen, rechtsverbindlich erläutert, abgeändert oder aufgehoben werden.[3]

II Keine Abgabe oder Steuer darf ohne gesetzliche Anordnung erhoben werden.[4]

RE. § 81; VA. I 297, II 494.

1. S. § 16. Inhaltlich gleich mit und insoweit verdrängt durch Art. 114 RV., der für die Beeinträchtigung oder Entziehung der persönlichen Freiheit durch die öffentliche Gewalt ein Gesetz verlangt.

2. S. gleichfalls § 16. Inhaltlich gleich mit und soweit verdrängt durch Art. 153 RV., wonach Inhalt und Schranken des Eigentums sich aus den Gesetzen ergeben, und wo Vorschriften für die Enteignung gegeben sind.

3. Hier handelt es sich um „Gesetze im materiellen Sinn", während § 44 die „Gesetze im formellen Sinn" (Äußerungen der Staatsgewalt in ganz bestimmter, feierlicher Form) im Auge hat. Die in § 74 bezeichneten Rechtsvorschriften können nur als formelle Gesetze wirksam sein. Ausnahme: § 61 Ziff. 7.

4. Das Reichsfinanzrecht (s. Art. 83 II RV. und die Reichsabgabenordnung v. 13. Dez. 1919 (RGBl. 1993) faßt den Begriff „Abgabe" als den Sammelbegriff und versteht unter „Steuern" Geldleistungen, die nicht eine Gegenleistung für eine besondere Leistung darstellen, sondern von einem öffentlichrechtlichen Gemeinwesen zur Erzielung von Einkünften allen auferlegt werden, bei denen der Tatbestand zutrifft, an den das Gesetz die Leistungspflicht knüpft. Das bayer. Recht (s. z. B. Art. 34 GO.) versteht im Gegensatz hiezu unter „Abgabe" ein Entgelt für irgendeine öffentliche Leistung.

Eine gesetzliche Anordnung im Sinn des Abs. II ist nicht schon der Staatshaushalt (§ 80).

Auch für Körperschaften des öffentlichen Rechtes kann eine Zwangspflicht in dieser Hinsicht nur auf Grund eines Gesetzes entstehen.

§ 75.

Alle Gesetze,[1] Rechtsverordnungen[2] und Verwaltungsverordnungen[3] im Sinne des § 46 sind im Gesetz- und Verordnungsblatte bekanntzumachen.[4] Die Gesetze treten, wenn sie nichts anderes bestimmen, mit dem vierzehnten Tage nach dem Ablaufe des Tages der Ausgabe des Blattes in Kraft.[5]

RE. § 82; BA I 287, II 494.

1. Gesetze im formellen Sinn. § 74 Anm. 3.

2. § 61 Anm. 11. Hierunter fallen zwar nicht oberpolizeiliche Vorschriften der Kreisregierungen, wohl aber der Ministerien (BayZfR. 1926, 60; BGBZ. 1926, 161), auch Verordnungen nach § 64 (nicht nach Art. 48 RV., weil diese auf Reichsrecht beruhen), auch nicht Verordnungen, die zum Vollzug von Reichsgesetzen ergehen.

3. Auch gewöhnliche Verwaltungsverordnungen (§ 61 Ziff. 6) müssen irgendwie veröffentlicht werden. Über die Art MB. v. 17. Juli 1922 (GVBl. 363).

4. Über die Form der Bekanntgabe § 62 I. Solange ein Gesetz noch nicht bekanntgemacht ist, ist es noch ohne rechtliche Wirkung (G. 2).

5. Jedes Gesetz kann den Tag seines Inkrafttretens selbst bestimmen, diesen Tag auch in die Vergangenheit oder Zukunft verlegen. G. 2 findet nur Anwendung, wenn das Gesetz selbst hierüber nichts bestimmt. Der Tag der Ausgabe in München ist aus dem GVBl. zu ersehen. G. 2 gilt nicht für Verordnungen. Sie treten mit der Bekanntmachung in Kraft.

§ 76.

I Der Landtag berät und beschließt über alle Anträge zur Gesetzgebung, die von seinen Mitgliedern,[1] vom Gesamtministerium[2] oder von der Staatsbürgerschaft[3] an ihn gerichtet werden. Er entscheidet endgültig über die Zulässigkeit und Rechtsgültigkeit der Volksbegehren.[4]

II Volksbegehren im Sinne des § 10 Abs. I Ziffer 1 und 2 können nur als förmliche Gesetzentwürfe eingebracht werden.[5] Jedes Begehren hat sich auf einen bestimmten Gegenstand zu beschränken[6] und ist eingehend zu begründen.

III Wird das Volksbegehren vom Landtag abgelehnt oder mit Veränderung angenommen,[7] so ist es der Volksentscheidung zu unterbreiten. Der Landtag kann dem Gesetzentwurfe des Volksbegehrens einen von ihm beschlossenen Entwurf gegenüberstellen.[8] In diesem Falle sind beide Entwürfe der Volksentscheidung zu unterbreiten.[9] Wenn der Gesetzentwurf des Volksbegehrens vom Landtag unverändert angenommen worden ist, so findet hierüber eine Volksentscheidung nur statt, wenn sie nach § 77 Abs. II durch Volksbegehren verlangt wird.[10]

RE. § 83; VA. I 304, 312, II 494.

1. Von mindestens 15 Mitgliedern (§ 36 VU. mit § 13 II GeschO.).

2. § 61 Ziff. 8 u. 9.

3. S. 2, ferner § 10 I, II, § 76 III S. 4, 77 II.

4. § 45 VU. u. § 13 III GeschO. Zulässig ist ein VBeg., wenn es einen Antrag nach § 10 I oder 76 III S. 4 oder 77 II, enthält, dem § 77 I, IV nicht widerspricht, auch mit dem Reichsrecht nicht in Widerspruch steht, und wenn endlich die in Abs. II und im LWG. bestimmten Formen eingehalten sind, rechtsgültig dann, wenn die in § 10 II verlangte Beteiligung und Stimmenzahl gegeben ist. Der LT. entscheidet letzten Endes auch über die Gültigkeit der abgegebenen Stimmen. Gegen seine mit einfacher Mehrheit erfolgte Entscheidung gibt es kein Rechtsmittel. § 93 ist nicht einschlägig.

5. Es muß den Entwurf eines Gesetzes im formellen Sinn darstellen, so daß es bei unveränderter Annahme durch den LT. oder im Wege der VEntsch.; (wo eine Verbesserung im Wege von Verhandlungen unmöglich ist), unmittelbar Gesetz werden kann. Einfache Anregungen an die Regierung, wonach sie einen Gesetzentwurf vorlegen soll, sind in der VU. nicht vorgesehen. VBeg. nach § 10 I Ziff. 3 haben zu lauten: Der LT. ist sofort einzuberufen, ...der LT. wird mit sofortiger

Wirkung aufgelöst. Für sie kommt die Form eines Gesetzes nicht in Betracht.

a) Handelt es sich um mehrere Gegenstände, so sind mehrere VBeg. nebeneinander einzubringen. Es ist Tatfrage, was im einzelnen Fall als ein Gegenstand oder mehrere „Gegenstände" anzusehen sind. Weil mehrere Gegenstände in einem Gesetz zusammengefaßt sind, sind sie noch nicht als ein Gegenstand anzusehen. S. § 10 Anm. 4. Es kann also nicht alles, was in der VU. behandelt ist, in einem VBeg. zusammengefaßt werden. (Anders N. 292, Kr. Anm. 9.) Bei dem VBeg. der B. VP. im J. 1924 wurde die hier vertretene Meinung geltend gemacht und amtlich befolgt. § 76 II S. 2 ist die Sonderbestimmung gegenüber § 10 I Ziff. 1.

Die Begründung muß so eingehend sein, daß die Stimmberechtigten sich hieraus über Anlaß, Zweck und Ziel jeder einzelnen Bestimmung unterrichten können. Fehlt eine solche Begründung, so hat das StMin. d. Inn. nach Art. 23 LWG. zu verfahren.

7. Nach der formellen Entscheidung des LT. gemäß § 76 I S. 2 folgt die sachliche Behandlung und Beschlußfassung über den Inhalt des VBeg. im LT. gemäß § 45.

a) Lautet der Beschluß auf Ablehnung, so hat das StMin. d. Inn. auf Grund dieses ihm mitgeteilten Beschlusses des LT. die VEntsch. über die Meinungsverschiedenheit zwischen den Antragstellern (im VBeg.) und dem LT. zu veranlassen. (§ 13 VI GeschO., Art. 66 LWG.).

b) Nimmt der LT. das Gesetz zwar an, aber nur mit Änderungen, dann ist gleichfalls VEntsch. erforderlich. Rein redaktionelle Änderungen bedingen keine VEntsch. (Ebenso P. 172, Kr. Anm. 11, auch G. preuß. Verf. Art. 6 Anm. 16, anders N. 296). Es wäre sinn- und zweckwidrig, über derartige (unerhebliche, aber unter Umständen notwendige) Abweichungen vom Wortlaut des VBeg. eine VEntsch. herbeizuführen. Sie würde kein Interesse und Verständnis finden. Das Gesetz würde deshalb in solchen Fällen mangels der nötigen Beteiligung überhaupt nicht zustande kommen. Ebensowenig kann der Gesetzgebung zugemutet werden, offensichtliche Unrichtigkeiten bestehen zu lassen. Dasselbe gilt von der Beifügung einer kurzen Frist für die Auflösung des LT. durch dessen Beschluß. Eine solche Frist kann unter Umständen staatsnotwendig sein. Sie kann wohl so lange dauern, als die Durchführung der VEntsch. an Zeit erfordern würde. Bei der Beratung über das durch VBeg. verlangte Gesetz kann der LT. einen eigenen Entwurf über diesen Gegenstand mit mehr oder weniger erheblichen Änderungen aufstellen (Abs. III S. 2).

c) Nimmt der LT. den Entwurf nach dem VBeg. unverändert oder mit sachlich unwesentlichen Veränderungen an, so ist der Entwurf Gesetz geworden und als solches zu verkünden. Über die Frage, ob der Beschluß des LT. als unveränderte Annahme gelten kann, entscheiden zunächst die Organe, denen die Ausfertigung und Verkündung der Gesetze obliegt (§ 62 I). S. auch § 72. Der StGH. kann angerufen werden, wenn LT. und Regierung verschiedener Meinung sind. Die Antragsteller können den StGH. nicht in Bewegung setzen.

Über das Verfahren bei der VEntsch. Art. 30—39, 66—73 LWG. Über den Abschluß des Verfahrens § 73 LWG.

8. Bei Verfassungsänderungen ist hiezu die Mehrheit des § 92 erforderlich. (Anders Kr. Anm. 13.) Ohne diese liegt in solchen Fällen überhaupt kein gültiger Beschluß des LT. vor.

9. Art. 67 II, 69 I Ziff. 2 LWG.

10. Während sonst alle vom LT. angenommenen Gesetze, die nicht unter § 77 I fallen, sowohl durch VBeg., wie durch das Gesamtmin. der VEntsch. unterstellt werden können, kann in diesem Fall die VEntsch. nur durch VBeg., also nicht durch das Gesamtmin. in Lauf gebracht werden. S. auch das Beispiel auf S. 157. Auch für diesen Fall gilt § 10 II, der allgemein gefaßt ist, dessen Wirksamkeit also nicht auf § 10 I sich beschränkt. (Anders N. 295, ebenso Kr. Anm. 15). Die Beifügung einer Dringlichkeitserklärung durch den LT. ist zulässig.

Sie bedeutet keine sachliche Änderung des durch VBeg. verlangten Gesetzes; die ratio legio des § 77 I Ziff. 6 verlangt diese Auslegung, da u. U. eine praktische Notwendigkeit bestehen kann, das Gesetz sofort in Kraft treten zu lassen. Die Gründe von N. 282 sind nicht durchschlagend. § 76 III S. 4 ist allerdings eine Sonderbestimmung, aber nur für die Zuständigkeit zur Einleitung des Referendums. Sachlich schlägt also § 77 I Ziff. 6 durch. (Ebenso Kr. Anm. 15.)

§ 77.

I Ausgenommen von der Volksentscheidung [1] sind:

1. Finanzgesetze [2] und Gesetze über Steuern und Abgaben,[3]
2. Staatsverträge,[4]
3. Gesetze über Grenzregelungen,[5]
4. Gesetze, die sich auf die Einrichtung von Behörden [6] und die Besoldung von Staatsbeamten beziehen,
5. Ausführungsgesetze zu Reichsgesetzen, soferne diese bindende Anweisungen über Erlassung oder Inhalt der Ausführungsgesetze geben,
6. die vom Landtag als dringend [7] bezeichneten Gesetze.

II Über andere Gesetze, die der Landtag ohne Volksbegehren beschlossen hat, kann durch Volksbegehren oder Beschluß des Gesamtministeriums die Volksentscheidung binnen zwei *) Monaten angerufen werden.[8] Vor Ablauf dieser Frist darf das Gesetz nicht ausgefertigt oder verkündigt werden.[9]

III Kommt eine rechtsgültige Volksentscheidung

*) Jetzt: „drei" siehe Anm. 8.

über einen Landtagsbeschluß zur Gesetzgebung nicht zustande, so gilt er als bestätigt.[10]

IV Ein durch Volksentscheidung endgültig abgelehntes Volksbegehren kann vor Ablauf eines Jahres, bei Verfassungsänderungen vor Ablauf von drei Jahren nicht wiederholt werden.[11]

RE. § 84; BA. I 304, II 494, 504.

1. Auch von BBeg. nach § 10 I S. 2. Der Grund dieser Ausnahme liegt im allgemeinen darin, daß teils das mangelnde Interesse und Verständnis hiefür angenommen wird, teils mit Rücksicht auf bestehende Bindungen und Notwendigkeiten keine Möglichkeit zu Änderungen oder Aufschub besteht. Ein Gesetz, dessen Bestimmungen teilweise zu den in Abs. I Ziff. 1—5 aufgezählten gehören, das daneben aber noch andere Bestimmungen enthält, könnte der VEntsch. teilweise unterstellt werden, wenn die Ausscheidung möglich wäre. Eine solche wird aber nie möglich sein. Ein Gesetz, das Steuerbestimmungen enthält, ist eben ein Gesetz „über Steuern", auch wenn es noch sonstige Bestimmungen aufweist.

2. § 80.

3. § 74 II.

4. § 50.

5. Grenzregelungen sind unbedeutende Verschiebungen der Grenzen. § 1 Anm. 5. Gesetze über größere Gebietsänderungen unterliegen der VEntsch., sofern sie nicht auf dem Wege des Art. 18 RV. ohne Zustimmung Bayerns erfolgen.

6. S. Anm. 1 zu § 46.

7. Diese Bezeichnung kann nur dann entbehrt werden, wenn das Inkrafttreten eines Gesetzes unbedenklich noch mindestens 3 Monate, unter Umständen noch länger aufgeschoben werden kann. Da aber Gesetze gewöhnlich erst dann erlassen werden, wenn sie wirklich notwendig sind, muß von dieser Bezeichnung sehr häufig Gebrauch gemacht werden. Bei mißbräuchlicher Anwendung der Ziff. 6 kann hiedurch das Volksrecht beeinträchtigt oder

beseitigt werden. Die Bezeichnung kann nach P. Anm. 9 (offenbar von N. 281 angezweifelt) auch nachträglich noch erfolgen, jedenfalls aber dann nicht mehr, wenn ein VBeg. zu dem Gesetz schon in Lauf ist. Die Praxis ist anders. Die Dringlichkeit wird stets im Gesetz selbst ausgesprochen. Auch im Weg der Initiative (§ 10 I) durch Abänderungs- oder Aufhebungsanträge können solche Gesetze (wie solche nach Ziff. 1—5) nicht zur VEntsch. gebracht werden.

8. Durch Art. 22 III LWG. wurde die Frist von zwei Monaten auf drei Monate verlängert. Der Fall des Referendum d. h. der Überprüfung vom LT. beschlossener (nicht abgelehnter) Gesetze durch das Volk (mittels VEntsch), wenn diese vom Volk selbst durch VBeg. (Referendumsinitiative) oder vom Gesamtmin. (Regierungsreferendum) veranlaßt wird. Hiefür kommen aber nur solche Gesetze in Betracht, die nicht unter Abs. I fallen und die der LT. nicht nach einer Initiative gemäß § 10 I, sondern auf Grund eines vom Gesamtmin. oder aus seiner Mitte eingebrachten Entwurfes beschlossen hat. Gegenüber Gesetzen, die der LT., entsprechend einem VBeg. gemäß § 10 I beschlossen hat, gibt es nach § 76 III S. 4 ein Referendum nur auf Grund VBeg. (anschließende Referendumsinitiative), nicht auf Veranlassung des Gesamtmin. Die Nachprüfung vom LT. abgelehnter Gesetze durch das Volk ist nur dadurch zu erreichen, daß ein solches gemäß § 10 vom Volk durch Gesetzes- oder Verfassungsinitiative nochmals verlangt wird. Dann kann, wenn es vom LT. abgelehnt wird, VEntsch. hierüber stattfinden.

Die Referendumsinitiative nach § 77 II ist nicht den Formen unterworfen, die § 76 II für die Gesetzes- und Verfassungsinitiative vorschreibt. § 76 II gilt nicht für die Fälle des § 10 I Ziff. 3. Ihre Rechtswirksamkeit richtet sich nach § 10 II. Auch über solche VBeg. entscheidet der LT. nach § 76 I S. 2. Ist ein solches VBeg. zulässig und rechtswirksam, so kommt es zur VEntsch. Eine vorherige Beschlußfassung des LT. über die Sache, den Inhalt des VBeg., ist nicht erforderlich. § 76 III S. 1 gilt, wie § 76 II, nur für die reine (Gesetzes- und Verfassungs-)Initiative, ebenso § 45. Beim Regierungsreferendum kommt sofort die VEntsch. Der LT. kann hiegegen gemäß § 55 reagieren.

Für die Berechnung der zur Rechtswirksamkeit der VEntsch. erforderlichen Stimmenzahl gilt auch in den Fällen des Referendums § 10 III.

9. Sämtliche Gesetze, die nicht unter Abs. I fallen, können erst nach Ablauf von 3 Monaten, vom Beschluß des LT. an, ausgefertigt und verkündigt werden. Der Ablauf der Frist von 4 Wochen nach Art. 22 LWG. ersetzt die Dreimonatsfrist nicht.

10. Abs. III spricht allgemein von „VEntsch. über LT.-Beschlüsse zur Gesetzgebung", gilt also nicht nur beim Referendum, sondern auch nach der Initiative (P. 177, anders Kr. Anm. 16). Das Nichtzustandekommen einer rechtsgültigen VEntsch. beruht auf der ungenügenden Beteiligung nach § 10 III S. 2. Bei genügender Beteiligung, aber nicht genügender Zustimmung der Staatsbürger ist das Referendum abgelehnt, und der LT.-Beschluß gleichfalls bestätigt. Der bestätigte LT.-Beschluß ist nach § 62 auszufertigen und zu verkünden. Wird der LT.-Beschluß aufgehoben, so hat der LT. nach Art. 73 II LWG. die erforderliche gesetzgeberische Folgerung zu ziehen.

11. Gilt vor allem für die reine Initiative nach § 10, aber nach dem Zusammenhang und Zweck der Bestimmung und nach ihrem Wortlaut auch für die Referendumsinitiative und die anschließende Referendumsinitiative (Kr. Anm. 17, anders P. 177). Die gleiche Bestimmung für Anträge der Abg. in § 20 GeschO., für Anträge und Gesetzesvorlagen der Regierung gilt diese Beschränkung nicht.

1. Einfacher Fall des Referendums.

Regierungsentwurf — Entwurf aus der Mitte des LT.

LT.-Beschluß über den Entwurf

Verkündung als Gesetz (Fälle des § 77 I oder nach Ablauf der Dreimonatfrist (§ 77 II)

Nachprüfung durch das Volk (Referendum) möglich, wenn kein Fall des § 77 I vorliegt und solange die Dreimonatfrist noch nicht abgelaufen ist

Veranlaßt vom Gesamtmin. (Regierungsreferendum)

Veranlaßt vom Volk durch VBeg. (Referendumsinitiative[1])

LT.-Beschluß (nach § 76 I S. 2)

Ablehnung

Zulassung des Referendums

Volksentscheidung

Nicht zustandegekommen (§ 10 III S. 2 und § 77 III). (Hierauf Verkündung des LT.-Beschlusses als Ges.)

Antrag abgelehnt (§ 10 III S. 3) (wie neben)

Antrag angenommen (§ 10 III S. 3). (Damit i. LT.-Beschluß aufgehob.).

[1]) Gewöhnliche, einfache Referendumsinitiative, wenn nur ein LT.-Beschl. aber noch kein VBeg. vorausgegangen ist. Ist dies der Fall, so spricht man von „anschließender" Referendumsinitiative (Siehe Beispiel 2). Auch die Einleitung und der Verlauf der Referendumsinitiative spielt sich in der Form ab, die aus Beispiel 2 am Anfang für die Initiative überhaupt ersichtlich ist.

2. Fall der Gesetzes- oder Verfassungsinitiative.

(Volksbegehren (§ 101 Z. 1, 2) und Volksentscheidung (§ 76 III)

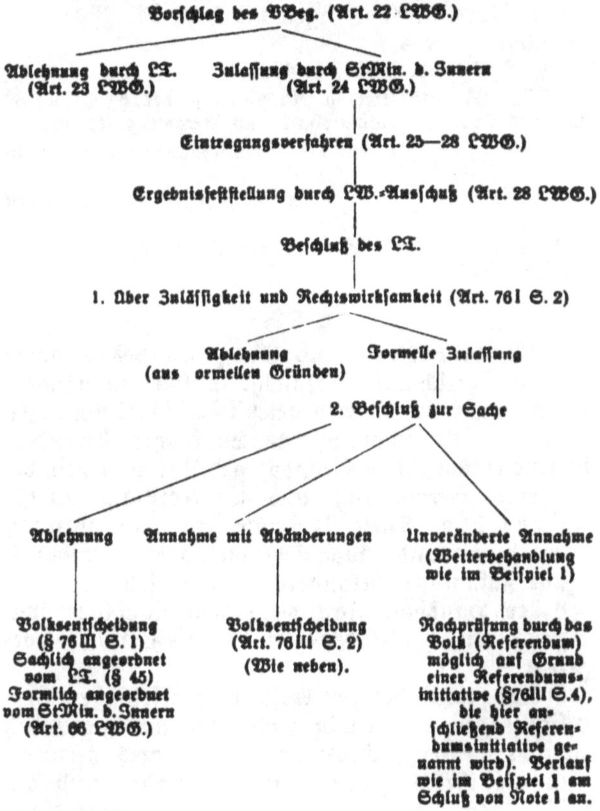

§ 78.

Haushaltsjahr[1] und Rechnungsjahr[2] beginnen am 1. April[3] und endigen mit dem 31. März des nächsten Jahres.

RE. § 85; BA. I 289, II 494.

§§ 78—85 enthalten in Ausführung der §§ 48 u. 49 Näheres über Staatshaushalt und Rechnungslegung.

1. Zeitdauer, für den der Staatshaushaltsplan (§ 79) aufgestellt wird.

2. Zeitraum, für den die nach § 84 zu erstattende Rechnung aufgestellt wird.

3. Wie im Reich (Reichshaushaltordnung v. 31. Dezember 1922, § 4).

§ 79.

I Alle Einnahmen und Ausgaben des Staates sind alljährlich auf den Haushaltsplan[1] zu bringen, soweit nicht auf Grund gesetzlicher Bestimmungen oder mit Zustimmung des Landtages besondere Vermögensbestände (Fonds) gebildet und mit besonderer Verwaltung und Verrechnung ausgeschieden sind. Diese Bestände sind nach Kapital, Einnahmen und Ausgaben mit dem Haushaltsplane zusammen besonders auszuweisen.

II Der Haushaltsplan wird dem Landtage spätestens am 1. Oktober zur Beschlußfassung vorgelegt.[2]

III Ausgaben, die zur Erfüllung gesetzlicher Verpflichtungen notwendig sind oder auf gerichtlich klagbaren Verpflichtungen des Staates beruhen, und die ihrem Zwecke nach dauernden und als solche vom Landtag anerkannten, notwendigen Ausgaben müssen in den Haushaltplan eingestellt und der Steuerbewilligung zugrunde gelegt werden.[3]

RE. § 86; BA. I 290, II 494.

1. Der Haushaltsplan ist maßgebend für die Führung des Staatshaushaltes, der Finanzverwaltung des Staates, für die Einnahmen und Ausgaben, aufgestellt gem. § 61 Ziff. 10, 11 u. 8, beschlossen vom LT. nach § 48. Er muß „alle" Einnahmen und Ausgaben enthalten, die zur Zeit seiner Aufstellung bekannt sind; Ausnahmen für die besonderen „Fonds" (§ 79 I 2. Halbsatz und Satz 2). Später anfallende Einnahmen, z. B. nachträglich erfolgte Überweisungen des Reiches, sind dem LT. gleichfalls zur Kenntnis zu bringen, gegebenenfalls in Nachtragsetats, auch gemäß § 84 in den Rechnungen auszuweisen. Der Haushaltplan zerfällt in den ordentlichen und den außerordentlichen Haushalt, ersterer in a) Betriebs- und allgemeine Einnahmen und Ausgaben, b) Staatsverwaltung; letzterer enthält Einnahmen aus Überschüssen früherer Jahre oder dem allgemeinen Staatsanlehen. Die Ausgaben werden unterschieden in notwendige (§ 79 III) und freiwillige.

2. Gegen die Versäumung der Frist könnte der LT. nach § 53 ff. vorgehen, wenn er nicht die Unmöglichkeit ihrer Einhaltung als gegeben erachtet, wie z. B. im Herbst und Winter 1926/27 wegen der Verhandlungen über den Finanzausgleich zwischen Reich und Ländern.

3. „Notwendige" Ausgaben. Diese stehen mindestens ihrem Zwecke nach, die gerichtlich klagbaren meist auch der Höhe nach fest. Nur soweit sie nicht feststehen, also höchstens der Höhe nach, hat der LT. ein Bewilligungsrecht. Zu den hier aufgeführten Ausgaben kommen als notwendig nach § 83 S. 2 noch die Fehlbeträge des vorletzten Haushaltjahres. Bezüglich der nicht notwendigen Ausgaben hat der LT. ein freies Bewilligungsrecht nach Zweck und Höhe.

§ 80.

I Auf Grund des Haushaltsplanes[1] beschließt der Landtag durch Gesetz über die nach den bestehenden Steuergesetzen zu erhebenden Steuern (Finanzgesetz).

II Kommt der Haushaltsplan nicht rechtzeitig in seinem ganzen Umfange zustande, so ist alsbald durch das Gesamtministerium ein vorläufiger Haushaltsplan zu beschließen und der Haushaltsführung bis zum Zustandekommen des endgültigen Haushaltsplanes zugrunde zu legen. In den vorläufigen Haushaltsplan sind die Ausgaben, über die in der Tagung bereits endgültig beschlossen worden ist, ferner aus den noch nicht abgeschlossenen Teilen des Gesamthaushaltsplanes alle gesetzlich notwendigen und alle als dauernd anerkannten notwendigen Ausgaben aufzunehmen.[2]

III In diesem Falle können durch vorläufige Steueranordnung des Gesamtministeriums die bisher erhobenen Steuern im bisherigen Umfange nebst den Zuschlägen, die zur Deckung der im vorläufigen Haushaltsplane festgesetzten Ausgabensumme erforderlich sind, weiter erhoben werden.[3]

RV. § 87; VA. I 290, II 494.

1. §§ 79 Anm. 1 u. 48 Anm. 1. Der Abschluß des Haushaltplans ergibt durch Vergleich der Summe der Ausgaben mit den dem Staate aus andern Quellen als Steuern zufließenden Einnahmen die hienach zum Abgleich des Haushalts erforderlichen Steuern. Steuerpflicht, Steuergegenstände und Steuermaßstab sind schon durch die einzelnen „bestehenden Steuergesetze" geregelt. Aber die Höhe der Leistungspflicht wird erst durch das im Anschluß an den Abschluß des Staatshaushalts ergehende SteuererhebungsG. oder FinanzG. alljährlich bestimmt (§ 82). Während der Haushaltsplan nicht in Gesetzesform beschlossen wird, ist hiezu nach § 74 II ein formelles Gesetz nötig. Die wichtigsten Landessteuern: Grund-, Haus-, Gewerbe-, Hausiersteuer.

2. Dieser Fall kann eintreten, wenn der Haushaltplan aus besonderen Gründen nicht rechtzeitig aufgestellt werden kann, wenn der LT. durch äußere Umstände verhindert wird, rechtzeitig zusammenzutreten, oder aus sonstigen Gründen die Beratungen über den rechtzeitig aufgestellten Haushaltplan rechtzeitig zu beginnen oder abzuschließen, auch wenn die Parteien des LT. über den Haushaltplan nicht einig werden können. Der „vorläufige Staatshaushaltsplan" besteht aus den etwa vom LT. schon erledigten Teilen des Haushaltplanes und ferner aus den in Abs. II aufgezählten Ausgaben. Zu den „gesetzlich notwendigen" Ausgaben sind nach § 79 III auch die aus gerichtlich klagbaren Verpflichtungen zu zählen. Freiwillige Leistungen kommen übungsgemäß insoweit in Betracht, als sie für den gleichen Zweck im Vorjahr bewilligt waren, sofern sie ohne Erhöhung der bisher erhobenen Steuersätze gedeckt werden können, denn diese können nach Abs. III weiter erhoben werden.

In der Praxis wird ein eigentlicher vorläufiger Haushaltplan nicht aufgestellt. Für das erste Vierteljahr 1920 versicherte sich das Gesamtmin. der Zustimmung des LT. zur Fortführung des Staatshaushalts durch Gesetz v. 31. März 1920 (GVBl. 95) über die Weiterführung des Staatshaushalts. Von da an wurde von dem Rechte des § 80 in Bedarfsfällen mehrfach Gebrauch gemacht. V. v. 28. Juni 1920 (GVBl. 354). Eine Kritik dieser V. bei N. 506. Auch für 1921 erging erst das G. v. 26. März 1921 (GVBl. 111) bis zum Erlaß einer V., die dann am 25. Okt. 1921 (GVBl. 525) erging. Hierin wurde die Ermächtigung zur Bestreitung der notwendigen Ausgaben und der im Haushaltplan für 1921 aufrechterhaltenen freiwilligen Leistungen bis zur Höhe der für 1920 bewilligten Steuerbeträge erteilt, ebenso für 1922 (V. v. 27. März 1922, GVBl. 215), wobei noch die vom LT. bereits genehmigten Einzelhaushalte mit den bewilligten Beträgen eingefügt sind. Auch für 1923 erging eine V. v. 27. März 1923 (GV. 146) gleichen Inhalts.

Für 1927 war wieder eine V. über den vorläufigen Haushaltplan nötig, (v. 18. März 1927, GVBl. 98), da der Staatshaushalt dem LT. erst im April 1927 zugehen konnte, weil die Verhandlungen über den Finanzausgleich mit dem Reich die Aufstellung vorher unmöglich gemacht hatten, wie der LT. mehrfach anerkannte. Auch diese V. erteilt die Ermächtigung zur Bestreitung der notwendigen Ausgaben und der freiwilligen im oben angegebenen Umfang.

3. An Stelle des FinanzG., das die einzelnen Steuerpflichtigen bindet, tritt die „vorläufige Steueranordnung des Gesamtmin. Die Erhöhung der bisher erhobenen Steuern durch Zuschläge gegenüber dem Vorjahre ist zur Deckung der bereits bewilligten und notwendigen, nicht aber von freiwilligen Ausgaben zulässig. Der LT. ist durch diese auf verfassungsmäßiger Grundlage beruhende Rechtsverordnung gebunden. Ein Gesetz kommt zu diesem Zweck auch dann nicht in Frage, wenn der LT. versammelt ist und an sich in der Lage wäre, ein solches zu beschließen, weil Abs. III im Hinblick auf die Möglichkeit der Verhinderung des LT. an dem Erlaß eines solchen Gesetzes nur eine Verordnung für diesen Fall vorsieht, den LT. also auf alle Fälle ausschließt.

§ 81.

Beschlüsse des Landtages, die eine Erhöhung der Ausgaben des Haushaltsplanes oder die Einstellung neuer Ausgaben bewirken, sind auf Verlangen des Gesamtministeriums erneut zu beraten.[1] Diese Beratung darf ohne Zustimmung des Gesamtministeriums nicht vor Ablauf von vierzehn Tagen stattfinden. Der erste Beschluß bleibt wirksam, wenn er bei der erneuten Beratung von mindestens Zweidrittel der anwesenden Mitglieder bestätigt wird.[2]

RE. VA. I 294, II 494.

1. Eingefügt vom VA., um übereilte Ausgaben-

beschlüsse durch Erhöhung der Ausgaben gegenüber dem Vorjahr oder dem Regierungsentwurf oder ganz neue Ausgaben seitens des jetzt allein zuständigen LT. zu verhindern. Hiebei können nur freiwillige Leistungen oder Ausgaben, die wenigstens in ihrer Höhe nicht bestimmt sind, in Betracht kommen. Denn gegen die Einstellung notwendiger oder der Höhe nach feststehender Ausgaben kann auch das Gesamtmin. keinen Einwand erheben. Ein beschränktes Vetorecht des Gesamtmin. Nach Art. 85 IV RV. hat auch der Reichsrat ein solches, das aber nicht durch einen erneuten Beschluß des Reichstags allein (wie in § 81 S. 3) sondern nur im Wege des Art. 74 RV., also unter Mitwirkung des Reichspräsidenten und des Volkes beseitigt werden kann, also wirksamer ist, als nach der bayer. VU.

2. Sonst bleibt es bei der Regierungsvorlage, d. h. bei der verringerten Leistung oder es kommt zur Streichung der neu beschlossenen Ausgabe. Eine Vorschrift, daß auch für Deckung der Ausgaben zu sorgen ist, ist nicht ausdrücklich gegeben.

§ 82.

Die Höhe des Steuerbetrages ergibt sich für jeden Steuerpflichtigen aus den Anordnungen der einzelnen Steuergesetze, des Finanzgesetzes und im Falle der Haushaltsführung auf Grund eines vorläufigen Haushaltsplanes aus den vorläufigen Steueranordnungen des Gesamtministeriums.

RE. § 88; VA. I 295, II 495.

Die Bestimmung bezieht sich nur auf die veränderlichen Landessteuern, deren Sätze erst das FinanzG. oder die vorläufige Steueranordnung zu bestimmen hat, nicht auf sonstige Landessteuern und -abgaben (N. 517). Z. B. siehe FinanzG. v. 9. Juli 1926, GVBl. 355. Der Haushalt schloß mit einem Fehlbetrag ab. „Wegen der endgültigen Deckung des Fehlbetrags wird die Staatsregierung zu einem späteren Zeitpunkt dem LT. Vorlagen unterbreiten."

§ 83.

Ersparungen, die sich nach der Rechnung für ein Haushaltsjahr ergeben, sind als Einnahme in den Haushaltsplan des übernächsten Haushaltsjahres einzustellen.[1] Fehlbeträge, mit denen die Rechnung für ein Haushaltsjahr abschließt, sind als Ausgaben im Haushaltsplane des übernächsten Haushaltsjahres vorzutragen.[2]

RG. § 91; VA. I 296, II 495.

1. Sie stehen also nicht zur freien Verfügung der Regierung. Es kommt nicht auf die Abschlüsse der einzelnen Haushaltssätze, sondern auf den Abschluß des ganzen Staatshaushalts an.

2. Da der LT. den Haushalt bewilligt hatte, muß er auch für die endgültige Deckung der Ausgaben Sorge tragen.

§ 84.

I Dem Landtag ist alljährlich nach Ablauf des Haushaltsjahres[1] über alle Einnahmen und Ausgaben des Staates Rechnung zu erstatten.[2] Die Rechnungen haben die Ausführung des Haushaltsplanes übersichtlich darzulegen und müssen mit seiner Gliederung genau übereinstimmen.

II Der Rechnungshof[3] hat diese Rechnungen zu prüfen.

III Der Rechnungshof stellt alljährlich nach Beendigung dieser Prüfung in einem Bericht an das Gesamtministerium fest, inwieweit bei dem Vollzuge des Haushaltsplanes von den Landtagsbeschlüssen abgewichen worden ist. Das Gesamtministerium legt den Bericht alljährlich gleichzeitig mit den Rechnungsnachweisungen dem Landtage vor.[4]

RV. § 90; VA. I 295, II 495.

1. 31. März (§ 78).

2. Zunächst Rechnungstellung durch die mit der Ausführung des Staatshaushalts und der Verwaltung des Staatsvermögens befaßten Behörden mit Vorprüfung durch die übergeordneten Behörden oder die Rechnungskammer (Abs. I), dann Rechnungsprüfung durch den obersten Rechnungshof (Abs. II u. III S. 1) und Rechnungsvorlage durch das Gesamtmin. an den LT. (Abs. III S. 2).

3. Die Unabhängigkeit seiner Mitglieder, gleich der Richter, ist durch § 57 II, 69 I S. 2 sichergestellt.

4. Über die Tätigkeit des LT. §§ 49, 85.

§ 85.

Auf Grund der Rechnungsnachweisungen beschließt der Landtag über die Entlastung der Ministerien.

RV. § 91; VA I 296, II 495.

Vgl. § 84 III S. 2, 49. Die Entlastung erfolgt durch einfachen Mehrheitsbeschluß. Will die Entlastung nicht erteilt werden, so bleibt der Weg der §§ 53 ff., gegenüber zurückgetretenen Min. nur des § 56 (§ 22 StGHG.). Die erteilte Entlastung befreit die Minister (diese, nicht die Ministerien kommen in Betracht) endgültig von jeder weiteren politischen Verantwortung. Bei Ministerwechsel kann nur der abgetretene Minister für die während seiner Amtsführung vorgekommenen Unregelmäßigkeiten haftbar gemacht werden. Die Entlastung bewirkt nur die Freiheit von politischer, nicht von privatrechtl. Haftung.

9. Abschnitt.

Heerwesen.

§ 86.

Jeder Bayer[1] hat zur Verteidigung seines Vaterlandes[2] nach den bestehenden Gesetzen mitzuwirken.[3]

RE. —; BA. I 296, II 495.

1. Auch sonstige Deutsche nach Art. 110 II RV.

2. Bayern und das Reich.

3. Durch den Versailler Vertrag ist die allgemeine Wehrpflicht beseitigt, § 1 III ReichswehrG. v. 23. März 1921 (RGBl. 329). Das Reich hat die Gesetzgebung über die Wehrverfassung (Art. 6 Ziff. 4 RV.) Das Heer ist Reichsheer. Der Reichspräsident hat den Oberbefehl über das ganze Heer (Art. 47 RV.). Die Verteidigung des Reiches ist Reichssache (Art. 79 RV.). Hiedurch und durch Art. 133 RV., wonach alle Staatsbürger nach Maßgabe der Gesetze persönliche Dienste für den Staat zu leisten haben, ist § 86 rechtlich bedeutungslos.

§ 87.

Die bayerischen Truppen bilden einen Teil der Wehrmacht des Deutschen Reiches.[1] Sie sind ein geschlossener Truppenverband.[2]

RE. § 92; BA. I 296, II 495, 507.

1. § 86 Abs. 3.

2. Schon Art. 79 S. 2 RV. hat „die Berücksichtigung der besonderen landsmannschaftlichen Eigenarten" für das ReichswehrG. in Aussicht gestellt. Dieses trifft auch Bestimmungen über die Landsmannschaften. Nach § 14 des ReichswehrG. sind in den Ländern geschlossene Verbände zu bilden, die den Ländern entstammen und dort ihren Standort haben sollen. So die bayer. Division. Eine Besonderheit für Bayern ist der „Landeskommandant" (§§ 12 ff. ReichswehrG. v. 23. März 1921, RGBl. 329).

§ 88.

Die bewaffnete Macht darf zur Erhaltung der inneren Sicherheit und gesetzlichen Ordnung nur einschreiten,[1] wenn die polizeilichen Zwangsmittel hierfür unzureichend sind und die zuständige bürgerliche Behörde in gesetzmäßiger Form das Aufgebot an die militärische Behörde erläßt.[2]

RE. § 93; BA. I 296, II 495.

1. Für die Reichswehr ist jetzt maßgebend § 17 des ReichswehrG. v. 23. März 1921 (GVBl. 329). Danach hat die Reichswehr nur „im Falle öffentl. Notstände oder einer Bedrohung der öffentl. Ordnung auf Anfordern der Landesregierungen und der von diesen bestimmten Behörden" Hilfe zu leisten. Das Ersuchen soll nur ergehen, wenn die eigenen Kräfte der Landesregierung nicht ausreichen. Die Reichswehr kann selbständig eingreifen, wenn die Behörde infolge höherer Gewalt außerstande ist, das militärische Einschreiten von sich aus herbeizuführen.

2. Durch § 17 ReichswehrG. ist § 88, soweit die Reichswehrstellen in Frage kommen, ersetzt. § 88 gilt noch als Anweisung an die bayer. Behörden dahin, wenn sie das militärische Einschreiten herbeiführen müssen (bei Unzulänglichkeit der eigenen polizeilichen Zwangsmittel [Polizei, Schutzmannschaft und Landespolizei, Gendarmerie]) und in welcher Form dies zu geschehen hat. Zuständig ist das Gesamtmin. (§ 64 II), nötigenfalls die Kreisregierung. Für die Form ist noch das G. v. 4. Mai 1851 (GBl. 9) maßgebend.

10. Abschnitt.

Verkehrswesen.

§ 89.

Die Staatseisenbahnen werden auf der Grundlage der gesetzlichen Bestimmungen nach Grundsätzen des allgemeinen Staatsinteresses verwaltet.[1] Für die Genehmigung und Beaufsichtigung privater Eisenbahnunternehmungen sind besondere gesetzliche oder verordnungsmäßige Vorschriften zu erlassen.[2]

RE. § 94; BA. I 296, II 495.

1. Bei § 89 ff. wurde schon berücksichtigt, daß sämtliche Verkehrsanstalten bis zum 1. April 1920 auf das Reich übergehen sollten. Bis dahin sollten die in der BU. aufgenommenen Grundsätze der §§ 89 ff. gelten. Durch Staatsvertrag v. 30. März 1920 (GVBl. 173) gingen die bayer. Staatseisenbahnen mit allem Zubehör und allen Nebenbetrieben mit Wirkung vom 1. April 1920 gegen Abfindung in das Eigentum des Reiches über. Damit hat § 89 seine Bedeutung verloren. Jetzt werden die Reichseisenbahnen unter Aufrechterhaltung des Eigentums des Reiches von der ein selbständiges Rechtssubjekt bildenden „Deutschen Reichsbahngesellschaft" betrieben und verwaltet (ReichsbahnG. v. 30. Aug. 1924 RGBl. II, 272). Über ihre Rechtstellung BayZfR. 1926, 217. Die früheren bayer. Bahnen werden von der „Gruppenverwaltung Bayern" verwaltet. Die Aufsicht führt der Reichsverkehrsminister. Die bayer. Regierung hat sich alle aus dem Staatsvertrag für sie sich ergebenden Rechte vorbehalten (Art. 171 RV.). Für die Reichsbahnbeamten gilt Art. 16 RV. (Verwendung der Beamten nach landsmannschaftl. Grundsätzen in ihrer Heimat) und das ReichsbahnpersonalG. v. 30. Aug. 1924 (RGBl. II 287).

2. Die privaten Eisenbahnen sind im bisherigen Eigentum verblieben. Doch gilt für sie nach Art. 7 Ziff. 19 RV. die Gesetzgebung des Reiches. Nach Art. 95 RV. hat das Reich ferner auch das Recht der Beaufsichtigung über sie, soweit sie dem allgemeinen Verkehr dienen. RG. über die Eisenbahnaufsicht vom 3. Jan. 1920 (RGBl. 13). Bahnen, die nicht dem allgemeinen Verkehr dienen, fallen noch unter die bayer. Gesetze und die bayer. Aufsicht (§ 6 GewO., Art. 8

Ziff. 1 u. 30 des bayer. GewerbeG. v. 30. Jan. 1868, GBl. 369, V. v. 20. Juni 1855, RBl. 653).

§ 90.

Das Recht, Post-, Telegraphen- und Fernsprechanstalten zu errichten und zu betreiben, steht ausschließlich dem Staate zu.

RE. § 95; BA. I 296, II 496, 507.

Erledigt durch Übergang des Post-, Telegraphen- und Fernsprechwesens auf das Reich (mit Wirkung vom 1. April 1920 an nach dem Staatsvertrag vom 29/31. März 1920, GVBl. 152), da nach Art. 88 RV. das Post-, Telegraphen- und Fernsprechwesen Sache des Reiches ist, das nach Art. 6 Ziff. 7 RV. auch die Gesetzgebung auf diesen Gebieten hat. Die Verwaltung führt das Reichspostministerium, von dem in München eine Abteilung (an der Spitze ein Staatssekretär) besteht. Auch die Reichspost samt dem Telegraphen- und Fernsprechbetrieb ist durch das ReichspostfinanzG. vom 18. März 1924 (RGBl. 287) ein selbständiges Unternehmen „Deutsche Reichspost" geworden, das mit seinen Rechten und Verbindlichkeiten von dem übrigen Vermögen des Reiches getrennt zu halten ist.

§ 91.

Durch Gesetz kann der staatlichen Verkehrsverwaltung das Recht zum ausschließlichen Betrieb anderer öffentlicher Verkehrsmittel gegeben oder die Genehmigung privaten Betriebes gestattet werden.

RE. § 96; BA. I 296, II 496, 507.

Nunmehr hat das Reich nach Art. 7 Ziff. 19 RV. die Gesetzgebung über die Eisenbahnen, die Binnenschiffahrt, den Verkehr mit Kraftfahrzeugen zu Lande, zu Wasser und in der Luft, sowie den Bau von Landstraßen, soweit es sich um den allgemeinen Verkehr und die Landesverteidigung handelt.

Staatsvertrag über den Übergang der Wasserstraßen von den Ländern auf das Reich v. 16. Aug. 1921 (GVBl. 489), gültig für Rhein, Main, Donau, Ludwigs-Donau-Main-Kanal mit den zugehörigen Teilen der Altmühl und Regnitz.

11. Abschnitt.

Schluß- und Übergangsbestimmungen.

§ 92.

Änderungen an dieser Verfassung[1] können nur durch Zweidrittelmehrheit[2] der gesetzlichen Mitgliederzahl[3] des Landtages beschlossen werden. Dasselbe gilt von Änderungen am Staatsgebiete,[4] sofern sie nicht bloße Grenzregelungen[5] sind.

RE. § 97; VA. I 297, II 496.

1. Eine Änderung der Verfassung liegt vor, sobald das Gebiet der Verfassung durch eine neugeschaffene gesetzliche Bestimmung berührt wird. Ohne Bedeutung ist, ob eine Bestimmung den Text der VU. ändert oder nicht. Mit $^2/_3$ Mehrheit kann ein Gesetz zum Verfassungsgesetz erklärt werden. Damit genießt es dann gleichfalls den Schutz des § 92. Auch solche Bestimmungen können nur mit $^2/_3$ Mehrheit geändert werden. Wenn eine Änderung der Verfassung gemäß § 92 beschlossen wird, ohne daß eine formelle Änderung der VU. erfolgt und ohne daß die Bestimmung zum Verfassungsgesetz erklärt wird, wird eine solche Bestimmung nur einfaches Gesetz und kann dann später mit einfacher Mehrheit geändert werden.

Wenn ein Gesetz ein von der Verfassung nicht geregeltes Gebiet behandelt, kann dem Gesetz durch formelle Einfügung in die VU. oder durch die Erklärung zum VerfassungsG. der Schutz des § 92 beigelegt werden. Hiezu ist $^2/_3$ Mehrheit geändert worden (N. 365, P. 124; a. A. Kr. § 92 Anm. 1).

2. Abweichung von § 34. Die $^2/_3$-Mehrheit wird übungsgemäß — mit Recht — nur für den Beschluß der

Vollversammlung in 2. Lesung verlangt. Der Beschluß in 1. Lesung wird, wie in den Ausschüssen, allerdings nicht in allen Fällen, nur mit einfacher Stimmenmehrheit gefaßt. Er ist nur ein Stück des Vorbereitungsverfahrens, ändert die Verfassung noch nicht. Die Einhaltung der Vorschrift in 2. Lesung muß im LT. festgestellt werden (schon mit Rücksicht auf § 72), die Feststellung im Eingang des Gesetzes selbst ist üblich und zweckmäßig, aber nicht vorgeschrieben. Die Änderung dieser Vorschrift (im Sinne des Art. 76 RV.) wird seit langem auf verschiedenen Wegen immer wieder angestrebt, ist aber noch nicht zustande gekommen. Eine Erleichterung für Verfassungsänderungen würde dadurch nur dann erzielt, wenn die Gegner einer solchen bei der entscheidenden Abstimmung „anwesend" sind.

3. § 31 Anm. 2.

4. § 1 I S. 2.

5. § 77 Anm. 5.

§ 93.

I Jeder Staatsangehörige[1] und jede juristische Person,[2] die in Bayern ihren Sitz hat, haben das Recht der Beschwerde[3] an den Staatsgerichtshof,[4] wenn sie glauben, durch die Tätigkeit einer Behörde[5] in ihrem Recht[6] unter Verletzung dieser Verfassung[7] geschädigt[8] zu sein. Die Beschwerde ist nur zulässig, wenn vorher ohne Erfolg beim Ministerium Abhilfe nachgesucht[9] worden oder der Rechtsweg[10] erschöpft ist.

II Die Entscheidungen des Staatsgerichtshofes sind dem Beschwerdeführer, dem Landtag und dem Ministerium[11] mitzuteilen.

RE. § 98; VA. I 300, II 496.

1. Jetzt nach Art. 110 II RV. jeder Deutsche. (E. d. StGH. v. 20. Febr. 1924)*). Geschäftsunfähige können

*) Zitiert nach BVBl. 1925, 124 u. 204.

keine Verf.-Beschwerde einreichen. Sie ist eine Willenserklärung mit rechtsgeschäftlicher Bedeutung, setzt also die Fähigkeit zu solchen voraus (E. d. StGH. v. 9. Juli 1922), auch nicht Österreicher, selbst wenn in Deutschland geboren.

2. Des Privatrechts und des öffentl. Rechts. (Begr. zum Entwurf des StGHG.)

3. „Verfassungsbeschwerde" nach § 70. Wiederholte Beschwerde wegen des gleichen Gegenstandes ist nur zulässig, wenn sie sich auf neue, in den früheren Entscheidungen nicht gewürdigte Gründe stützt. (E. d. StGH. v. 14. Juli 1921, § 48 StGHG.) Über die Verfassungsbeschwerde im allgemeinen BayZfR. 1920, 257; BGB. Z. 1927, 31.

4. StaatsgerichtshofG. v. 11. Juni 1920 (GVBl. 323), geändert durch G. v. 18. Sept. 1925 (GVBl. 245). §§ 1—20 und 42—48 sind hier einschlägig.

5. Nur bayer., nicht Reichsbehörden (§ 43 StGHG.). Nicht des Landtags. Gegen Entscheidungen des LT. gibt es keine Beschwerde zum StGH. (E. d. StGH. v. 2. Febr. 1921.) Die Behörde muß als solche, nicht etwa nur als Verwalterin eines staatl. Dienstgebäudes, oder sonstigen staatl. Vermögens dem Beschwerdeführer gegenüberstehen (E. d. StGH. v. 27. Juli 1921). Der StGH. kann auch nicht einen Erlaß oder eine Verfügung einer Behörde aufheben oder für rechtsunwirksam erklären, sondern muß sich darauf beschränken, festzustellen, daß durch eine bestimmte behördliche Tätigkeit eine Verfassungsbestimmung verletzt und ein Recht des Beschwerdeführers geschädigt wurde (E. d. StGH. v. 17. März 1926).

Gegen Entscheidungen von Reichsbehörden ist keine Beschwerde zulässig (§ 43 StGHG.).

6. Die Verfassungsbeschwerde muß ein bestimmtes subjektives Recht als verletzt bezeichnen. Eine Verletzung der Interessen der Allgemeinheit kann mit einer solchen Beschwerde nicht geltend gemacht werden (E. d. StGH. v. 23. Juli 1924).

Diese Beschwerde ist keine Popularklage. Sie kann nicht erhoben werden, um die Rechtsgültigkeit einer

Verordnung allgemein festzustellen, wenn diese nicht ein subjektives Recht unmittelbar berührt. Die Prüfung der Rechtsgültigkeit einer Verordnung kann nur als Zwischenpunkt in Frage kommen (E. d. StHG. v. 2. Febr. 1921). Dasselbe gilt für die Prüfung der Gültigkeit von Gesetzen.

Auch Verfügungen und Entscheidungen der Staatsregierung (und von Behörden, die auf Grund eines ihr vom Gesetz eingeräumten Ermessens ergehen, kann der StGH. nicht nachprüfen. Solche haben eine gesetzliche Unterlage und sind daher nicht verfassungswidrig, selbst wenn eine Behörde von ihrem Ermessen nicht den richtigen Gebrauch gemacht hat. Die Frage, ob den Behörden in einer Sache die Entscheidung nach freiem Ermessen zusteht, ist jedoch eine Rechtsfrage, über die der StGH. entscheiden kann (E. d. StGH. v. 27. Juli 1924).

7. „Dieser" Verfassung, also nur der bayer. VU. v. 14. Aug. 1919, nicht der RV. (E. d. StGH. v. 21. Febr. 1923). Der StGH. nimmt aber an, daß die Beschwerde auf die Verletzung von Bestimmungen gestützt werden kann, die sachlich übereinstimmend auch in der RV. enthalten sind. Bei der sachlichen Entsch. sollen dann die Bestimmungen der RV. zugrunde gelegt werden (E. d. StGH. v. 28. Febr. 1923). Die VU. gibt dann nur die formelle Zuständigkeitsmöglichkeit (N. 250). Anderer Ansicht Kr. BGVZ. 1923, 455 und der Verfasser BGVZ. 1927, 33. Die angeblich verletzte Bestimmung der VU. muß in der Beschwerde bezeichnet sein (E. d. StGH. v. 12. Mai 1921).

8. Der Beschwerdeführer muß „in seinem Recht unter Verletzung dieser Verfassung geschädigt" sein. Eine objektive Verletzung der Verfassung, von der der Beschwerdeführer persönlich nicht berührt wird, genügt nicht. Die Verletzung der bayer. VU. muß für die Rechtschädigung (= Rechtsverletzung, E. d. StGH. v. 17. März 1926) kausal sein. Das verletzte Recht muß in der VU. materiell (nicht nur formell) begründet sein. Auch hieraus ergibt sich die Unmöglichkeit, auf Verletzung materieller Bestimmungen der RV. eine Verfassungsbeschwerde zu begründen.

Die Schädigung kann eine Beeinträchtigung beliebiger Art sein, auch ideeller Art.

9. Der Nachweis, daß ohne Erfolg beim Min. um Abhilfe nachgesucht wurde, ist der Beschwerde beizugeben (E. d. StGH. v. 12. Mai 1921). Vgl. § 42 III StGHG. Wenn nach Einreichung des Abhilfegesuches 3 Monate verflossen sind, wird die Erfolglosigkeit vermutet. Das Abhilfeersuchen muß sich gegen die Anordnungen der Verwaltungsbehörden richten, welche den Gegenstand der VB. bilden. Die gesetzlichen Voraussetzungen der VB. müssen im Augenblick des Erlasses des Beschlusses des StGH. vorhanden sein. Wenn das Staatsmin. erst im Lauf der Behandlung der VB. von dem Beschwerdevorbringen Kenntnis erhalten hat, so hat es doch hiedurch Gelegenheit erhalten, die beanstandeten Anordnungen aufzuheben, wenn es sie nicht für gerechtfertigt hält. Wenn es dann der Beschwerde nicht abhilft, ist der Vorschrift genügt, daß erfolglos beim Min. um Abhilfe nachgesucht sein muß. Es steht auch in diesem Fall fest, daß der Beschwerdeführer sonst nicht zu seinem Rechte kommen kann (E. d. StGH. v. 17. März 1926).

10. Dieser Satz ist nicht so aufzufassen, als ob Verfassungsbeschwerden überall da zulässig wären, wo der Rechtsweg erschöpft ist, also auch gegenüber rechtskräftigen richterlichen Entscheidungen. Die Bestimmung hat (nach der Begr. zum StGHG.) nur die Bedeutung, daß der Rechtsweg erschöpft sein muß, ehe die Beschwerde dem StGH. vorgelegt wird. Dieser hat dann zu prüfen, ob über das Recht, dessen Verletzung behauptet wird, in der rechtskräftigen Entscheidung schon entschieden ist, oder ob für die Entscheidung der Frage der Verfassungsverletzung noch Raum ist. Der StGH. hat in ständiger Rechtsprechung dahin entschieden, daß gegenüber rechtskräftigen Entscheidungen der Zivil-, Straf-, Verwaltungs- und Disziplinargerichte keine Verfassungsbeschwerde mehr zulässig ist. Eine Abhilfe gegenüber solchen Entscheidungen ist nämlich gesetzlich ausgeschlossen, da Eingriffe in die Rechtspflege unzulässig sind. Dies gilt gegenüber Entscheidungen auf Grund des Reichs- und des Landesprozeßrechtes (a. A. Kr. § 93 Anm. 11 a).

11. Das zuständige Min. hat nach § 47 III StGHG. die Entscheidung des StGH. zu vollziehen, d. h. wenn eine Rechtsschädigung durch eine Verfassungsverletzung vom StGH. festgestellt worden ist, die Rechtschädigung zu beseitigen.

§ 94.

Alle Gesetze, welche vor dem 7. November 1918 in Bayern in Geltung standen, behalten ihre Gültigkeit,[1] sofern sie nicht mit Bestimmungen dieser Verfassung oder mit den durch das Übergangsgesetz vom 28. März 1919 (GVBl. Seite 119) bestätigten Anordnungen der provisorischen Regierung in Widerspruch stehen[2] oder in dem durch diese Verfassung geregelten Wege der Gesetzgebung aufgehoben oder abgeändert werden.[3] Die hiernach fortgeltenden Gesetze werden, auch wenn sie bisher Verfassungsgesetze waren, als einfache Gesetze behandelt.

RE. § 99; VA. I 301, 333, II 496, 508.

1. § 94 überbrückt die Bruchstelle zwischen dem alten und dem neuen Verfassungsrecht, indem er das alte Recht ausdrücklich als weiterbestehend erklärt, es in die neue Rechtsordnung rezipiert und hineinfügt. Soweit darin auf Bestimmungen der alten VU. Bezug genommen ist, sind diese durch die entsprechenden Vorschriften der neuen VU. ersetzt. An Stelle des Königs treten die Minister. V. v. 15. Nov. 1918 (GVBl. 1231). Mit den Gesetzen sind auch alle Verordnungen und alle Verfügungen der Verwaltung übernommen (mit der gleichen Einschränkung wie die Gesetze, s. Anm. 2), auch Staatsverträge. Nicht übernommen sind Gesetze (Verordnungen und Verwaltungsverfügungen), die

a) mit der neuen VU. (auch der RV. s. Art. 13) in Widerspruch stehen. Sie verschwinden von selbst mit dem Inkrafttreten der Verfassungen, soweit sie nicht schon vorher tatsächlich oder ausdrücklich, durch die vorläufigen Staatsgrundgesetze oder sonstige Anordnungen mit Gesetzeskraft beseitigt worden sind,

b) mit Anordnungen der provisorischen Regierung (alle Regierungen vor dem Inkrafttreten der Verfassung) einerlei, wie solche Anordnungen sich bezeichnen, nicht im Einklang stehen und demgemäß schon durch diese beseitigt sind. Übernommen sind aber nur solche Anordnungen, die durch das vom LT. erlassene ÜbergangsG. v. 28. März 1919 (GVBl. 119) legalisiert worden sind, zu denen also die Zustimmung des Volkes nachträglich erteilt worden ist. Dies geschah allerdings ohne Prüfung im Einzelnen. Denn das Verzeichnis der aufrechterhaltenen Verordnungen wurde, dem Übergangsgesetz entsprechend, dem LT. erst nachträglich vorgelegt, ohne daß er hiezu irgendwie Stellung nahm. Es ist am 18. Aug. 1919 (GVBl. 401) veröffentlicht worden. Anordnungen der preuß. Regierung, die in diesem Verzeichnis nicht aufgeführt sind, sind für die Zukunft beseitigt.

3. Selbstverständlich ist, daß die vorrevolutionäre Gesetzgebung und die provisorischen Anordnungen ihre Gültigkeit verlieren, wenn sie entsprechend der neuen VU. aufgehoben oder geändert worden sind. Eine allgemeine Veränderung in dieser Hinsicht bewirkt den Schlußsatz.

4. Hierunter fällt auch die VU. v. 26. Mai 1818, von der einzelne Bestimmungen des Religionsediktes (über den Simultangebrauch (§§ 90—103) noch weitergelten (§ 19 Anm. 5). Über das Konkordat v. 1817 s. VA. I 301. Die Zulässigkeit der Verwandlung der früheren Verfassungsgesetze in einfache Gesetze ergibt sich aus dem unbeschränkten Verfügungs- und Anordnungsrecht des verfassunggebenden Gesetzgebers, des LT.

§ 95.

Diese Verfassungsurkunde tritt am Tage ihrer Verkündigung [1] im Gesetz- und Verordnungs-Blatt in Kraft.

Vorstehende Verfassung ist am 12. August 1919[2] durch den Landtag beschlossen worden.

Bamberg, den 14. August 1919.

Im Namen des Landtages:
Franz Schmitt, Präsident.

Das Gesamtministerium:
Hoffmann. Dr. Ernst Müller.
Endres. Speck. Frauendorfer. Segitz. Freyberg.
Hamm. Schneppenhorst.

RE. — BA. II 497.

1. Die Verkündigung erfolgte am 15. Sept. 1919 (GVBl. 531), nachdem der ständige Ausschuß (des § 30 III, jetzt Zwischenausschuß genannt) in der Sitzung vom 1. Sept. 1919 auf Grund besonderer vom LT. am 14. Aug. 1919 erteilten Ermächtigung die endgültige Fassung bestimmt hatte, indem er noch einige Änderungen an Zitaten aus der RV. vornahm, die durch die inzwischen bekannt gewordene Artikulierung der RV. notwendig geworden waren, und indem er weiter die BU. in 5 unerheblichen Punkten an die RV. anpaßte.

2. Der 12. August ist der Tag des Beschlusses des LT., der 14. August der Tag der Ausfertigung nach § 62 I. Ausgegeben ist die Nr. 58 des GVBl., in dem die BU. abgedruckt ist, in München am 15. Sept. 1919. Die Legitimation des LT. zur Beschlußfassung beruht formell auf § 6 des vorl. StaatsgrundG. v. 17. März 1919. Über die Verkündung bestimmt dieses Gesetz nichts. Sie erfolgte daher in der Form des § 62 I BU.

III. Anlagen.

Anlage 1.

Die Verfassung des Deutschen Reichs.

Vom 11. August 1919.

Das Deutsche Volk, einig in seinen Stämmen und von dem Willen beseelt, sein Reich in Freiheit und Gerechtigkeit zu erneuen und zu festigen, dem inneren und dem äußeren Frieden zu dienen und den gesellschaftlichen Fortschritt zu fördern, hat sich diese Verfassung gegeben.

Erster Hauptteil
Aufbau und Aufgaben des Reichs

Erster Abschnitt
Reich und Länder

Art. 1. Das Deutsche Reich ist eine Republik.

Die Staatsgewalt geht vom Volke aus.

Art. 2. Das Reichsgebiet besteht aus den Gebieten der deutschen Länder. Andere Gebiete können durch Reichsgesetz in das Reich aufgenommen werden, wenn es ihre Bevölkerung kraft des Selbstbestimmungsrechts begehrt.

Art. 3. Die Reichsfarben sind schwarz-rot-gold. Die Handelsflagge ist schwarz-weiß-rot mit den Reichsfarben in der oberen inneren Ecke.

Art. 4. Die allgemein anerkannten Regeln des Völkerrechts gelten als bindende Bestandteile des deutschen Reichsrechts.

Art. 5. Die Staatsgewalt wird in Reichsangelegenheiten durch die Organe des Reichs auf Grund der Reichsverfassung, in Landesangelegenheiten durch die Organe der Länder auf Grund der Landesverfassungen ausgeübt.

Art. 6. Das Reich hat die ausschließliche Gesetzgebung über:

1. die Beziehungen zum Ausland;
2. das Kolonialwesen;
3. die Staatsangehörigkeit, die Freizügigkeit, die Ein- und Auswanderung und die Auslieferung;
4. die Wehrverfassung;
5. das Münzwesen;
6. das Zollwesen sowie die Einheit des Zoll- und Handelsgebiets und die Freizügigkeit des Warenverkehrs;
7. das Post- und Telegraphenwesen einschließlich des Fernsprechwesens.

Art. 7. Das Reich hat die Gesetzgebung über:

1. das bürgerliche Recht;
2. das Strafrecht;
3. das gerichtliche Verfahren einschließlich des Strafvollzugs sowie die Amtshilfe zwischen Behörden;
4. das Paßwesen und die Fremdenpolizei;
5. das Armenwesen und die Wandererfürsorge;
6. das Presse-, Vereins- und Versammlungswesen;
7. die Bevölkerungspolitik, die Mutterschafts-, Säuglings-, Kinder- und Jugendfürsorge;
8. das Gesundheitswesen, das Veterinärwesen und den Schutz der Pflanzen gegen Krankheiten und Schädlinge;
9. das Arbeitsrecht, die Versicherung und den Schutz der Arbeiter und Angestellten sowie den Arbeitsnachweis;
10. die Einrichtung beruflicher Vertretungen für das Reichsgebiet;
11. die Fürsorge für die Kriegsteilnehmer und ihre Hinterbliebenen;
12. das Enteignungsrecht;

13. die Vergesellschaftung von Naturschätzen und wirtschaftlichen Unternehmungen sowie die Erzeugung, Herstellung, Verteilung und Preisgestaltung wirtschaftlicher Güter für die Gemeinwirtschaft;
14. den Handel, das Maß- und Gewichtswesen, die Ausgabe von Papiergeld, das Bankwesen sowie das Börsenwesen;
15. den Verkehr mit Nahrungs- und Genußmitteln sowie mit Gegenständen des täglichen Bedarfs;
16. das Gewerbe und den Bergbau;
17. das Versicherungswesen;
18. die Seeschiffahrt, die Hochsee- und die Küstenfischerei;
19. die Eisenbahnen, die Binnenschiffahrt, den Verkehr mit Kraftfahrzeugen zu Lande, zu Wasser und in der Luft, sowie den Bau von Landstraßen, soweit es sich um den allgemeinen Verkehr und die Landesverteidigung handelt;
20. das Theater- und Lichtspielwesen.

Art. 8. Das Reich hat ferner die Gesetzgebung über die Abgaben und sonstigen Einnahmen, soweit sie ganz oder teilweise für seine Zwecke in Anspruch genommen werden. Nimmt das Reich Abgaben oder sonstige Einnahmen in Anspruch, die bisher den Ländern zustanden, so hat es auf die Erhaltung der Lebensfähigkeit der Länder Rücksicht zu nehmen.

Art. 9. Soweit ein Bedürfnis für den Erlaß einheitlicher Vorschriften vorhanden ist, hat das Reich die Gesetzgebung über:
1. die Wohlfahrtspflege;
2. den Schutz der öffentlichen Ordnung und Sicherheit.

Art. 10. Das Reich kann im Wege der Gesetzgebung Grundsätze aufstellen für:
1. die Rechte und Pflichten der Religionsgesellschaften;
2. das Schulwesen einschließlich des Hochschulwesens und das wissenschaftliche Büchereiwesen;
3. das Recht der Beamten aller öffentlichen Körperschaften;

4. das Bodenrecht, die Bodenverteilung, das Ansiedlungs- und Heimstättenwesen, die Bindung des Grundbesitzes, das Wohnungswesen und die Bevölkerungsverteilung;
5. das Bestattungswesen.

Art. 11. Das Reich kann im Wege der Gesetzgebung Grundsätze über die Zulässigkeit und Erhebungsart von Landesabgaben aufstellen, soweit sie erforderlich sind, um

1. Schädigung der Einnahmen oder der Handelsbeziehungen des Reichs,
2. Doppelbesteuerungen,
3. übermäßige oder verkehrshindernde Belastung der Benutzung öffentlicher Verkehrswege und Einrichtungen mit Gebühren,
4. steuerliche Benachteiligungen eingeführter Waren gegenüber den eigenen Erzeugnissen im Verkehre zwischen den einzelnen Ländern und Landesteilen oder
5. Ausfuhrprämien

auszuschließen oder wichtige Gesellschaftsinteressen zu wahren.

Art. 12. Solange und soweit das Reich von seinem Gesetzgebungsrechte keinen Gebrauch macht, behalten die Länder das Recht der Gesetzgebung. Dies gilt nicht für die ausschließliche Gesetzgebung des Reichs.

Gegen Landesgesetze, die sich auf Gegenstände des Artikel 7 Ziffer 13 beziehen, steht der Reichsregierung, sofern dadurch das Wohl der Gesamtheit im Reiche berührt wird, ein Einspruchsrecht zu.

Art. 13. Reichsrecht bricht Landrecht.

Bestehen Zweifel oder Meinungsverschiedenheiten darüber, ob eine landesrechtliche Vorschrift mit dem Reichsrecht vereinbar ist, so kann die zuständige Reichs- oder Landeszentralbehörde nach näherer Vorschrift eines Reichsgesetzes die Entscheidung eines obersten Gerichtshofs des Reichs anrufen.

Art. 14. Die Reichsgesetze werden durch die Landesbehörden ausgeführt, soweit nicht die Reichsgesetze etwas anderes bestimmen.

Art. 15. Die Reichsregierung übt die Aufsicht in den Angelegenheiten aus, in denen dem Reiche das Recht der Gesetzgebung zusteht.

Soweit die Reichsgesetze von den Landesbehörden auszuführen sind, kann die Reichsregierung allgemeine Anweisungen erlassen. Sie ist ermächtigt, zur Überwachung der Ausführung der Reichsgesetze zu den Landeszentralbehörden und mit ihrer Zustimmung zu den unteren Behörden Beauftragte zu entsenden.

Die Landesregierungen sind verpflichtet, auf Ersuchen der Reichsregierung Mängel, die bei der Ausführung der Reichsgesetze hervorgetreten sind, zu beseitigen. Bei Meinungsverschiedenheiten kann sowohl die Reichsregierung als die Landesregierung die Entscheidung des Staatsgerichtshofs anrufen, falls nicht durch Reichsgesetz ein anderes Gericht bestimmt ist.

Art. 16. Die mit der unmittelbaren Reichsverwaltung in den Ländern betrauten Beamten sollen in der Regel Landesangehörige sein. Die Beamten, Angestellten und Arbeiter der Reichsverwaltung sind auf ihren Wunsch in ihren Heimatgebieten zu verwenden, soweit dies möglich ist und nicht Rücksichten auf ihre Ausbildung oder Erfordernisse des Dienstes entgegenstehen.

Art. 17. Jedes Land muß eine freistaatliche Verfassung haben. Die Volksvertretung muß in allgemeiner, gleicher, unmittelbarer und geheimer Wahl von allen reichsdeutschen Männern und Frauen nach den Grundsätzen der Verhältniswahl gewählt werden. Die Landesregierung bedarf des Vertrauens der Volksvertretung.

Die Grundsätze für die Wahlen zur Volksvertretung gelten auch für die Gemeindewahlen. Jedoch kann durch Landesgesetz die Wahlberechtigung von der Dauer des Aufenthalts in der Gemeinde bis zu einem Jahre abhängig gemacht werden.

Art. 18. Die Gliederung des Reichs in Länder soll unter möglichster Berücksichtigung des Willens der beteiligten Bevölkerung der wirtschaftlichen und kulturellen Höchstleistung des Volkes dienen. Die Änderung des Gebiets von Ländern und die Neubildung von Ländern innerhalb des Reichs erfolgen durch verfassungsänderndes Reichsgesetz.

Stimmen die unmittelbar beteiligten Länder zu, so bedarf es nur eines einfachen Reichsgesetzes.

Ein einfaches Reichsgesetz genügt ferner, wenn eines der beteiligten Länder nicht zustimmt, die Gebietsänderung oder Neubildung aber durch den Willen der Bevölkerung gefordert wird und ein überwiegendes Reichsinteresse sie erheischt.

Der Wille der Bevölkerung ist durch Abstimmung festzustellen. Die Reichsregierung ordnet die Abstimmung an, wenn ein Drittel der zum Reichstag wahlberechtigten Einwohner des abzutrennenden Gebiets es verlangt.

Zum Beschluß einer Gebietsänderung oder Neubildung sind drei Fünftel der abgegebenen Stimmen, mindestens aber die Stimmenmehrheit der Wahlberechtigten erforderlich. Auch wenn es sich nur um Abtrennung eines Teiles eines preußischen Regierungsbezirkes, eines bayerischen Kreises oder in anderen Ländern eines entsprechenden Verwaltungsbezirkes handelt, ist der Wille der Bevölkerung des ganzen in Betracht kommenden Bezirkes festzustellen. Wenn ein räumlicher Zusammenhang des abzutrennenden Gebiets mit dem Gesamtbezirke nicht besteht, kann auf Grund eines besonderen Reichsgesetzes der Wille der Bevölkerung des abzutrennenden Gebiets als ausreichend erklärt werden.

Nach Feststellung der Zustimmung der Bevölkerung hat die Reichsregierung dem Reichstag ein entsprechendes Gesetz zur Beschlußfassung vorzulegen.

Entsteht bei der Vereinigung oder Abtrennung Streit über die Vermögensauseinandersetzung, so entscheidet hierüber auf Antrag einer Partei der Staatsgerichtshof für das Deutsche Reich.

Art. 19. Über Verfassungsstreitigkeiten innerhalb eines Landes, in dem kein Gericht zu ihrer Erledigung besteht, sowie über Streitigkeiten nichtprivatrechtlicher Art zwischen verschiedenen Ländern oder zwischen dem Reiche und einem Lande entscheidet auf Antrag eines der streitenden Teile der Staatsgerichtshof für das Deutsche Reich, soweit nicht ein anderer Gerichtshof des Reichs zuständig ist.

Der Reichspräsident vollstreckt das Urteil des Staatsgerichtshofs.

Zweiter Abschnitt
Der Reichstag

Art. 20. Der Reichstag besteht aus den Abgeordneten des deutschen Volkes.

Art. 21. Die Abgeordneten sind Vertreter des ganzen Volkes. Sie sind nur ihrem Gewissen unterworfen und an Aufträge nicht gebunden.

Art. 22. Die Abgeordneten werden in allgemeiner, gleicher, unmittelbarer und geheimer Wahl von den über zwanzig Jahre alten Männern und Frauen nach den Grundsätzen der Verhältniswahl gewählt. Der Wahltag muß ein Sonntag oder öffentlicher Ruhetag sein.

Das Nähere bestimmt das Reichswahlgesetz.

Art. 23. Der Reichstag wird auf vier Jahre gewählt. Spätestens am sechzigsten Tage nach ihrem Ablauf muß die Neuwahl stattfinden.

Der Reichstag tritt zum ersten Male spätestens am dreißigsten Tage nach der Wahl zusammen.

Art. 24. Der Reichstag tritt in jedem Jahre am ersten Mittwoch des November am Sitze der Reichsregierung zusammen. Der Präsident des Reichstags muß ihn früher berufen, wenn es der Reichspräsident oder mindestens ein Drittel der Reichstagsmitglieder verlangt.

Der Reichstag bestimmt den Schluß der Tagung und den Tag des Wiederzusammentritts.

Art. 25. Der Reichspräsident kann den Reichstag auflösen, jedoch nur einmal aus dem gleichen Anlaß.

Die Neuwahl findet spätestens am sechzigsten Tage nach der Auflösung statt.

Art. 26. Der Reichstag wählt seinen Präsidenten, dessen Stellvertreter und seine Schriftführer. Er gibt sich seine Geschäftsordnung.

Art. 27. Zwischen zwei Tagungen oder Wahlperioden führen Präsident und Stellvertreter der letzten Tagung ihre Geschäfte fort.

Art. 28. Der Präsident übt das Hausrecht und die Polizeigewalt im Reichstagsgebäude aus. Ihm untersteht die Hausverwaltung; er verfügt über die Einnahmen und Ausgaben des Hauses nach Maßgabe des Reichshaushalts und vertritt das Reich in allen Rechtsgeschäften und Rechtsstreitigkeiten seiner Verwaltung.

Art. 29. Der Reichstag verhandelt öffentlich. Auf Antrag von fünfzig Mitgliedern kann mit Zweidrittelmehrheit die Öffentlichkeit ausgeschlossen werden.

Art. 30. Wahrheitsgetreue Berichte über die Verlungen in den öffentlichen Sitzungen des Reichstags, eines Landtags oder ihrer Ausschüsse bleiben von jeder Verantwortlichkeit frei.

Art. 31. Bei dem Reichstag wird ein Wahlprüfungsgericht gebildet. Es entscheidet auch über die Frage, ob ein Abgeordneter die Mitgliedschaft verloren hat.

Das Wahlprüfungsgericht besteht aus Mitgliedern des Reichstags, die dieser für die Wahlperiode wählt, und aus Mitgliedern des Reichsverwaltungsgerichts, die der Reichspräsident auf Vorschlag des Präsidiums dieses Gerichts bestellt.

Das Wahlprüfungsgericht erkennt auf Grund öffentlicher mündlicher Verhandlung durch drei Mitglieder des Reichstags und zwei richterliche Mitglieder.

Außerhalb der Verhandlungen vor dem Wahlprüfungsgerichte wird das Verfahren von einem Reichsbeauftragten geführt, den der Reichspräsident ernennt. Im übrigen wird das Verfahren von dem Wahlprüfungsgerichte geregelt.

Art. 32. Zu einem Beschlusse des Reichstags ist einfache Stimmenmehrheit erforderlich, sofern die Verfassung kein anderes Stimmenverhältnis vorschreibt. Für die vom Reichstag vorzunehmenden Wahlen kann die Geschäftsordnung Ausnahmen zulassen.

Die Beschlußfähigkeit wird durch die Geschäftsordnung geregelt.

Art. 33. Der Reichstag und seine Ausschüsse können die Anwesenheit des Reichskanzlers und jedes Reichsministers verlangen.

Der Reichskanzler, die Reichsminister und die von ihnen bestellten Beauftragten haben zu den Sitzungen des Reichstags und seiner Ausschüsse Zutritt. Die Länder sind berechtigt, in diese Sitzungen Bevollmächtigte zu entsenden, die den Standpunkt ihrer Regierung zu dem Gegenstande der Verhandlung darlegen.

Auf ihr Verlangen müssen die Regierungsvertreter während der Beratung, die Vertreter der Reichsregierung auch außerhalb der Tagesordnung gehört werden. Sie unterstehen der Ordnungsgewalt des Vorsitzenden.

Art. 34. Der Reichstag hat das Recht und auf Antrag von einem Fünftel seiner Mitglieder die Pflicht, Untersuchungsausschüsse einzusetzen. Diese Ausschüsse erheben in öffentlicher Verhandlung die Beweise, die sie oder die Antragsteller für erforderlich erachten. Die Öffentlichkeit kann vom Untersuchungsausschuß mit Zweidrittelmehrheit ausgeschlossen werden. Die Geschäftsordnung regelt das Verfahren des Ausschusses und bestimmt die Zahl seiner Mitglieder.

Die Gerichte und Verwaltungsbehörden sind verpflichtet, dem Ersuchen dieser Ausschüsse um Beweiserhebungen Folge zu leisten; die Akten der Behörden sind ihnen auf Verlangen vorzulegen.

Auf die Erhebungen der Ausschüsse und der von ihnen ersuchten Behörden finden die Vorschriften der Strafprozeßordnung sinngemäße Anwendung, doch bleibt das Brief-, Post-, Telegraphen- und Fernsprechgeheimnis unberührt.

Art. 35. Der Reichstag bestellt einen ständigen Ausschuß für auswärtige Angelegenheiten, der auch außerhalb der Tagung des Reichstags und nach der Beendigung der Wahlperiode oder der Auflösung des Reichstags bis zum Zusammentritt des neuen Reichstags tätig werden kann. Die Sitzungen dieses Ausschusses sind nicht öffentlich, wenn nicht der Ausschuß mit Zweidrittelmehrheit die Öffentlichkeit beschließt.

Der Reichstag bestellt ferner zur Wahrung der Rechte der Volksvertretung gegenüber der Reichsregierung für die Zeit außerhalb der Tagung und nach Beendigung einer Wahlperiode oder Auflösung des Reichstags bis zum Zusammentritt des neuen Reichstags*) einen ständigen Ausschuß.

Diese Ausschüsse haben die Rechte von Untersuchungsausschüssen.

Art. 36. Kein Mitglied des Reichstags oder eines Landtags darf zu irgendeiner Zeit wegen seiner Abstimmung oder wegen der in Ausübung seines Berufs getanen Äußerungen gerichtlich oder dienstlich verfolgt oder sonst außerhalb der Versammlung zur Verantwortung gezogen werden.

Art. 37. Kein Mitglied des Reichstags oder eines Landtags kann ohne Genehmigung des Hauses, dem der Abgeordnete angehört, während der Sitzungsperiode wegen einer mit Strafe bedrohten Handlung zur Untersuchung gezogen oder verhaftet werden, es sei denn, daß das Mitglied bei Ausübung der Tat oder spätestens im Laufe des folgenden Tages festgenommen ist.

Die gleiche Genehmigung ist bei jeder anderen Beschränkung der persönlichen Freiheit erforderlich, die die Ausübung des Abgeordnetenberufs beeinträchtigt.

Jedes Strafverfahren gegen ein Mitglied des Reichstags oder eines Landtags und jede Haft oder sonstige Beschränkung seiner persönlichen Freiheit wird auf Verlangen des Hauses, dem der Abgeordnete angehört, für die Dauer der Sitzungsperiode aufgehoben.

Art. 38. Die Mitglieder des Reichstags und der Landtage sind berechtigt, über Personen, die ihnen in ihrer Eigenschaft als Abgeordneten Tatsachen anvertrauen, oder denen sie in Ausübung ihres Abgeordnetenberufs solche anvertraut haben, sowie über diese Tatsachen selbst das Zeugnis zu verweigern. Auch in Beziehung auf Beschlagnahme von Schriftstücken stehen sie den Personen gleich, die ein gesetzliches Zeugnisverweigerungsrecht haben.

---

*) RG. v. 15. Dez. 1923 (RGBl. I 1185).

Eine Durchsuchung oder Beschlagnahme darf in den Räumen des Reichstags oder eines Landtags nur mit Zustimmung des Präsidenten vorgenommen werden.

Art. 39. Beamte und Angehörige der Wehrmacht bedürfen zur Ausübung ihres Amtes als Mitglieder des Reichstags oder eines Landtags keines Urlaubs.

Bewerben sie sich um einen Sitz in diesen Körperschaften, so ist ihnen der zur Vorbereitung ihrer Wahl erforderliche Urlaub zu gewähren.

Art. 40. Die Mitglieder des Reichstags erhalten das Recht zur freien Fahrt auf allen deutschen Eisenbahnen sowie Entschädigung nach Maßgabe eines Reichsgesetzes.

Art. 40 a. Die Vorschriften der Art. 36, 37, 38 Abs. 1 und 39 Abs. 1 gelten für den Präsidenten des Reichstags, seine Stellvertreter und die ständigen und ersten stellvertretenden Mitglieder der im Art. 35 bezeichneten Ausschüsse auch für die Zeit zwischen zwei Tagungen (Sitzungsperioden) oder Wahlperioden des Reichstags.

Das gleiche gilt für den Präsidenten eines Landtags, seine Stellvertreter und die ständigen und ersten stellvertretenden Mitglieder von Ausschüssen eines Landtags, wenn sie nach der Landesverfassung außerhalb der Tagung (Sitzungsperiode) oder Wahlperiode tätig werden können.

Soweit Art. 37 eine Mitwirkung des Reichstags oder eines Landtags vorsieht, tritt der Ausschuß zur Wahrung der Rechte der Volksvertretung an die Stelle des Reichstags und, falls Ausschüsse des Landtags fortbestehen, der vom Landtag bestimmte Ausschuß an die Stelle des Landtags.

Die im Abs. 1 bezeichneten Personen haben zwischen zwei Wahlperioden die im Art. 40 bezeichneten Rechte.

Dritter Abschnitt

Der Reichspräsident und die Reichsregierung

Art. 41. Der Reichspräsident wird vom ganzen deutschen Volke gewählt.

Wählbar ist jeder Deutsche, der das fünfunddreißigste Lebensjahr vollendet hat.

Das Nähere bestimmt ein Reichsgesetz.

Art. 42. Der Reichspräsident leistet bei der Übernahme seines Amtes vor dem Reichstag folgenden Eid:

Ich schwöre, daß ich meine Kraft dem Wohle des deutschen Volkes widmen, seinen Nutzen mehren, Schaden von ihm wenden, die Verfassung und die Gesetze des Reichs wahren, meine Pflichten gewissenhaft erfüllen und Gerechtigkeit gegen jedermann üben werde.

Die Beifügung einer religiösen Beteuerung ist zulässig.

Art. 43. Das Amt des Reichspräsidenten dauert sieben Jahre. Wiederwahl ist zulässig.

Vor Ablauf der Frist kann der Reichspräsident auf Antrag des Reichstags durch Volksabstimmung abgesetzt werden. Der Beschluß des Reichstags erfordert Zweidrittelmehrheit. Durch den Beschluß ist der Reichspräsident an der ferneren Ausübung des Amtes verhindert. Die Ablehnung der Absetzung durch die Volksabstimmung gilt als neue Wahl und hat die Auflösung des Reichstags zur Folge.

Der Reichspräsident kann ohne Zustimmung des Reichstags nicht strafrechtlich verfolgt werden.

Art. 44. Der Reichspräsident kann nicht zugleich Mitglied des Reichstags sein.

Art. 45. Der Reichspräsident vertritt das Reich völkerrechtlich. Er schließt im Namen des Reichs Bündnisse und andere Verträge mit auswärtigen Mächten. Er beglaubigt und empfängt die Gesandten.

Kriegserklärung und Friedensschluß erfolgen durch Reichsgesetz.

Bündnisse und Verträge mit fremden Staaten, die sich auf Gegenstände der Reichsgesetzgebung beziehen, bedürfen der Zustimmung des Reichstags.

Art. 46. Der Reichspräsident ernennt und entläßt die Reichsbeamten und die Offiziere, soweit nicht durch Gesetz etwas anderes bestimmt ist. Er kann das Ernennungs- und Entlassungsrecht durch andere Behörden ausüben lassen.

Art. 47. Der Reichspräsident hat den Oberbefehl über die gesamte Wehrmacht des Reichs.

Art. 48. Wenn ein Land die ihm nach der Reichsverfassung oder den Reichsgesetzen obliegenden Pflichten nicht erfüllt, kann der Reichspräsident es dazu mit Hilfe der bewaffneten Macht anhalten.

Der Reichspräsident kann, wenn im Deutschen Reiche die öffentliche Sicherheit und Ordnung erheblich gestört oder gefährdet wird, die zur Wiederherstellung der öffentlichen Sicherheit und Ordnung nötigen Maßnahmen treffen, erforderlichenfalls mit Hilfe der bewaffneten Macht einschreiten. Zu diesem Zwecke darf er vorübergehend die in den Artikeln 114, 115, 117, 118, 123, 124 und 153 festgesetzten Grundrechte ganz oder zum Teil außer Kraft setzen.

Von allen gemäß Abs. 1 oder Abs. 2 dieses Artikels getroffenen Maßnahmen hat der Reichspräsident unverzüglich dem Reichstag Kenntnis zu geben. Die Maßnahmen sind auf Verlangen des Reichstags außer Kraft zu setzen.

Bei Gefahr im Verzuge kann die Landesregierung für ihr Gebiet einstweilige Maßnahmen der in Abs. 2 bezeichneten Art treffen. Die Maßnahmen sind auf Verlangen des Reichspräsidenten oder des Reichstags außer Kraft zu setzen.

Das Nähere bestimmt ein Reichsgesetz.

Art. 49. Der Reichspräsident übt für das Reich das Begnadigungsrecht aus.

Reichsamnestien bedürfen eines Reichsgesetzes.

Art. 50. Alle Anordnungen und Verfügungen des Reichspräsidenten, auch solche auf dem Gebiete der Wehrmacht, bedürfen zu ihrer Gültigkeit der Gegenzeichnung durch den Reichskanzler oder den zuständigen Reichsminister. Durch die Gegenzeichnung wird die Verantwortung übernommen.

Art. 51. Der Reichspräsident wird im Falle seiner Verhinderung zunächst durch den Reichskanzler vertreten. Dauert die Verhinderung voraussichtlich längere Zeit, so ist die Vertretung durch ein Reichsgesetz zu regeln.

Das gleiche gilt für den Fall einer vorzeitigen Erledigung der Präsidentschaft bis zur Durchführung der neuen Wahl.

Art. 52. Die Reichsregierung besteht aus dem Reichskanzler und den Reichsministern.

Art. 53. Der Reichskanzler und auf seinen Vorschlag die Reichsminister werden vom Reichspräsidenten ernannt und entlassen.

Art. 54. Der Reichskanzler und die Reichsminister bedürfen zu ihrer Amtsführung des Vertrauens des Reichstags. Jeder von ihnen muß zurücktreten, wenn ihm der Reichstag durch ausdrücklichen Beschluß sein Vertrauen entzieht.

Art. 55. Der Reichskanzler führt den Vorsitz in der Reichsregierung und leitet ihre Geschäfte nach einer Geschäftsordnung, die von der Reichsregierung beschlossen und vom Reichspräsidenten genehmigt wird.

Art. 56. Der Reichskanzler bestimmt die Richtlinien der Politik und trägt dafür gegenüber dem Reichstag die Verantwortung. Innerhalb dieser Richtlinien leitet jeder Reichsminister den ihm anvertrauten Geschäftszweig selbstständig und unter eigener Verantwortung gegenüber dem Reichstag.

Art. 57. Die Reichsminister haben der Reichsregierung alle Gesetzentwürfe, ferner Angelegenheiten, für welche Verfassung oder Gesetz dieses vorschreiben, sowie Meinungsverschiedenheiten über Fragen, die den Geschäftsbereich mehrerer Reichsminister berühren, zur Beratung und Beschlußfassung zu unterbreiten.

Art. 58. Die Reichsregierung faßt ihre Beschlüsse mit Stimmenmehrheit. Bei Stimmengleichheit entscheidet die Stimme des Vorsitzenden.

Art. 59. Der Reichstag ist berechtigt, den Reichspräsidenten, den Reichskanzler und die Reichsminister vor dem Staatsgerichtshof für das Deutsche Reich anzuklagen, daß sie schuldhafterweise die Reichsverfassung oder ein Reichsgesetz verletzt haben. Der Antrag auf Erhebung der Anklage muß von mindestens hundert

Mitgliedern des Reichstags unterzeichnet sein und bedarf der Zustimmung der für Verfassungsänderungen vorgeschriebenen Mehrheit. Das Nähere regelt das Reichsgesetz über den Staatsgerichtshof.

Vierter Abschnitt

Der Reichsrat

Art. 60. Zur Vertretung der deutschen Länder bei der Gesetzgebung und Verwaltung des Reichs wird ein Reichsrat gebildet.

Art. 61. Im Reichsrat hat jedes Land mindestens eine Stimme. Bei den größeren Ländern entfällt auf 700000 Einwohner eine Stimme. Ein Überschuß von mindestens 350000 Einwohnern wird 700000 gleichgerechnet. Kein Land darf durch mehr als zwei Fünftel aller Stimmen vertreten sein.

Deutschösterreich erhält nach seinem Anschluß an das Deutsche Reich das Recht der Teilnahme am Reichsrat mit der seiner Bevölkerung entsprechenden Stimmenzahl. Bis dahin haben die Vertreter Deutschösterreichs beratende Stimme.

Die Stimmenzahl wird durch den Reichsrat nach jeder allgemeinen Volkszählung neu festgesetzt.

Art. 62. In den Ausschüssen, die der Reichsrat aus seiner Mitte bildet, führt kein Land mehr als eine Stimme.

Art. 63. Die Länder werden im Reichsrat durch Mitglieder ihrer Regierungen vertreten. Jedoch wird die Hälfte der preußischen Stimmen nach Maßgabe eines Landesgesetzes von den preußischen Provinzialverwaltungen bestellt.

Die Länder sind berechtigt, so viele Vertreter in den Reichsrat zu entsenden, wie sie Stimmen führen.

Art. 64. Die Reichsregierung muß den Reichsrat auf Verlangen von einem Drittel seiner Mitglieder einberufen.

Art. 65. Den Vorsitz im Reichsrat und in seinen Ausschüssen führt ein Mitglied der Reichsregierung. Die Mitglieder der Reichsregierung haben das Recht und auf Verlangen die Pflicht, an den Verhandlungen des Reichsrats und seiner Ausschüsse teilzunehmen. Sie müssen während der Beratung auf Verlangen jederzeit gehört werden.

Art. 66. Die Reichsregierung sowie jedes Mitglied des Reichsrats sind befugt, im Reichsrat Anträge zu stellen.

Der Reichsrat regelt seinen Geschäftsgang durch eine Geschäftsordnung.

Die Vollsitzungen des Reichsrats sind öffentlich. Nach Maßgabe der Geschäftsordnung kann die Öffentlichkeit für einzelne Beratungsgegenstände ausgeschlossen werden.

Bei der Abstimmung entscheidet die einfache Mehrheit der Abstimmenden.

Art. 67. Der Reichsrat ist von den Reichsministerien über die Führung der Reichsgeschäfte auf dem Laufenden zu halten. Zu Beratungen über wichtige Gegenstände sollen von den Reichsministerien die zuständigen Ausschüsse des Reichsrats zugezogen werden.

Fünfter Abschnitt

Die Reichsgesetzgebung

Art. 68. Die Gesetzesvorlagen werden von der Reichsregierung oder aus der Mitte des Reichstags eingebracht.

Die Reichsgesetze werden vom Reichstag beschlossen.

Art. 69. Die Einbringung von Gesetzesvorlagen der Reichsregierung bedarf der Zustimmung des Reichsrats. Kommt eine Übereinstimmung zwischen der Reichsregierung und dem Reichsrat nicht zustande, so kann die Reichsregierung die Vorlage gleichwohl einbringen, hat aber hierbei die abweichende Auffassung des Reichsrats darzulegen.

Beschließt der Reichsrat eine Gesetzesvorlage, welcher die Reichsregierung nicht zustimmt, so hat diese die Vorlage unter Darlegung ihres Standpunkts beim Reichstag einzubringen.

Art. 70. Der Reichspräsident hat die verfassungsmäßig zustande gekommenen Gesetze auszufertigen und binnen Monatsfrist im Reichsgesetzblatt zu verkünden.

Art. 71. Reichsgesetze treten, soweit sie nichts anderes bestimmen, mit dem vierzehnten Tage nach Ablauf des Tages in Kraft, an dem das Reichs-Gesetzblatt in der Reichshauptstadt ausgegeben worden ist.

Art. 72. Die Verkündung eines Reichsgesetzes ist um zwei Monate auszusetzen, wenn es ein Drittel des Reichstags verlangt. Gesetze, die der Reichstag und der Reichsrat für dringlich erklären, kann der Reichspräsident ungeachtet dieses Verlangens verkünden.

Art. 73. Ein vom Reichstag beschlossenes Gesetz ist vor seiner Verkündung zum Volksentscheid zu bringen, wenn der Reichspräsident binnen eines Monats es bestimmt.

Ein Gesetz, dessen Verkündung auf Antrag von mindestens einem Drittel des Reichstags ausgesetzt ist, ist dem Volksentscheid zu unterbreiten, wenn ein Zwanzigstel der Stimmberechtigten es beantragt.

Ein Volksentscheid ist ferner herbeizuführen, wenn ein Zehntel der Stimmberechtigten das Begehren nach Vorlegung eines Gesetzentwurfs stellt. Dem Volksbegehren muß ein ausgearbeiteter Gesetzentwurf zugrunde liegen. Er ist von der Regierung unter Darlegung ihrer Stellungnahme dem Reichstag zu unterbreiten. Der Volksentscheid findet nicht statt, wenn der begehrte Gesetzentwurf im Reichstag unverändert angenommen worden ist.

Über den Haushaltsplan, über Abgabengesetze und Besoldungsordnungen kann nur der Reichspräsident einen Volksentscheid veranlassen.

Das Verfahren beim Volksentscheid und beim Volksbegehren regelt ein Reichsgesetz.

Art. 74. Gegen die vom Reichstag beschlossenen Gesetze steht dem Reichsrat der Einspruch zu.

Der Einspruch muß innerhalb zweier Wochen nach der Schlußabstimmung im Reichstag bei der Reichsregierung eingebracht und spätestens binnen zwei weiteren Wochen mit Gründen versehen werden.

Im Falle des Einspruchs wird das Gesetz dem Reichstag zur nochmaligen Beschlußfassung vorgelegt. Kommt hierbei keine Übereinstimmung zwischen Reichstag und Reichsrat zustande, so kann der Reichspräsident binnen drei Monaten über den Gegenstand der Meinungsverschiedenheit einen Volksentscheid anordnen. Macht der Präsident von diesem Rechte keinen Gebrauch, so gilt das Gesetz als nicht zustande gekommen. Hat der Reichstag mit Zweidrittelmehrheit entgegen dem Einspruch des Reichsrats beschlossen, so hat der Präsident das Gesetz binnen drei Monaten in der vom Reichstag beschlossenen Fassung zu verkünden oder einen Volksentscheid anzuordnen.

Art. 75. Durch den Volksentscheid kann ein Beschluß des Reichstags nur dann außer Kraft gesetzt werden, wenn sich die Mehrheit der Stimmberechtigten an der Abstimmung beteiligt.

Art. 76. Die Verfassung kann im Wege der Gesetzgebung geändert werden. Jedoch kommen Beschlüsse des Reichstags auf Abänderung der Verfassung nur zustande, wenn zwei Drittel der gesetzlichen Mitgliederzahl anwesend sind und wenigstens zwei Drittel der Anwesenden zustimmen. Auch Beschlüsse des Reichsrats auf Abänderung der Verfassung bedürfen einer Mehrheit von zwei Dritteln der abgegebenen Stimmen. Soll auf Volksbegehren durch Volksentscheid eine Verfassungsänderung beschlossen werden, so ist die Zustimmung der Mehrheit der Stimmberechtigten erforderlich.

Hat der Reichstag entgegen dem Einspruch des Reichsrats eine Verfassungsänderung beschlossen, so darf der Reichspräsident dieses Gesetz nicht verkünden, wenn der Reichsrat binnen zwei Wochen den Volksentscheid verlangt.

Art. 77. Die zur Ausführung der Reichsgesetze erforderlichen allgemeinen Verwaltungsvorschriften erläßt, soweit die Gesetze nichts anderes bestimmen, die Reichsregierung. Sie bedarf dazu der Zustimmung des Reichsrats, wenn die Ausführung der Reichsgesetze den Landesbehörden zusteht.

Sechster Abschnitt
Die Reichsverwaltung

Art. 78. Die Pflege der Beziehungen zu den auswärtigen Staaten ist ausschließlich Sache des Reichs.

In Angelegenheiten, deren Regelung der Landesgesetzgebung zusteht, können die Länder mit auswärtigen Staaten Verträge schließen; die Verträge bedürfen der Zustimmung des Reichs.

Vereinbarungen mit fremden Staaten über Veränderung der Reichsgrenzen werden nach Zustimmung des beteiligten Landes durch das Reich abgeschlossen. Die Grenzveränderungen dürfen nur auf Grund eines Reichsgesetzes erfolgen, soweit es sich nicht um bloße Berichtigung der Grenzen unbewohnter Gebietsteile handelt.

Um die Vertretung der Interessen zu gewährleisten, die sich für einzelne Länder aus ihren besonderen wirtschaftlichen Beziehungen oder ihrer benachbarten Lage zu auswärtigen Staaten ergeben, trifft das Reich im Einvernehmen mit den beteiligten Ländern die erforderlichen Einrichtungen und Maßnahmen.

Art. 79. Die Verteidigung des Reichs ist Reichssache. Die Wehrverfassung des deutschen Volkes wird unter Berücksichtigung der besonderen landsmannschaftlichen Eigenarten durch ein Reichsgesetz einheitlich geregelt.

Art. 80. Das Kolonialwesen ist ausschließlich Sache des Reichs.

Art. 81. Alle deutschen Kauffahrteischiffe bilden eine einheitliche Handelsflotte.

Art. 82. Deutschland bildet ein Zoll- und Handelsgebiet, umgeben von einer gemeinschaftlichen Zollgrenze.

Die Zollgrenze fällt mit der Grenze gegen das Ausland zusammen. An der See bildet das Gestade des Festlandes und der zum Reichsgebiet gehörigen Inseln die Zollgrenze. Für den Lauf der Zollgrenze an der See und an anderen Gewässern können Abweichungen bestimmt werden.

Fremde Staatsgebiete oder Gebietsteile können durch Staatsverträge oder Übereinkommen dem Zollgebiete angeschlossen werden.

Aus dem Zollgebiete können nach besonderem Erfordernis Teile ausgeschlossen werden. Für Freihäfen kann der Ausschluß nur durch ein verfassungsänderndes Gesetz aufgehoben werden.

Zollausschüsse können durch Staatsverträge oder Übereinkommen einem fremden Zollgebiet angeschlossen werden.

Alle Erzeugnisse der Natur sowie des Gewerbe- und Kunstfleißes, die sich im freien Verkehr des Reichs befinden, dürfen über die Grenze der Länder und Gemeinden ein-, aus- oder durchgeführt werden. Ausnahmen sind auf Grund eines Reichsgesetzes zulässig.

Art. 83. Die Zölle und Verbrauchssteuern werden durch Reichsbehörden verwaltet.

Bei der Verwaltung von Reichsabgaben durch Reichsbehörden sind Einrichtungen vorzusehen, die den Ländern die Wahrung besonderer Landesinteressen auf dem Gebiete der Landwirtschaft, des Handels, des Gewerbes und der Industrie ermöglichen.

Art. 84. Das Reich trifft durch Gesetz die Vorschriften über:

1. die Einrichtung der Abgabenverwaltung der Länder, soweit es die einheitliche und gleichmäßige Durchführung der Reichsabgabengesetze erfordert;
2. die Einrichtung und Befugnisse der mit der Beaufsichtigung der Ausführung der Reichsabgabengesetze betrauten Behörden;
3. die Abrechnung mit den Ländern;
4. die Vergütung der Verwaltungskosten bei Ausführung der Reichsabgabengesetze.

Art. 85. Alle Einnahmen und Ausgaben des Reichs müssen für jedes Rechnungsjahr veranschlagt und in den Haushaltsplan eingestellt werden.

Der Haushaltsplan wird vor Beginn des Rechnungsjahrs durch ein Gesetz festgestellt.

Die Ausgaben werden in der Regel für ein Jahr bewilligt; sie können in besonderen Fällen auch für eine längere Dauer bewilligt werden. Im übrigen sind Vorschriften im Reichshaushaltsgesetz unzulässig, die über das Rechnungsjahr hinausreichen oder sich nicht auf die Einnahmen und Ausgaben des Reichs oder ihre Verwaltung beziehen.

Der Reichstag kann im Entwurfe des Haushaltsplans ohne Zustimmung des Reichsrats Ausgaben nicht erhöhen oder neu einsetzen.

Die Zustimmung des Reichsrats kann gemäß den Vorschriften des Artikels 74 ersetzt werden.

Art. 86. Über die Verwendung aller Reichseinnahmen legt der Reichsfinanzminister in dem folgenden Rechnungsjahre zur Entlastung der Reichsregierung dem Reichsrat und dem Reichstag Rechnung. Die Rechnungsprüfung wird durch Reichsgesetz geregelt.

Art. 87. Im Wege des Kredits dürfen Geldmittel nur bei außerordentlichem Bedarf und in der Regel nur für Ausgaben zu werbenden Zwecken beschafft werden. Eine solche Beschaffung sowie die Übernahme einer Sicherheitsleistung zu Lasten des Reichs dürfen nur auf Grund eines Reichsgesetzes erfolgen.

Art. 88.*) Das Post- und Telegraphenwesen samt dem Fernsprechwesen ist ausschließlich Sache des Reichs.

Die Postwertzeichen sind für das ganze Reich einheitlich.

Die Reichsregierung erläßt mit Zustimmung des Reichsrats die Verordnungen, welche Grundsätze und Gebühren für die Benutzung der Verkehrseinrichtungen festsetzen. Sie kann diese Befugnis mit Zustimmung des Reichsrats auf den Reichspostminister übertragen.

Zur beratenden Mitwirkung in Angelegenheiten des Post-, Telegraphen- und Fernsprechverkehrs und der Tarife errichtet die Reichsregierung mit Zustimmung des Reichsrats einen Beirat.

Verträge über den Verkehr mit dem Ausland schließt allein das Reich.

Art. 89. Aufgabe des Reichs ist es, die dem allgemeinen Verkehre dienenden Eisenbahnen in sein Eigen-

---

*) Abs. III u. IV durch § 15 II RG. v. 18. März 1924 (RGBl. I 287) außer Kraft.

tum zu übernehmen und als einheitliche Verkehrsanstalt zu verwalten.

Die Rechte der Länder, Privateisenbahnen zu erwerben, sind auf Verlangen dem Reiche zu übertragen.

Art. 90. Mit dem Übergang der Eisenbahnen übernimmt das Reich die Enteignungsbefugnis und die staatlichen Hoheitsrechte, die sich auf das Eisenbahnwesen beziehen. Über den Umfang dieser Rechte entscheidet im Streitfall der Staatsgerichtshof.

Art. 91. Die Reichsregierung erläßt mit Zustimmung des Reichsrats die Verordnungen, die den Bau, den Betrieb und den Verkehr der Eisenbahnen regeln. Sie kann diese Befugnis mit Zustimmung des Reichsrats auf den zuständigen Reichsminister übertragen.

Art. 92. Die Reichseisenbahnen sind, ungeachtet der Eingliederung ihres Haushalts und ihrer Rechnung in den allgemeinen Haushalt und die allgemeine Rechnung des Reichs, als ein selbständiges wirtschaftliches Unternehmen zu verwalten, das seine Ausgaben einschließlich Verzinsung und Tilgung der Eisenbahnschuld selbst zu bestreiten und eine Eisenbahnrücklage anzusammeln hat. Die Höhe der Tilgung und der Rücklage sowie die Verwendungszwecke der Rücklage sind durch besonderes Gesetz zu regeln.

Art. 93. Zur beratenden Mitwirkung in Angelegenheiten des Eisenbahnverkehrs und der Tarife errichtet die Reichsregierung für die Reichseisenbahnen mit Zustimmung des Reichsrats Beiräte.

Art. 94. Hat das Reich die dem allgemeinen Verkehre dienenden Eisenbahnen eines bestimmten Gebiets in seine Verwaltung übernommen, so können innerhalb dieses Gebietes neue, dem allgemeinen Verkehre dienende Eisenbahnen nur vom Reiche oder mit seiner Zustimmung gebaut werden. Berührt der Bau neuer oder die Veränderung bestehender Reichseisenbahnanlagen den Geschäftsbereich der Landespolizei, so hat die Reichseisenbahnverwaltung vor der Entscheidung die Landesbehörden anzuhören.

Wo das Reich die Eisenbahnen noch nicht in seine Verwaltung übernommen hat, kann es für den allgemeinen Verkehr oder die Landesverteidigung als notwendig erachtete Eisenbahnen kraft Reichsgesetzes auch gegen den Widerspruch der Länder, deren Gebiet durchschnitten wird, jedoch unbeschadet der Landeshoheitsrechte, für eigene Rechnung anlegen oder den Bau einem anderen zur Ausführung überlassen, nötigenfalls unter Verleihung des Enteignungsrechts.

Jede Eisenbahnverwaltung muß sich den Anschluß anderer Bahnen auf deren Kosten gefallen lassen.

Art. 95. Eisenbahnen des allgemeinen Verkehrs, die nicht vom Reiche verwaltet werden, unterliegen der Beaufsichtigung durch das Reich.

Die der Reichsaufsicht unterliegenden Eisenbahnen sind nach den gleichen vom Reiche festgesetzten Grundsätzen anzulegen und auszurüsten. Sie sind in betriebssicherem Zustand zu erhalten und entsprechend den Anforderungen des Verkehrs auszubauen. Personen- und Güterverkehr sind in Übereinstimmung mit dem Bedürfnis zu bedienen und auszugestalten.

Bei der Beaufsichtigung des Tarifwesens ist auf gleichmäßige und niedrige Eisenbahntarife hinzuwirken.

Art. 96. Alle Eisenbahnen, auch die nicht dem allgemeinen Verkehre dienenden, haben den Anforderungen des Reichs auf Benutzung der Eisenbahnen zum Zwecke der Landesverteidigung Folge zu leisten.

Art. 97. Aufgabe des Reichs ist es, die dem allgemeinen Verkehre dienenden Wasserstraßen in sein Eigentum und seine Verwaltung zu übernehmen.

Nach der Übernahme können dem allgemeinen Verkehre dienende Wasserstraßen nur noch vom Reiche oder mit seiner Zustimmung angelegt oder ausgebaut werden.

Bei der Verwaltung, dem Ausbau oder dem Neubau von Wasserstraßen sind die Bedürfnisse der Landeskultur und der Wasserwirtschaft im Einvernehmen mit den Ländern zu wahren. Auch ist auf deren Förderung Rücksicht zu nehmen.

Jede Wasserstraßenverwaltung hat sich den Anschluß

anderer Binnenwasserstraßen auf Kosten der Unternehmer gefallen zu lassen. Die gleiche Verpflichtung besteht für die Herstellung einer Verbindung zwischen Binnenwasserstraßen und Eisenbahnen.

Mit dem Übergang der Wasserstraßen erhält das Reich die Enteignungsbefugnis, die Tarifhoheit sowie die Strom- und Schiffahrtspolizei.

Die Aufgaben der Strombauverbände in bezug auf den Ausbau natürlicher Wasserstraßen im Rhein-, Weser- und Elbgebiet sind auf das Reich zu übernehmen.

Art. 98. Zur Mitwirkung in Angelegenheiten der Wasserstraßen werden bei den Reichswasserstraßen nach näherer Anordnung der Reichsregierung unter Zustimmung des Reichsrats Beiräte gebildet.

Art. 99. Auf natürlichen Wasserstraßen dürfen Abgaben nur für solche Werke, Einrichtungen und sonstige Anstalten erhoben werden, die zur Erleichterung des Verkehrs bestimmt sind. Sie dürfen bei staatlichen und kommunalen Anstalten die zur Herstellung und Unterhaltung erforderlichen Kosten nicht übersteigen. Die Herstellungs- und Unterhaltungskosten für Anstalten, die nicht ausschließlich zur Erleichterung des Verkehrs, sondern auch zur Förderung anderer Zwecke bestimmt sind, dürfen nur zu einem verhältnismäßigen Anteil durch Schiffahrtsabgaben aufgebracht werden. Als Herstellungskosten gelten die Zinsen und Tilgungsbeträge für die aufgewandten Mittel.

Die Vorschriften des vorstehenden Absatzes finden Anwendung auf die Abgaben, die für künstliche Wasserstraßen sowie für Anstalten an solchen und in Häfen erhoben werden.

Im Bereiche der Binnenschiffahrt können für die Bemessung der Befahrungsabgaben die Gesamtkosten einer Wasserstraße, eines Stromgebiets oder eines Wasserstraßennetzes zugrunde gelegt werden.

Diese Bestimmungen gelten auch für die Flößerei auf schiffbaren Wasserstraßen.

Auf fremde Schiffe und deren Ladungen andere oder höhere Abgaben zu legen als auf deutsche Schiffe und deren Ladungen, steht nur dem Reiche zu.

Zur Beschaffung von Mitteln für die Unterhaltung und den Ausbau des deutschen Wasserstraßennetzes kann das Reich die Schiffahrtsbeteiligten auch auf andere Weise durch Gesetz zu Beiträgen heranziehen.

Art. 100. Zur Deckung der Kosten für Unterhaltung und Bau von Binnenschiffahrtswegen kann durch ein Reichsgesetz auch herangezogen werden, wer aus dem Bau von Talsperren in anderer Weise als durch Befahrung Nutzen zieht, sofern mehrere Länder beteiligt sind oder das Reich die Kosten der Anlage trägt.

Art. 101. Aufgabe des Reichs ist es, alle Seezeichen, insbesondere Leuchtfeuer, Feuerschiffe, Bojen, Tonnen und Baken in sein Eigentum und seine Verwaltung zu übernehmen. Nach der Übernahme können Seezeichen nur noch vom Reiche oder mit seiner Zustimmung hergestellt oder ausgebaut werden.

Siebenter Abschnitt

Die Rechtspflege

Art. 102. Die Richter sind unabhängig und nur dem Gesetz unterworfen.

Art. 103. Die ordentliche Gerichtsbarkeit wird durch das Reichsgericht und durch die Gerichte der Länder ausgeübt.

Art. 104. Die Richter der ordentlichen Gerichtsbarkeit werden auf Lebenszeit ernannt. Sie können wider ihren Willen nur kraft richterlicher Entscheidung und nur aus den Gründen und unter den Formen, welche die Gesetze bestimmen, dauernd oder zeitweise ihres Amtes enthoben oder an eine andere Stelle oder in den Ruhestand versetzt werden. Die Gesetzgebung kann Altersgrenzen festsetzen, bei deren Erreichung Richter in den Ruhestand treten.

Die vorläufige Amtsenthebung, die kraft Gesetzes eintritt, wird hierdurch nicht berührt.

Bei einer Veränderung in der Einrichtung der Gerichte oder ihrer Bezirke kann die Landesjustizverwaltung unfreiwillige Versetzungen an ein anderes Gericht oder

Entfernungen vom Amte, jedoch nur unter Belassung des vollen Gehalts, verfügen.

Auf Handelsrichter, Schöffen und Geschworene finden diese Bestimmungen keine Anwendung.

Art. 105. Ausnahmegerichte sind unstatthaft. Niemand darf seinem gesetzlichen Richter entzogen werden. Die gesetzlichen Bestimmungen über Kriegsgerichte und Standgerichte werden hiervon nicht berührt. Die militärischen Ehrengerichte sind aufgehoben.

Art. 106. Die Militärgerichtsbarkeit ist aufzuheben, außer für Kriegszeiten und an Bord der Kriegsschiffe. Das Nähere regelt ein Reichsgesetz.

Art. 107. Im Reiche und in den Ländern müssen nach Maßgabe der Gesetze Verwaltungsgerichte zum Schutze der einzelnen gegen Anordnungen und Verfügungen der Verwaltungsbehörden bestehen.

Art. 108. Nach Maßgabe eines Reichsgesetzes wird ein Staatsgerichtshof für das Deutsche Reich errichtet.

Zweiter Hauptteil

Grundrechte und Grundpflichten der Deutschen

Erster Abschnitt

Die Einzelperson

Art. 109. Alle Deutschen sind vor dem Gesetze gleich.

Männer und Frauen haben grundsätzlich dieselben staatsbürgerlichen Rechte und Pflichten.

Öffentlich-rechtliche Vorrechte oder Nachteile der Geburt oder des Standes sind aufzuheben. Adelsbezeichnungen gelten nur als Teil des Namens und dürfen nicht mehr verliehen werden.

Titel dürfen nur verliehen werden, wenn sie ein Amt oder einen Beruf bezeichnen; akademische Grade sind hierdurch nicht betroffen.

Orden und Ehrenzeichen dürfen vom Staat nicht verliehen werden.

Kein Deutscher darf von einer ausländischen Regierung Titel oder Orden annehmen.

Art. 110. Die Staatsangehörigkeit im Reich und in den Ländern wird nach den Bestimmungen eines Reichsgesetzes erworben und verloren. Jeder Angehörige eines Landes ist zugleich Reichsangehöriger.

Jeder Deutsche hat in jedem Lande des Reichs die gleichen Rechte und Pflichten wie die Angehörigen des Landes selbst.

Art. 111. Alle Deutschen genießen Freizügigkeit im ganzen Reiche. Jeder hat das Recht, sich an beliebigem Orte des Reichs aufzuhalten und niederzulassen, Grundstücke zu erwerben und jeden Nahrungszweig zu betreiben. Einschränkungen bedürfen eines Reichsgesetzes.

Art. 112. Jeder Deutsche ist berechtigt, nach außerdeutschen Ländern auszuwandern. Die Auswanderung kann nur durch Reichsgesetz beschränkt werden.

Dem Ausland gegenüber haben alle Reichsangehörigen inner- und außerhalb des Reichsgebiets Anspruch auf den Schutz des Reichs.

Kein Deutscher darf einer ausländischen Regierung zur Verfolgung oder Bestrafung überliefert werden.

Art. 113. Die fremdsprachigen Volksteile des Reichs dürfen durch die Gesetzgebung und Verwaltung nicht in ihrer freien, volkstümlichen Entwicklung, besonders nicht im Gebrauch ihrer Muttersprache beim Unterricht, sowie bei der inneren Verwaltung und der Rechtspflege beeinträchtigt werden.

Art. 114. Die Freiheit der Person ist unverletzlich. Eine Beeinträchtigung oder Entziehung der persönlichen Freiheit durch die öffentliche Gewalt ist nur auf Grund von Gesetzen zulässig.

Personen, denen die Freiheit entzogen wird, sind spätestens am darauffolgenden Tage in Kenntnis zu setzen, von welcher Behörde und aus welchen Gründen die Entziehung der Freiheit angeordnet worden ist; unverzüglich soll ihnen Gelegenheit gegeben werden, Einwendungen gegen ihre Freiheitsentziehung vorzubringen.

Art. 115. Die Wohnung jedes Deutschen ist für ihn eine Freistätte und unverletzlich. Ausnahmen sind nur auf Grund von Gesetzen zulässig.

Art. 116. Eine Handlung kann nur dann mit einer Strafe belegt werden, wenn die Strafbarkeit gesetzlich bestimmt war, bevor die Handlung begangen wurde.

Art. 117. Das Briefgeheimnis sowie das Post-, Telegraphen- und Fernsprechgeheimnis sind unverletzlich. Ausnahmen können nur durch Reichsgesetz zugelassen werden.

Art. 118. Jeder Deutsche hat das Recht, innerhalb der Schranken der allgemeinen Gesetze seine Meinung durch Wort, Schrift, Druck, Bild oder in sonstiger Weise frei zu äußern. An diesem Rechte darf ihn kein Arbeits- oder Anstellungsverhältnis hindern, und niemand darf ihn benachteiligen, wenn er von diesem Rechte Gebrauch macht.

Eine Zensur findet nicht statt, doch können für Lichtspiele durch Gesetz abweichende Bestimmungen getroffen werden. Auch sind zur Bekämpfung der Schund- und Schmutzliteratur sowie zum Schutze der Jugend bei öffentlichen Schaustellungen und Darbietungen gesetzliche Maßnahmen zulässig.

Zweiter Abschnitt

Das Gemeinschaftsleben

Art. 119. Die Ehe steht als Grundlage des Familienlebens und der Erhaltung und Vermehrung der Nation unter dem besonderen Schutz der Verfassung. Sie beruht auf der Gleichberechtigung der beiden Geschlechter.

Die Reinerhaltung, Gesundung und soziale Förderung der Familie ist Aufgabe des Staates und der Gemeinden. Kinderreiche Familien haben Anspruch auf ausgleichende Fürsorge.

Die Mutterschaft hat Anspruch auf den Schutz und die Fürsorge des Staats.

Art. 120. Die Erziehung des Nachwuchses zur leiblichen, seelischen und gesellschaftlichen Tüchtigkeit ist oberste Pflicht und natürliches Recht der Eltern, über deren Betätigung die staatliche Gemeinschaft wacht.

Art. 121. Den unehelichen Kindern sind durch die Gesetzgebung die gleichen Bedingungen für ihre leibliche, seelische und gesellschaftliche Entwicklung zu schaffen wie den ehelichen Kindern.

Art. 122. Die Jugend ist gegen Ausbeutung sowie gegen sittliche, geistige oder körperliche Verwahrlosung zu schützen. Staat und Gemeinde haben die erforderlichen Einrichtungen zu treffen.

Fürsorgemaßregeln im Wege des Zwanges können nur auf Grund des Gesetzes angeordnet werden.

Art. 123. Alle Deutschen haben das Recht, sich ohne Anmeldung oder besondere Erlaubnis friedlich und unbewaffnet zu versammeln.

Versammlungen unter freiem Himmel können durch Reichsgesetz anmeldepflichtig gemacht und bei unmittelbarer Gefahr für die öffentliche Sicherheit verboten werden.

Art. 124. Alle Deutschen haben das Recht, zu Zwecken, die den Strafgesetzen nicht zuwiderlaufen, Vereine oder Gesellschaften zu bilden. Dies Recht kann nicht durch Vorbeugungsmaßregeln beschränkt werden. Für religiöse Vereine und Gesellschaften gelten dieselben Bestimmungen.

Der Erwerb der Rechtsfähigkeit steht jedem Verein gemäß den Vorschriften des bürgerlichen Rechts frei. Er darf einem Vereine nicht aus dem Grunde versagt werden, daß er einen politischen, sozialpolitischen oder religiösen Zweck verfolgt.

Art. 125. Wahlfreiheit und Wahlgeheimnis sind gewährleistet. Das Nähere bestimmen die Wahlgesetze.

Art. 126. Jeder Deutsche hat das Recht, sich schriftlich mit Bitten oder Beschwerden an die zuständige Behörde oder an die Volksvertretung zu wenden. Dieses Recht kann sowohl von einzelnen als auch von mehreren gemeinsam ausgeübt werden.

Art. 127. Gemeinden und Gemeindeverbände haben das Recht der Selbstverwaltung innerhalb der Schranken der Gesetze.

Art. 128. Alle Staatsbürger ohne Unterschied sind nach Maßgabe der Gesetze und entsprechend ihrer Befähigung und ihren Leistungen zu den öffentlichen Ämtern zuzulassen.

Alle Ausnahmebestimmungen gegen weibliche Beamte werden beseitigt.

Die Grundlagen des Beamtenverhältnisses sind durch Reichsgesetz zu regeln.

Art. 129. Die Anstellung der Beamten erfolgt auf Lebenszeit, soweit nicht durch Gesetz etwas anderes bestimmt ist. Ruhegehalt und Hinterbliebenenversorgung werden gesetzlich geregelt. Die wohlerworbenen Rechte der Beamten sind unverletzlich. Für die vermögensrechtlichen Ansprüche der Beamten steht der Rechtsweg offen.

Die Beamten können nur unter den gesetzlich bestimmten Voraussetzungen und Formen vorläufig ihres Amtes enthoben, einstweilen oder endgültig in den Ruhestand oder in ein anderes Amt mit geringerem Gehalt versetzt werden.

Gegen jedes dienstliche Straferkenntnis muß ein Beschwerdeweg und die Möglichkeit eines Wiederaufnahmeverfahrens eröffnet sein. In die Nachweise über die Person des Beamten sind Eintragungen von ihm ungünstigen Tatsachen erst vorzunehmen, wenn dem Beamten Gelegenheit gegeben war, sich über sie zu äußern. Dem Beamten ist Einsicht in seine Personalnachweise zu gewähren.

Die Unverletzlichkeit der wohlerworbenen Rechte und die Offenhaltung des Rechtswegs für die vermögensrechtlichen Ansprüche werden besonders auch den Berufssoldaten gewährleistet. Im übrigen wird ihre Stellung durch Reichsgesetz geregelt.

Art. 130. Die Beamten sind Diener der Gesamtheit, nicht einer Partei.

Allen Beamten wird die Freiheit ihrer politischen Gesinnung und die Vereinigungsfreiheit gewährleistet.

Die Beamten erhalten nach näherer reichsgesetzlicher Bestimmung besondere Beamtenvertretungen.

Art. 131. Verletzt ein Beamter in Ausübung der ihm anvertrauten öffentlichen Gewalt die ihm einem Dritten gegenüber obliegende Amtspflicht, so trifft die Verantwortlichkeit grundsätzlich den Staat oder die Körperschaft, in deren Dienste der Beamte steht. Der Rückgriff gegen den Beamten bleibt vorbehalten. Der ordentliche Rechtsweg darf nicht ausgeschlossen werden.

Die nähere Regelung liegt der zuständigen Gesetzgebung ob.

Art. 132. Jeder Deutsche hat nach Maßgabe der Gesetze die Pflicht zur Übernahme ehrenamtlicher Tätigkeiten.

Art. 133. Alle Staatsbürger sind verpflichtet, nach Maßgabe der Gesetze persönliche Dienste für den Staat und die Gemeinde zu leisten.

Die Wehrpflicht richtet sich nach den Bestimmungen des Reichswehrgesetzes. Dieses bestimmt auch, wieweit für Angehörige der Wehrmacht zur Erfüllung ihrer Aufgaben und zur Erhaltung der Manneszucht einzelne Grundrecht einzuschränken sind.

Art. 134. Alle Staatsbürger ohne Unterschied tragen im Verhältnis ihrer Mittel zu allen öffentlichen Lasten nach Maßgabe der Gesetze bei.

Dritter Abschnitt

Religion und Religionsgesellschaften

Art. 135. Alle Bewohner des Reichs genießen volle Glaubens- und Gewissensfreiheit. Die ungestörte Religionsübung wird durch die Verfassung gewährleistet und steht unter staatlichem Schutz. Die allgemeinen Staatsgesetze bleiben hiervon unberührt.

Art. 136. Die bürgerlichen und staatsbürgerlichen Rechte und Pflichten werden durch die Ausübung der Religionsfreiheit weder bedingt noch beschränkt.

Der Genuß bürgerlicher und staatsbürgerlicher Rechte sowie die Zulassung zu öffentlichen Ämtern sind unabhängig von dem religiösen Bekenntnis.

Niemand ist verpflichtet, seine religiöse Überzeugung zu offenbaren. Die Behörden haben nur soweit das Recht, nach der Zugehörigkeit zu einer Religionsgesellschaft zu fragen, als davon Rechte und Pflichten abhängen oder eine gesetzlich angeordnete statistische Erhebung dies erfordert.

Niemand darf zu einer kirchlichen Handlung oder Feierlichkeit oder zur Teilnahme an religiösen Übungen oder zur Benutzung einer religiösen Eidesform gezwungen werden.

Art. 137. Es besteht keine Staatskirche.

Die Freiheit der Vereinigung zu Religionsgesellschaften wird gewährleistet. Der Zusammenschluß von Religionsgesellschaften innerhalb des Reichsgebiets unterliegt keinen Beschränkungen.

Jede Religionsgesellschaft ordnet und verwaltet ihre Angelegenheiten selbständig innerhalb der Schranken des für alle geltenden Gesetzes. Sie verleiht ihre Ämter ohne Mitwirkung des Staates oder der bürgerlichen Gemeinde.

Religionsgesellschaften erwerben die Rechtsfähigkeit nach den allgemeinen Vorschriften des bürgerlichen Rechtes.

Die Religionsgesellschaften bleiben Körperschaften des öffentlichen Rechtes, soweit sie solche bisher waren. Anderen Religionsgesellschaften sind auf ihren Antrag gleiche Rechte zu gewähren, wenn sie durch ihre Verfassung und die Zahl ihrer Mitglieder die Gewähr der Dauer bieten. Schließen sich mehrere derartige öffentlichrechtliche Religionsgesellschaften zu einem Verbande zusammen, so ist auch dieser Verband eine öffentlichrechtliche Körperschaft.

Die Religionsgesellschaften, welche Körperschaften des öffentlichen Rechtes sind, sind berechtigt, auf Grund der bürgerlichen Steuerlisten nach Maßgabe der landesrechtlichen Bestimmungen Steuern zu erheben.

Den Religionsgesellschaften werden die Vereinigungen gleichgestellt, die sich die gemeinschaftliche Pflege einer Weltanschauung zur Aufgabe machen.

Soweit die Durchführung dieser Bestimmungen eine weitere Regelung erfordert, liegt diese der Landesgesetzgebung ob.

Art. 138. Die auf Gesetz, Vertrag oder besonderen Rechtstiteln beruhenden Staatsleistungen an die Religionsgesellschaften werden durch die Landesgesetzgebung abgelöst. Die Grundsätze hierfür stellt das Reich auf.

Das Eigentum und andere Rechte der Religionsgesellschaften und religiösen Vereine an ihren für Kultus-, Unterrichts- und Wohltätigkeitszwecke bestimmten Anstalten, Stiftungen und sonstigen Vermögen werden gewährleistet.

Art. 139. Der Sonntag und die staatlich anerkannten Feiertage bleiben als Tage der Arbeitsruhe und der seelischen Erhebung gesetzlich geschützt.

Art. 140. Den Angehörigen der Wehrmacht ist die nötige freie Zeit zur Erfüllung ihrer religiösen Pflichten zu gewähren.

Art. 141. Soweit das Bedürfnis nach Gottesdienst und Seelsorge im Heer, in Krankenhäusern, Strafanstalten oder sonstigen öffentlichen Anstalten besteht, sind die Religionsgesellschaften zur Vornahme religiöser Handlungen zuzulassen, wobei jeder Zwang fernzuhalten ist.

Vierter Abschnitt

Bildung und Schule

Art. 142. Die Kunst, die Wissenschaft und ihre Lehre sind frei. Der Staat gewährt ihnen Schutz und nimmt an ihrer Pflege teil.

Art. 143. Für die Bildung der Jugend ist durch öffentliche Anstalten zu sorgen. Bei ihrer Einrichtung wirken Reich, Länder und Gemeinden zusammen.

Die Lehrerbildung ist nach den Grundsätzen, die für die höhere Bildung allgemein gelten, für das Reich einheitlich zu regeln.

Die Lehrer an öffentlichen Schulen haben die Rechte und Pflichten der Staatsbeamten.

Art. 144. Das gesamte Schulwesen steht unter der Aufsicht des Staates; er kann die Gemeinden daran beteiligen. Die Schulaufsicht wird durch hauptamtlich tätige, fachmännisch vorgebildete Beamte ausgeübt.

Art. 145. Es besteht allgemeine Schulpflicht. Ihrer Erfüllung dient grundsätzlich die Volksschule mit minbestens acht Schuljahren und die anschließende Fortbildungsschule bis zum vollendeten achtzehnten Lebensjahre. Der Unterricht und die Lernmittel in den Volksschulen und Fortbildungsschulen sind unentgeltlich.

Art. 146. Das öffentliche Schulwesen ist organisch auszugestalten. Auf einer für alle gemeinsamen Grundschule baut sich das mittlere und höhere Schulwesen auf. Für diesen Aufbau ist die Mannigfaltigkeit der Lebensberufe, für die Aufnahme eines Kindes in eine bestimmte Schule sind seine Anlage und Neigung, nicht die wirtschaftliche und gesellschaftliche Stellung oder das Religionsbekenntnis seiner Eltern maßgebend.

Innerhalb der Gemeinden sind indes auf Antrag von Erziehungsberechtigten Volksschulen ihres Bekenntnisses oder ihrer Weltanschauung einzurichten, soweit hierdurch ein geordneter Schulbetrieb, auch im Sinne des Abs. 1 nicht beeinträchtigt wird. Der Wille der Erziehungsberechtigten ist möglichst zu berücksichtigen. Das Nähere bestimmt die Landesgesetzgebung nach den Grundsätzen eines Reichsgesetzes.

Für den Zugang Minderbemittelter zu den mittleren und höheren Schulen sind durch Reich, Länder und Gemeinden öffentliche Mittel bereitzustellen, insbesondere Erziehungsbeihilfen für die Eltern von Kindern, die zur Ausbildung auf mittleren und höheren Schulen für geeignet erachtet werden, bis zur Beendigung der Ausbildung.

Art. 147. Private Schulen als Ersatz für öffentliche Schulen bedürfen der Genehmigung des Staates und unterstehen den Landesgesetzen. Die Genehmigung ist zu erteilen, wenn die Privatschulen in ihren Lehrzielen und Einrichtungen sowie in der wissenschaftlichen Ausbildung ihrer Lehrkräfte nicht hinter den öffentlichen Schulen zurückstehen und eine Sonderung der Schüler nach den Besitzverhältnissen der Eltern nicht gefördert wird. Die Genehmigung ist zu versagen, wenn die wirtschaftliche und rechtliche Stellung der Lehrkräfte nicht genügend gesichert ist.

Private Volksschulen sind nur zuzulassen, wenn für

eine Minderheit von Erziehungsberechtigten, deren Wille nach Artikel 146 Abs. 2 zu berücksichtigen ist, eine öffentliche Volksschule ihres Bekenntnisses oder ihrer Weltanschauung in der Gemeinde nicht besteht oder die Unterrichtsverwaltung ein besonderes pädagogisches Interesse anerkennt.

Private Vorschulen sind aufzuheben.

Für private Schulen, die nicht als Ersatz für öffentliche Schulen dienen, verbleibt es bei dem geltenden Recht.

Art. 148. In allen Schulen ist sittliche Bildung, staatsbürgerliche Gesinnung, persönliche und berufliche Tüchtigkeit im Geiste des deutschen Volkstums und der Völkerversöhnung zu erstreben.

Beim Unterricht in öffentlichen Schulen ist Bedacht zu nehmen, daß die Empfindungen Andersdenkender nicht verletzt werden.

Staatsbürgerkunde und Arbeitsunterricht sind Lehrfächer der Schulen. Jeder Schüler erhält bei Beendigung der Schulpflicht einen Abdruck der Verfassung.

Das Volksbildungswesen, einschließlich der Volkshochschulen, soll von Reich, Ländern und Gemeinden gefördert werden.

Art. 149. Der Religionsunterricht ist ordentliches Lehrfach der Schulen mit Ausnahme der bekenntnisfreien (weltlichen) Schulen. Seine Erteilung wird im Rahmen der Schulgesetzgebung geregelt. Der Religionsunterricht wird in Übereinstimmung mit den Grundsätzen der betreffenden Religionsgesellschaft unbeschadet des Aufsichtsrechts des Staates erteilt.

Die Erteilung religiösen Unterrichts und die Vornahme kirchlicher Verrichtungen bleibt der Willenserklärung der Lehrer, die Teilnahme an religiösen Unterrichtsfächern und an kirchlichen Feiern und Handlungen der Willenserklärung desjenigen überlassen, der über die religiöse Erziehung des Kindes zu bestimmen hat.

Die theologischen Fakultäten an den Hochschulen bleiben erhalten.

Art. 150. Die Denkmäler der Kunst, der Geschichte und der Natur sowie die Landschaft genießen den Schutz und die Pflege des Staates.

Es ist Sache des Reichs, die Abwanderung deutschen Kunstbesitzes in das Ausland zu verhüten.

Fünfter Abschnitt

Das Wirtschaftsleben

Art. 151. Die Ordnung des Wirtschaftslebens muß den Grundsätzen der Gerechtigkeit mit dem Ziele der Gewährleistung eines menschenwürdigen Daseins für alle entsprechen. In diesen Grenzen ist die wirtschaftliche Freiheit des Einzelnen zu sichern.

Gesetzlicher Zwang ist nur zulässig zur Verwirklichung bedrohter Rechte oder im Dienst überragender Forderungen des Gemeinwohls.

Die Freiheit des Handels und Gewerbes wird nach Maßgabe der Reichsgesetze gewährleistet.

Art. 152. Im Wirtschaftsverkehr gilt Vertragsfreiheit nach Maßgabe der Gesetze.

Wucher ist verboten. Rechtsgeschäfte, die gegen die guten Sitten verstoßen, sind nichtig.

Art. 153. Das Eigentum wird von der Verfassung gewährleistet. Sein Inhalt und seine Schranken ergeben sich aus den Gesetzen.

Eine Enteignung kann nur zum Wohle der Allgemeinheit und auf gesetzlicher Grundlage vorgenommen werden. Sie erfolgt gegen angemessene Entschädigung, soweit nicht ein Reichsgesetz etwas anderes bestimmt. Wegen der Höhe der Entschädigung ist im Streitfalle der Rechtsweg bei den ordentlichen Gerichten offen zu halten, soweit Reichsgesetze nichts anderes bestimmen. Enteignung durch das Reich gegenüber Ländern, Gemeinden und gemeinnützigen Verbänden kann nur gegen Entschädigung erfolgen.

Eigentum verpflichtet. Sein Gebrauch soll zugleich Dienst sein für das Gemeine Beste.

Art. 154. Das Erbrecht wird nach Maßgabe des bürgerlichen Rechtes gewährleistet.

Der Anteil des Staates am Erbgut bestimmt sich nach den Gesetzen.

Art. 155. Die Verteilung und Nutzung des Bodens wird von Staats wegen in einer Weise überwacht, die Mißbrauch verhütet und dem Ziele zustrebt, jedem Deutschen eine gesunde Wohnung und allen deutschen Familien, besonders den kinderreichen, eine ihren Bedürfnissen entsprechende Wohn- und Wirtschaftsheimstätte zu sichern. Kriegsteilnehmer sind bei dem zu schaffenden Heimstättenrecht besonders zu berücksichtigen.

Grundbesitz, dessen Erwerb zur Befriedigung des Wohnungsbedürfnisses, zur Förderung der Siedlung und Urbarmachung oder zur Hebung der Landwirtschaft nötig ist, kann enteignet werden. Die Fideikommisse sind aufzulösen.

Die Bearbeitung und Ausnutzung des Bodens ist eine Pflicht des Grundbesitzers gegenüber der Gemeinschaft. Die Wertsteigerung des Bodens, die ohne eine Arbeits- oder Kapitalaufwendung auf das Grundstück entsteht, ist für die Gesamtheit nutzbar zu machen.

Alle Bodenschätze und alle wirtschaftlich nutzbaren Naturkräfte stehen unter Aufsicht des Staates. Private Regale sind im Wege der Gesetzgebung auf den Staat zu überführen.

Art. 156. Das Reich kann durch Gesetz, unbeschadet der Entschädigung, in sinngemäßer Anwendung der für Enteignung geltenden Bestimmungen, für die Vergesellschaftung geeignete private wirtschaftliche Unternehmungen in Gemeineigentum überführen. Es kann sich selbst, die Länder oder die Gemeinden an der Verwaltung wirtschaftlicher Unternehmungen und Verbände beteiligen oder sich daran in anderer Weise einen bestimmenden Einfluß sichern.

Das Reich kann ferner im Falle dringenden Bedürfnisses zum Zwecke der Gemeinwirtschaft durch Gesetz wirtschaftliche Unternehmungen und Verbände auf der Grundlage der Selbstverwaltung zusammenschließen mit dem Ziele, die Mitwirkung aller schaffenden Volksteile zu sichern, Arbeitgeber und Arbeitnehmer an der Verwaltung zu beteiligen und Erzeugung, Herstellung, Verteilung, Verwendung, Preisgestaltung sowie Ein- und Ausfuhr der Wirtschaftsgüter nach gemeinschaftlichen Grundsätzen zu regeln.

Die Erwerbs- und Wirtschaftsgenossenschaften und deren Vereinigungen sind auf ihr Verlangen unter Berücksichtigung ihrer Verfassung und Eigenart in die Gemeinwirtschaft einzugliedern.

Art. 157. Die Arbeitskraft steht unter dem besonderen Schutz des Reichs.

Das Reich schafft ein einheitliches Arbeitsrecht.

Art. 158. Die geistige Arbeit, das Recht der Urheber, der Erfinder und der Künstler, genießt den Schutz und die Fürsorge des Reichs.

Den Schöpfungen deutscher Wissenschaft, Kunst und Technik ist durch zwischenstaatliche Vereinbarung auch im Ausland Geltung und Schutz zu verschaffen.

Art. 159. Die Vereinigungsfreiheit zur Wahrung und Förderung der Arbeits- und Wirtschaftsbedingungen ist für jedermann und für alle Berufe gewährleistet. Alle Abreden und Maßnahmen, welche diese Freiheit einzuschränken oder zu behindern suchen, sind rechtswidrig.

Art. 160. Wer in einem Dienst- oder Arbeitsverhältnis als Angestellter oder Arbeiter steht, hat das Recht auf die zur Wahrnehmung staatsbürgerlicher Rechte und, soweit dadurch der Betrieb nicht erheblich geschädigt wird, zur Ausübung ihm übertragener öffentlicher Ehrenämter nötige freie Zeit. Wieweit ihm der Anspruch auf Vergütung erhalten bleibt, bestimmt das Gesetz.

Art. 161. Zur Erhaltung der Gesundheit und Arbeitsfähigkeit, zum Schutz der Mutterschaft und zur Vorsorge gegen die wirtschaftlichen Folgen von Alter, Schwäche und Wechselfällen des Lebens schafft das Reich ein umfassendes Versicherungswesen unter maßgebender Mitwirkung der Versicherten.

Art. 162. Das Reich tritt für eine zwischenstaatliche Regelung der Rechtsverhältnisse der Arbeiter ein, die für die gesamte arbeitende Klasse der Menschheit ein allgemeines Mindestmaß der sozialen Rechte erstrebt.

Art. 163. Jeder Deutsche hat unbeschadet seiner persönlichen Freiheit die sittliche Pflicht, seine geistigen und körperlichen Kräfte so zu betätigen, wie es das Wohl der Gesamtheit erfordert.

Jedem Deutschen soll die Möglichkeit gegeben werden, durch wirtschaftliche Arbeit seinen Unterhalt zu erwerben. Soweit ihm angemessene Arbeitsgelegenheit nicht nachgewiesen werden kann, wird für seinen notwendigen Unterhalt gesorgt. Das Nähere wird durch besondere Reichsgesetze bestimmt.

Art. 164. Der selbständige Mittelstand in Landwirtschaft, Gewerbe und Handel ist in Gesetzgebung und Verwaltung zu fördern und gegen Überlastung und Aufsaugung zu schützen.

Art. 165. Die Arbeiter und Angestellten sind dazu berufen, gleichberechtigt in Gemeinschaft mit den Unternehmern an der Regelung der Lohn- und Arbeitsbedingungen sowie an der gesamten wirtschaftlichen Entwicklung der produktiven Kräfte mitzuwirken. Die beiderseitigen Organisationen und ihre Vereinbarungen werden anerkannt.

Die Arbeiter und Angestellten erhalten zur Wahrnehmung ihrer sozialen und wirtschaftlichen Interessen gesetzliche Vertretungen in Betriebsarbeiterräten sowie in nach Wirtschaftsgebieten gegliederten Bezirksarbeiterräten und in einem Reichsarbeiterrat.

Die Bezirksarbeiterräte und der Reichsarbeiterrat treten zur Erfüllung der gesamten wirtschaftlichen Aufgaben und zur Mitwirkung bei der Ausführung der Sozialisierungsgesetze mit den Vertretungen der Unternehmer und sonst beteiligter Volkskreise zu Bezirkswirtschaftsräten und zu einem Reichswirtschaftsrat zusammen. Die Bezirkswirtschaftsräte und der Reichswirtschaftsrat sind so zu gestalten, daß alle wichtigen Berufsgruppen entsprechend ihrer wirtschaftlichen und sozialen Bedeutung darin vertreten sind.

Sozialpolitische und wirtschaftspolitische Gesetzentwürfe von grundlegender Bedeutung sollen von der Reichsregierung vor ihrer Einbringung dem Reichswirtschaftsrat zur Begutachtung vorgelegt werden. Der Reichswirtschaftsrat hat das Recht, selbst solche Gesetzesvorlagen zu beantragen. Stimmt ihnen die Reichsregierung nicht zu, so hat sie trotzdem die Vorlage unter Darlegung ihres Standpunkts beim Reichstag einzubringen. Der Reichswirtschaftsrat kann die Vorlage durch eines seiner Mitglieder vor dem Reichstag vertreten lassen.

Den Arbeiter- und Wirtschaftsräten können auf den ihnen überwiesenen Gebieten Kontroll- und Verwaltungsbefugnisse übertragen werden.

Aufbau und Aufgabe der Arbeiter- und Wirtschaftsräte sowie ihr Verhältnis zu anderen sozialen Selbstverwaltungskörpern zu regeln, ist ausschließlich Sache des Reichs.

Übergangs- und Schlußbestimmungen.

Art. 166. Bis zur Errichtung des Reichsverwaltungsgerichts tritt an seine Stelle für die Bildung des Wahlprüfungsgerichts das Reichsgericht.

Art. 167.*) Die Bestimmungen des Artikels 18 Abs. 3 bis 6 treten erst zwei Jahre nach Verkündung der Reichsverfassung in Kraft.

Art. 168. Bis zum Erlaß des im Artikel 63 vorgesehenen Landesgesetzes, aber höchstens bis zum 1. Juli 1921 können die sämtlichen preußischen Stimmen im Reichsrat von Mitgliedern der Regierung abgegeben werden.

Art. 169. Der Zeitpunkt des Inkrafttretens der Bestimmung im Artikel 83 Abs. 1 wird durch die Reichsregierung festgesetzt.

---

*) Abs. II u. III über Oberschlesien (RG. v. 27. Nov. 1920, RGBl. 1987) gegenstandslos.

Für eine angemessene Übergangszeit kann die Erhebung und Verwaltung der Zölle und Verbrauchssteuern den Ländern auf ihren Wunsch belassen werden.

Art. 170. Die Post- und Telegraphenverwaltungen Bayerns und Württembergs gehen spätestens am 1. April 1921 auf das Reich über.

Soweit bis zum 1. Oktober 1920 noch keine Verständigung über die Bedingungen der Übernahme erzielt ist, entscheidet der Staatsgerichtshof.

Bis zur Übernahme bleiben die bisherigen Rechte und Pflichten Bayerns und Württembergs in Kraft. Der Post- und Telegraphenverkehr mit den Nachbarstaaten des Auslandes wird jedoch ausschließlich vom Reiche geregelt.

Art. 171. Die Staatseisenbahnen, Wasserstraßen und Seezeichen gehen spätestens am 1. April 1921 auf das Reich über.

Soweit bis zum 1. Oktober 1920 noch keine Verständigung über die Bedingungen der Übernahme erzielt ist, entscheidet der Staatsgerichtshof.

Art. 172. Bis zum Inkrafttreten des Reichsgesetzes über den Staatsgerichtshof übt seine Befugnisse ein Senat von sieben Mitgliedern aus, wovon der Reichstag vier und das Reichsgericht aus seiner Mitte drei wählt. Sein Verfahren regelt er selbst.

Art. 173. Bis zum Erlaß eines Reichsgesetzes gemäß Artikel 138 bleiben die bisherigen auf Gesetz, Vertrag oder besonderen Rechtstiteln beruhenden Staatsleistungen an die Religionsgesellschaften bestehen.

Art. 174. Bis zum Erlaß des in Artikel 146 Abs. 2 vorgesehenen Reichsgesetzes bleibt es bei der bestehenden Rechtslage. Das Gesetz hat Gebiete des Reichs, in denen eine nach Bekenntnissen nicht getrennte Schule gesetzlich besteht, besonders zu berücksichtigen.

Art. 175. Die Bestimmung des Artikel 109 findet keine Anwendung auf Orden und Ehrenzeichen, die für Verdienste in den Kriegsjahren 1914—1919 verliehen werden sollen.

Art. 176. Alle öffentlichen Beamten und Angehörigen der Wehrmacht sind auf diese Verfassung zu vereidigen. Das Nähere wird durch Verordnung des Reichspräsidenten bestimmt.

Art. 177. Wo in den bestehenden Gesetzen die Eidesleistung unter Benutzung einer religiösen Eidesform vorgesehen ist, kann die Eidesleistung rechtswirksam auch in der Weise erfolgen, daß der Schwörende unter Weglassung der religiösen Eidesform erklärt: „ich schwöre". Im übrigen bleibt der in den Gesetzen vorgesehene Inhalt des Eides unberührt.

Art. 178. Die Verfassung des Deutschen Reichs vom 16. April 1871 und das Gesetz über die vorläufige Reichsgewalt vom 10. Februar 1919 sind aufgehoben.

Die übrigen Gesetze und Verordnungen des Reichs bleiben in Kraft, soweit ihnen diese Verfassung nicht entgegensteht. Die Bestimmungen des am 28. Juni 1919 in Versailles unterzeichneten Friedensvertrags werden durch die Verfassung nicht berührt.*)

Anordnungen der Behörden, die auf Grund bisheriger Gesetze in rechtsgültiger Weise getroffen waren, behalten ihre Gültigkeit bis zur Aufhebung im Wege anderweiter Anordnung oder Gesetzgebung.

Art. 179. Soweit in Gesetzen oder Verordnungen auf Vorschriften und Einrichtungen verwiesen ist, die durch diese Verfassung aufgehoben sind, treten an ihre Stelle die entsprechenden Vorschriften und Einrichtungen dieser Verfassung. Insbesondere treten an die Stelle der Nationalversammlung der Reichstag, an die Stelle des Staatenausschusses der Reichsrat, an die Stelle des auf Grund des Gesetzes über die vorläufige Reichsgewalt gewählten Reichspräsidenten der auf Grund dieser Verfassung gewählte Reichspräsident.

Die nach den bisherigen Vorschriften dem Staatenausschuß zustehende Befugnis zum Erlaß von Verordnungen geht auf die Reichsregierung über; sie bedarf

---

*) Zusatz zu Abs. II für Helgoland RG. v. 6. Aug. 1920 (RGBl. 1566).

zum Erlaß der Verordnungen der Zustimmung des Reichsrats nach Maßgabe dieser Verfassung.

Art. 180. Bis zum Zusammentritt des ersten Reichstags gilt die Nationalversammlung als Reichstag. Der von der Nationalversammlung gewählte Reichspräsident führt sein Amt bis zum 30. Juni 1925.

Art. 181. Das Deutsche Volk hat durch seine Nationalversammlung diese Verfassung beschlossen und verabschiedet. Sie tritt mit dem Tage ihrer Verkündung in Kraft.

Anlage 2.

Gesetz vom 11. Juni 1920 über den Staatsgerichtshof.

I. Einrichtung.

§ 1.

Der Staatsgerichtshof wird bei dem Obersten Landesgerichte [1] gebildet.

1. Dessen Präsident ist nach § 70 II VU. ohnehin Vorsitzender. Auch der StGH. von 1850 war diesem Gerichte angegliedert.

II. Zuständigkeit.

§ 2.

Der Staatsgerichtshof [1] ist zuständig zur Entscheidung

1. über Anklagen des Landtags gegen Minister (§ 56 Abs. I der Verfassungsurkunde),

1a. über Anklagen des Landtags gegen Abgeordnete (§ 41 Abs. III bis VI der Verfassungsurkunde).[2]

2. über die Verfassungsbeschwerden (§ 93 der Verfassungsurkunde),

3. über Verfassungsstreitigkeiten zwischen Landtag und Regierung[3] (§ 70 Abs. I der Verfassungsurkunde, Art. 19 Abs. I der Reichsverfassung).

1. Zusammensetzung im einzelnen Fall siehe § 3.

2. Ziff. 1a ist durch Gesetz v. 18. Sept. 1925 (GVBl. 245) eingefügt.

3. Andere Verfassungsstreitigkeiten können nicht vor den StGH. kommen. S. § 70 VU. Anm. 4.

III. Zusammensetzung.

§ 3.

Der Staatsgerichtshof[1] setzt sich zusammen:

1. in den Fällen des § 2 Nr. 1 aus dem Präsidenten des Obersten Landesgerichts, acht Richtern, von denen drei dem Verwaltungsgerichtshof angehören müssen, sowie zehn vom Landtage gewählten Mitgliedern (§ 70 Abs. II der Verfassungsurkunde),
2. in den Fällen des § 2 Nr. 1a, 2 und 3[2] aus dem Präsidenten des Obersten Landesgerichts, drei Richtern, von denen zwei dem Verwaltungsgerichtshof angehören müssen, und fünf der vom Landtage gewählten Mitglieder.

1. Die „große Besetzung" mit 19 Richtern (Plenum), wie sie § 70 II VU. vorsieht, kommt nach § 3 nur für die Ministerklagen in Betracht, im übrigen die kleine Besetzung mit 9 Richtern (Senate); dies wurde schon im VU. I 171 vorgesehen.

2. Die Beteiligung von Mitgliedern des LT. bei Verfassungsstreitigkeiten ist etwas auffällig, da der LT. hier Partei ist; sie ist erst vom LT. eingefügt worden.

§ 4.

Vor der Ernennung der richterlichen Mitglieder[1] des Staatsgerichtshofs hat der Präsident des Obersten Landesgerichts das Präsidium dieses Gerichts, der Präsident des Verwaltungsgerichtshofs das Präsidium dieses Gerichtshofs zu hören.

1. Die Ernennung der richterlichen Mitglieder ist nach § 70 III VU. Sache der Präsidenten des obersten Landes-

gerichts und des Verwaltungsgerichtshofes, des letzteren für die seinem Gericht zu entnehmenden Richter, des ersteren für die übrigen Richter, ebenso die Bestimmung der Stellvertreter (s. § 7).

§ 5.

Für Anklagen des Landtags gegen Abgeordnete[1], für Verfassungsbeschwerden und Verfassungsstreitigkeiten (§ 2 Nr. 1a, 2 und 3) bestimmt der Vorsitzende des Staatsgerichtshofs bei Beginn des Kalenderjahres für die einzelnen Sitzungen die zur Mitwirkung berufenen Mitglieder.

1. Für die Entscheidung über Ministeranklagen ist keine Auswahl oder Reihenfolge erforderlich, da diese vom StGH. in der großen Besetzung mit sämtlichen 19 Mitgliedern getroffen werden.

§ 6.

Der Präsident des Obersten Landesgerichts wird im Verhinderungsfalle durch den dienstältesten Senatspräsidenten und bei gleichem Dienstalter durch den der Geburt nach ältesten Senatspräsidenten des Obersten Landesgerichts vertreten.

§ 7.

Der Präsident des Obersten Landesgerichts bestimmt fünf Richter[1], der Präsident des Verwaltungsgerichtshofs drei Mitglieder des Verwaltungsgerichtshofs auf die Dauer ihres Hauptamts als Stellvertreter für den Fall der Verhinderung eines ordentlichen richterlichen Mitglieds.

1. Wie hinsichtlich der Mitglieder, so auch hinsichtlich der Stellvertreter ist der Präsident des obersten Landesgerichts nur insofern gebunden, als er nur „Richter" bestimmen kann, aber ohne Bindung an ein Gericht, dem sie angehören müssen.

§ 8.

Für jedes der vom Landtage gewählten Mitglieder (§ 70 Abs. II der Verfassungsurkunde) wählt der

Landtag für den Fall der Verhinderung mit Zweidrittelmehrheit für die Dauer des Landtags auch einen Ersatzmann.[1]

1. Nach § 70 II VU. werden die parlamentarischen Mitglieder des StGH. (Laienrichter) mit $^2/_3$-Mehrheit der anwesenden Mitglieder des LT. auf „seine Dauer" gewählt (S. § 9). Wie die Mitglieder, brauchen auch die Ersatzmänner nicht Abg. zu sein. Bis jetzt kommen aber nur solche in Betracht. Sie werden gemäß § 8 II GeschO. nach der Stärke der Fraktionen auf diese verteilt.

Soweit bei der großen Besetzung des Gerichts ein Laienrichter verhindert ist, tritt an seine Stelle in der Regel der für das ordentliche Mitglied gewählte Ersatzmann. Bei Verfassungsbeschwerden werden die ordentlichen Mitglieder zu den einzelnen Sitzungen nach der Reihenfolge ihrer Wahl berufen. Ersatzmänner sind erst dann beizuziehen, wenn bei einer einzelnen Sitzung nicht die nötige Zahl ordentlicher Mitglieder, die nicht verhindert sind, zur Verfügung stehen sollte. Wenn ein vom LT. gewähltes Mitglied ausscheidet, stirbt, tritt dafür solange der Ersatzmann ein bis die Neuwahl stattgefunden hat. (Begr. zu §§ 5—8 des Entw.)

§ 9.

Nach Ablauf der Dauer des Landtags oder im Falle der Auflösung des Landtags bleiben die vom Landtage gewählten Mitglieder im Amte, bis der neugewählte Landtag eine Neuwahl vorgenommen hat.[1]

1. S. § 70 II VU.: „auf seine Dauer". § 9 enthält eine sachgemäße Erläuterung dieser Bestimmung, damit das Amt nicht mit dem Ablauf der LT.-Dauer oder mit der Auflösung des LT. erlischt, und die Behandlung anhängiger Sachen keine Unterbrechung erfährt.

§ 10.

Auf die Ausschließung und die Ablehnung[1] eines Mitglieds des Staatsgerichtshofs sind die Vorschriften der §§ 22 bis 30 der Strafprozeßordnung entsprechend anzuwenden. Die Ablehnung wegen Besorgnis der Befangenheit kann nicht lediglich darauf gestützt werden, daß ein Mitglied des Staatsgerichtshofs bei dem Beschlusse des Landtags über die Erhebung der Anklage mitgewirkt hat.

1. Gilt auch für Laienrichter.

§ 11.

Die zu Richtern oder Mitgliedern des Staatsgerichtshofs ernannten oder gewählten Personen sind zur Übernahme dieses Amtes verpflichtet.[1]

1. Ein Zwang zur Annahme ergibt sich nicht aus der BU., ist aber hier allgemein ausgesprochen. Befreiungsgründe sind nicht vorgesehen. Triftige Gründe sind vor der Wahl geltend zu machen, damit sie hiebei berücksichtigt werden können (s. Begr.).

§ 12.

Die Mitglieder des Staatsgerichtshofs sind ehrenamtlich tätig. Sie haben bei Dienstverrichtungen außerhalb ihres Wohnsitzes Anspruch auf Ersatz ihrer Auslagen.[1]

1. Weder die Richter noch die übrigen Mitglieder haben Anspruch auf Vergütung. Auslagen für Reisen an den Sitz des Gerichtes, zu Beweisaufnahmen und ähnlichen Zwecken werden ersetzt.

§ 13.

Anklagebehörde ist in den Fällen des § 2 Nr. 1 und 1 a der Generalstaatsanwalt bei dem Obersten Landesgerichte.[1]

1. Bei Ministeranklagen und Anklagen gegen Abg. kann der LT. „Beauftragte“ bestimmen, die seinen Standpunkt in dem ganzen Verfahren vertreten können. Über ihre Rechte s. § 25 mit 41 a.

§ 14.

Die Geschäfte der Gerichtsschreiberei bei dem Staatsgerichtshofe werden durch die Gerichtsschreiberei des Obersten Landesgerichts wahrgenommen.

IV. Verfahren.

A. Allgemeines.

§ 15.

Soweit dieses Gesetz nichts anderes bestimmt, regelt der Vorsitzende des Staatsgerichtshofs das Verfahren und den Geschäftsgang durch eine Geschäftsordnung.

§ 16.

Die dem Staatsgerichtshofe zustehenden Befugnisse werden außerhalb der Sitzung[1] vom Vorsitzenden des Staatsgerichtshofs wahrgenommen.

1. Zu Sitzungen tritt der StGH. nur dann zusammen, wenn über eine Anklage, eine Verfassungsbeschwerde oder einen Verfassungsstreit nach der erforderlichen Vorbereitung zu entscheiden ist.

§ 17.

Der Staatsgerichtshof[1] kann alle ihm sachdienlich scheinenden Beweise erheben.

Die Gerichte und Verwaltungsbehörden haben dem Ersuchen des Staatsgerichtshofs um Rechtshilfe zu entsprechen. Alle Behörden und öffentlichen Körperschaften haben dem Staatsgerichtshofe die von ihm verlangten Akten und Urkunden durch Vermittlung des zuständigen Staatsministeriums vorzulegen.

Auf die Erhebung des Beweises durch Zeugen und Sachverständige finden in den Fällen des § 2 Nr. 1 und 1a die Vorschriften der Strafprozeßordnung mit Ausnahme des § 53[2], in den Fällen des § 2 Nr. 2 und 3 die Vorschriften der Zivilprozeßordnung Anwendung.

1. Während der Vorbereitung der Vorsitzende.
2. Jetzt § 54 in der Fassung v. 22. März 1924.

§ 18.

Die vom Landtage gewählten Mitglieder und Ersatzmänner sind bei ihrer ersten Dienstleistung zu beeidigen. Die Beeidigung gilt für die Dauer ihres Amtes. Im übrigen finden auf die Beeidigung[1] die

Vorschriften des § 51 des Gerichtsverfassungsgesetzes entsprechende Anwendung.

1. Die Beeidigung erfolgt in der Form, wie die der Schöffen. Die Richter sind als solche schon beeidigt.

§ 19.

Der Staatsgerichtshof entscheidet „Im Namen des Freistaates Bayern".

Seine Entscheidungen sind schriftlich niederzulegen und zu begründen. Die Entscheidung ist von den Mitgliedern des Staatsgerichtshofs, welche bei ihr mitgewirkt haben, zu unterschreiben.

Gegen die Entscheidung findet kein Rechtsmittel statt.

§ 20.

Das Verfahren des Staatsgerichtshofs ist kostenfrei. Ist jedoch in den Fällen des § 2 Nr. 2 die Beschwerde nach freier Überzeugung des Staatsgerichtshofs mutwillig eingelegt, so hat der Staatsgerichtshof eine Gebühr von 2 bis 2000 *RM* von Amts wegen festzusetzen.

In den Fällen des § 2 Nr. 1 und 1a sind dem nicht für schuldig Befundenen die notwendigen Auslagen einschließlich der Kosten der Verteidigung zu ersetzen. In den Fällen des § 2 Nr. 2 sind dem Beschwerdeführer die notwendigen Auslagen einschließlich der Kosten der Zuziehung eines Vertreters zu erstatten, wenn seine Beschwerde ganz für begründet erachtet wird; wird die Beschwerde nur teilweise für begründet erklärt, so können ihm diese Auslagen ersetzt werden. Im übrigen werden den Beteiligten ihre Kosten nicht erstattet.

In Abs. I statt: *M*: Reichsmark durch V. v. 11. März 1926 (GVBl. 231).

B. Besondere Verfahrensvorschriften.

a) bei Ministeranklagen (§ 2 Nr. 1).

§ 21.

Der Landtag erhebt die Anklage[1] durch Übersendung einer Anklageschrift[2] an den Vorsitzenden des Staatsgerichtshofs.

Die Anklageschrift muß die Handlung oder Unterlassung, wegen welcher die Anklage erhoben ist, die Bestimmung der Verfassungsurkunde oder des Gesetzes, die verletzt sein soll, und die Tatsachen, auf welche sich die Anklage stützt, bezeichnen. Sie muß die Feststellung enthalten, daß der Beschluß des Landtags auf Erhebung der Anklage mit der für Verfassungsänderungen vorgeschriebenen Mehrheit gefaßt ist.[3]

Die Akten über die Erhebung der Anklage sind dem Staatsgerichtshof vorzulegen.

1. § 56 VU., § 25 GeschO. Antrag auf Erhebung der Anklage schriftlich durch 50 Mitglieder des LT. Vorberatung im Verfassungsausschuß, der hiezu die Rechte nach § 52 II VU. hat. Beschlußfassung mit $^2/_3$ Mehrheit der gesetzlichen Mitgliederzahl.

2. S. § 25 III GeschO. Ihr Inhalt folgt aus Abs. II.

3. § 92 VU. Für Abg. s. § 41 a Ziff. 1.

§ 22.

Das Recht zur Erhebung und Fortsetzung der Anklage wird durch den Rücktritt[1] des Anzuklagenden (§ 59 Abs. II der Verfassungsurkunde) nicht aufgehoben.

1. Mag der Rücktritt freiwillig oder erzwungen sein (§ 59 II VU.). Der LT. kann die Anklage in solchem Fall zurückziehen. (§ 25 IV GeschO. u. § 23 StGHG.) Die Anklage kann auch gegen einen zurückgetretenen Minister erhoben werden. Nach § 56 IV VU. wird die Anklage auch durch Vertagung oder Auflösung des LT. oder Ablauf der LT.-Dauer nicht berührt. Der neue LT. kann sie aber auch zurücknehmen.

§ 23.

Die Anklage kann bis zur Verkündung des Urteils durch Beschluß des Landtags[1] zurückgenommen werden. Die Zurücknahme erfolgt durch Übersendung einer Ausfertigung des Beschlusses an den Vorsitzenden des Staatsgerichtshofs.

1. Auch für diesen Beschluß ist die Mehrheit des § 92 BU. zu fordern, da er die Abänderung oder Aufhebung eines mit qualifizierter Mehrheit gefaßten Beschlusses in sich schließt (A. M.: die Begr. S. 6).

§ 24.

Die Anklage wird durch den Generalstaatsanwalt vertreten (§ 13); im Falle seiner Verhinderung vertritt ihn sein amtlicher Stellvertreter.

§ 25.

Der Landtag kann zur Wahrung seines Standpunktes vor dem Staatsgerichtshof einen oder mehrere Beauftragte[1] bestimmen, die allen Beweisaufnahmen und Verhandlungen beiwohnen können. Sie haben das Recht der Akteneinsicht und müssen mit ihren Ausführungen und Anträgen jederzeit gehört werden.

1. Die Rechte der „Beauftragten" kommen denen der Staatsanwaltschaft gleich. Die Beauftragten können nicht Mitglieder des StGH. sein.

§ 26.

Gegen mehrere Beschuldigte kann gemeinschaftlich Anklage erhoben werden. Das Verfahren gegen mehrere Beschuldigte kann auch nachträglich durch Beschluß des Staatsgerichtshofs verbunden werden.

§ 27.

Der Beschuldigte kann sich in jeder Lage des Verfahrens eines oder mehrerer Verteidiger bedienen. Dem Beschuldigten und den Verteidigern muß jederzeit Akteneinsicht gewährt werden.

§ 28.

Ist gegen den Beschuldigten wegen einer mit dem Verfahren vor dem Staatsgerichtshofe zusammenhängenden Handlung ein Strafverfahren anhängig, so kann der Staatsgerichtshof die Verhandlung bis zur Erledigung des Strafverfahrens[1] aussetzen.

1. Neben der Verantwortlichkeit nach § 56 BU. bleibt die Verantwortlichkeit nach dem Straf- und Zivilrecht unberührt. Neben dem Verfahren nach § 56 BU. kann also ein straf- oder zivilrechtliches Verfahren einhergehen. Die Entscheidung des ordentlichen Gerichtes ist für den StGH. nicht bindend, da dieses Verfahren ganz andere Zwecke verfolgt. Die dort getroffenen Feststellungen können aber für den StGH. von Wert sein. Er kann daher sein Verfahren in solchen Fällen aussetzen (Begr.).

§ 29.

Die Anklageschrift wird dem Beschuldigten von dem Vorsitzenden des Staatsgerichtshofs zugestellt.

§ 30.

Zur Vorbereitung der Verhandlung vor dem Staatsgerichtshof kann der Vorsitzende des Staatsgerichtshofs eine Voruntersuchung oder die Vornahme einzelner Ermittlungen anordnen. Die Voruntersuchung oder die Vornahme einzelner Ermittlungen können auch der Generalstaatsanwalt und der Beschuldigte beantragen.[1]

Mit der Führung der Voruntersuchung sowie mit der Vornahme einzelner Ermittlungen betraut der Vorsitzende des Staatsgerichtshofs einen Richter.

In dem vorbereitenden Verfahren sowie in der Voruntersuchung wird ein Zeuge oder Sachverständiger nur beeidigt, wenn er voraussichtlich am Erscheinen in der Verhandlung vor dem Staatsgerichtshofe verhindert oder sein Erscheinen wegen großer Entfernung besonders erschwert sein wird oder wenn die Beeidigung als Mittel zur Herbeiführung einer wahrheitsgemäßen Aussage erforderlich erscheint.[2]

Der Beschuldigte ist von allen Beweisaufnahmen zu verständigen und hat das Recht, ihnen anzuwohnen.

Die Vorschriften des Art. 134 Abs. 4 bis 7, des Art. 135 und des Art. 136 Abs. 2 und 3 des Beamtengesetzes finden im übrigen entsprechende Anwendung.[3]

1. Der Vorsitzende ist an diese Anträge nicht gebunden.

2. §§ 66 u. 72 StPO.

3. Von den Vorschriften des BeamtenG. über die Voruntersuchung im Disziplinarverfahren sind die Bestimmungen über die Vernehmung des Beschuldigten und die Vernehmung von Zeugen und Sachverständigen (Art. 134 IV—VII), die Aufnahme eines Protokolls (Art. 135) und über die Mitteilung des Ergebnisses der Voruntersuchung an den Beschuldigten (Art. 136 II u. III) für entsprechend anwendbar erklärt.

§ 31.

Wenn eine Voruntersuchung nicht stattfindet oder die Voruntersuchung abgeschlossen ist oder die angeordneten Ermittlungen erhoben sind, findet die Verhandlung vor dem Staatsgerichtshofe statt.[1]

Zu der Verhandlung ist der Beschuldigte zu laden. Dabei ist er darauf hinzuweisen, daß, wenn er unentschuldigt ausbleibt oder sich ohne hinreichenden Grund vorzeitig entfernt, ohne ihn verhandelt wird. Die Vorschriften des Art. 142 Abs. 3 bis 6 des Beamtengesetzes finden entsprechende Anwendung.[2]

1. Die Verhandlung vor dem StGH. findet statt, ohne daß zuvor die Eröffnung des Hauptverfahrens beschlossen wird. Die Grundlage bildet also stets die Anklageschrift des LT.

2. Diese Bestimmungen treffen Anordnung über die Art der Ladung des Beschuldigten und der Zeugen und Sachverständigen, die der Beschuldigte auch unmittelbar laden kann.

Erscheint der Angeklagte nicht, oder entfernt er sich vor Abschluß der Verhandlung, so wird ohne ihn verhandelt. Seine Vorführung kommt nicht in Frage.

§ 32.

Die Verhandlung vor dem Staatsgerichtshof ist öffentlich. Die Öffentlichkeit kann durch Beschluß des Staatsgerichtshofs für die Verhandlung oder für einen Teil der Verhandlung ausgeschlossen werden, wenn sie eine Gefährdung der Staatssicherheit besorgen läßt.

§ 33.

In der Verhandlung wird zunächst die Anklageschrift verlesen.

Sodann wird der Angeklagte vernommen.

Hierauf findet die Beweiserhebung statt.

Zum Schluß wird der Generalstaatsanwalt mit seinem Antrag und der Angeklagte mit seiner Verteidigung gehört. Der Angeklagte hat das letzte Wort.

§ 34.

Der Staatsgerichtshof entscheidet auf Grund des Beweisergebnisses nach seiner freien aus dem Inbegriffe der Verhandlung geschöpften Überzeugung.

§ 35.

Wird der Angeklagte für schuldig befunden, so lautet das Urteil auf Entfernung aus dem Amte; war der Angeklagte schon vor dem Urteil zurückgetreten, so ist in dem Urteil auszusprechen, daß sich der Angeklagte der Verletzung der Verfassung oder des näher zu bezeichnenden Gesetzes schuldig gemacht hat.[1]

Stand der Verurteilte zur Zeit seiner Berufung zum Minister im bayerischen Staatsdienste, so finden auf ihn wegen der den Gegenstand der Ministeranklage bildenden Handlung außerdem die Bestimmungen in Art. 167 des Beamtengesetzes Anwendung.[2]

1. S. § 56 III VU. Wie die „Entscheidung über die Schuldfrage" zu lauten hat, ist im 2. Halbsatz erläutert. Für Abg. s. § 41a Ziff. 2.

2. Art. 167 BeamtenG. regelt das Dienststrafrecht der zeitlich oder dauernd in den Ruhestand versetzten unwiderruflichen Beamten. Diese Bestimmungen finden Anwendung auf Min., die vor ihrer Ernennung zum Min. im bayer. Staatsdienst standen. Sie sind im

Vergleich zu den Bestimmungen für aktive Staatsbeamte erheblich eingeschränkt. Abs. II ist bei der Ausschußberatung im LT. eingefügt worden, um festzustellen, daß der StGH. nicht das Recht hat — wie dies im Reg.-Entw. vorgeschlagen war — über die von einem solchen Min. in seiner Eigenschaft als Beamter verdienten Rechte auf Ruhegehalt und Hinterbliebenenversorgung zu entscheiden, sondern daß hierüber die nach den Bestimmungen des BeamtenG. allein zuständigen Instanzen zu entscheiden haben. Die Bestimmung soll nur provisorisch sein, bis bei Überprüfung des BeamtenG. diese Frage hier geregelt wird. Die Frage, ob ein nach § 35 verurteilter Min. in Bayern noch einmal Min. sein kann, ist streitig (s. § 56 VU. A. 6).

§ 36.

Zur Bejahung der Schuldfrage (§ 35 Abs. 1) sind mehr als zwölf[1] Stimmen erforderlich. Zu sonstigen Entscheidungen genügt einfache Stimmenmehrheit.

Die Reihenfolge der Abstimmung richtet sich nach dem Lebensalter; der Jüngste stimmt zuerst, der Vorsitzende zuletzt.

1. Für Abg. s. § 41 a Ziff. 3.

§ 37.

In dem Urteil ist das Stimmenverhältnis anzugeben.[1] Im Falle der Verurteilung ist in den Gründen des Urteils festzustellen, worin die die Verfassung oder das Gesetz verletzende Handlung oder Unterlassung gefunden wurde.[2]

1. Nicht nur der Angeklagte, sondern auch die Öffentlichkeit haben ein Interesse daran, zu erfahren, wie das Stimmenverhältnis bei der Verurteilung und der Freisprechung war, da es sich um Angelegenheiten des politischen Lebens handelt. (Begr.)

2. Wie in der Anklageschrift (§ 21 II des Ges.).

§ 38.

Die Verkündung des Urteils erfolgt öffentlich nach Maßgabe des § 267 der Strafprozeßordnung.[1] Dem

Angeklagten ist das Urteil samt den Gründen zuzustellen.

Dem Landtag und dem Ministerpräsidenten ist Ausfertigung des Urteils zu übersenden.

Der Vorsitzende des Staatsgerichtshofs hat das Urteil samt Gründen im Gesetz- und Verordnungsblatt zu veröffentlichen.[2]

1. Jetzt § 268 StPO. (geändert RGBl. 1926, 530).

2. Neben der Verkündung nach § 268 StPO. Zustellung an den Angeklagten, den LT., den Min.-Präs. und Veröffentlichung im GVBl. Wenn der Min.-Präs. der Verurteilte ist, erfolgt die Zustellung an seinen Vertreter, wenn auch dieser mit dem Min.-Präs. zurückgetreten ist, an den Amtsnachfolger.

Für Abg. s. § 41a Einleitung u. Ziff. 4.

§ 39.

Im übrigen finden auf die Verhandlung vor dem Staatsgerichtshofe die für die Hauptverhandlung vor der Strafkammer geltenden Vorschriften der §§ 175 bis 185 des Gerichtsverfassungsgesetzes[1] und der §§ 225 bis 228,[2] 237,[3] 239 bis 253, 255 bis 257,[4] 271 bis 273, 275[5] der Strafprozeßordnung entsprechende Anwendung.

1. Jetzt §§ 174—183 GVG. über Ausschluß der Öffentlichkeit. Zutritt zu der öffentlichen Verhandlung und Sitzungspolizei.

2. Jetzt §§ 226—229 StPO. über Aussetzung und Unterbrechung der Verhandlung.

3. Jetzt § 238 StPO. über die Prozeßleitung.

4. Jetzt §§ 240—254 und 256—258 StPO. über den Gang der Hauptverhandlung und die Beweisaufnahme.

5. Wie bisher, über das Sitzungsprotokoll und das Urteil.

§ 40.

Das Urteil wird mit der öffentlichen Verkündung[1] wirksam.

1. Auch wenn in Abwesenheit des Angeklagten verkündet (Begr.).

§ 41.

Die Wiederaufnahme des Verfahrens[1] findet nur zugunsten des Verurteilten und nur auf seinen Antrag oder den Antrag der im § 401 Abs. II der Strafprozeßordnung bezeichneten Personen unter den Voraussetzungen der §§ 399 und 404[2] der Strafprozeßordnung statt. In dem Antrag müssen der gesetzliche Grund der Wiederaufnahme sowie die Beweismittel angegeben werden; er ist schriftlich bei dem Vorsitzenden des Staatsgerichtshofs einzureichen. Durch den Antrag auf Wiederaufnahme wird die Wirksamkeit des Urteils nicht gehemmt.

Über die Zulassung des Antrags entscheidet der Staatsgerichtshof in der Besetzung nach § 3 Nr. 1 ohne mündliche Verhandlung. Die Vorschriften in den §§ 408, 409 Abs. I, II und IV, §§ 410 und 411 Abs. I bis III der Strafprozeßordnung finden entsprechende Anwendung; für die Beweisaufnahme (§ 409 Abs. 1 der Strafprozeßordnung) gilt die Vorschrift in § 30 Abs. 4 dieses Gesetzes.

In der erneuten Hauptverhandlung ist entweder das frühere Urteil aufrecht zu erhalten oder unter Aufhebung desselben auf Freisprechung zu erkennen. Im übrigen finden die Vorschriften in den §§ 31 bis 40 dieses Gesetzes Anwendung.

1. Erst durch den LT. eingefügt an Stelle der im Reg.-Entw. vorgesehenen Milderung oder Aufhebung des Urteils im Gnadenwege. Diese entfällt damit.

2. Jetzt §§ 359 ff. StPO. für Abg. s. § 41 a Ziff. 5.

b) bei Anklagen des Landtags gegen Abgeordnete.[1]

§ 41 a.

Auf das Verfahren finden die besonderen Verfahrensvorschriften bei Ministeranklagen mit Ausnahme der §§ 22[2] und 38 Abs. III mit folgender Maßgabe entsprechende Anwendung:

1. (Zu § 21 Abs. II Satz 2.) Die Anklageschrift muß die Feststellung enthalten, daß der Beschluß des

LT. auf Erhebung der Anklage mit einfacher Mehrheit seiner gesetzlichen Mitgliederzahl gefaßt worden ist.

2. (Zu § 35 Abs. I.) Wird ein Angeklagter für schuldig befunden, so lautet das Urteil auf Verlust der Mitgliedschaft des LT. Erlischt die Mitgliedschaft des Angeklagten während des Verfahrens aus einem andern Grunde, so wird, wenn der Angeklagte der Einstellung des Verfahrens widerspricht, die Entscheidung nur über die Schuldfrage getroffen.

3. (Zu § 36 Abs. I Satz 1.) Zur Bejahung der Schuldfrage sind mehr als 5 Stimmen erforderlich.

4. (Zu § 38 Abs. II.) Ausfertigung des Urteils ist dem LT. und dem Staatsministerium des Innern zu übersenden.

5. (Zu § 41 Abs. II Satz 1.) Über die Zulassung des Antrags entscheidet der Staatsgerichtshof in der Besetzung nach § 3 Nr. 2 ohne mündliche Verhandlung.

1. Eingeführt durch G. v. 18. Sept. 1925 (GVBl. 245). Vgl. § 41 III—VI BA.

2. Nach § 41 V Satz 3 BU. für der Verlust der Abgeordneteneigenschaft zur Einstellung des Verfahrens, wenn nicht der Abg. eigens widerspricht. § 22 StGHG. ist daher nicht anwendbar.

c) bei Verfassungsbeschwerden[1] (§ 2 Nr. 2).

§ 42.

Die Beschwerde ist schriftlich bei dem Vorsitzenden des Staatsgerichtshofs einzureichen. Der Beschwerdeführer kann sich bei der Einlegung und Durchführung der Beschwerde durch einen Bevollmächtigten vertreten lassen.

In der Beschwerde ist die behauptete Verfassungsverletzung, die Handlung oder Unterlassung der Behörde, durch welche die Verfassung verletzt worden sein soll sowie das Recht zu bezeichnen, dessen Schädigung der Beschwerdeführer geltend macht.

Wird die Beschwerde gegen eine einem Ministerium untergeordnete Behörde erhoben, so ist mit der Beschwerdeschrift der Nachweis vorzulegen, daß der Beschwerdeführer vorher ohne Erfolg bei dem zuständigen Ministerium um Abhilfe nachgesucht hat. Sind seit der Einreichung des Gesuches um Abhilfe drei Monate verstrichen, ohne daß dem Beschwerdeführer ein Bescheid zugegangen ist, so wird angenommen, daß das Abhilfegesuch erfolglos geblieben ist. Ist hinsichtlich des Beschwerdegegenstandes der Rechtsweg zulässig, so ist bei Einreichung der Beschwerdefrist nachzuweisen, daß der Rechtsweg erschöpft ist.

1. Über die Voraussetzungen der Verfassungsbeschwerde s. § 93 VU. und die Erläuterungen daselbst.

§ 43.

Zur Entscheidung über Verfassungsbeschwerden gegen Reichsbehörden ist der Staatsgerichtshof nicht zuständig.

§ 44.

Die Beschwerde ist dem beteiligten Ministerium in Abschrift zur Äußerung binnen einer zu bestimmenden Frist mitzuteilen. Die Äußerung des Ministeriums und die Gegenerklärungen des Beschwerdeführers erfolgen schriftlich.

Der Beschwerdeführer und sein Bevollmächtigter haben das Recht, der Beweisaufnahme[1] beizuwohnen. Das beteiligte Ministerium kann Vertreter hierzu abordnen.

1. S. § 17.

§ 45.

Der Vorsitzende des Staatsgerichtshofs oder dieser selbst können[1] mündliche Verhandlung über die Beschwerde oder über einzelne Beschwerdepunkte anordnen. Zu der mündlichen Verhandlung sind der Beschwerdeführer und das beteiligte Ministerium zu laden.[2] Das persönliche Erscheinen des Beschwerdeführers kann angeordnet werden. Bleibt der Beschwerdeführer unentschuldigt aus, und wird er in den Fällen, in denen nicht sein persönliches Erscheinen angeordnet ist, auch nicht durch einen Bevollmächtigten vertreten, so gilt die Beschwerde als zurückgezogen.[2] [3] hierauf ist der Beschwerdeführer bei der Ladung hinzuweisen.

1. Die Anordnung steht im Ermessen des Vorsitzenden oder des StGH.

2. Die mündliche Verhandlung ist nicht öffentlich (Begr.).

3. Die Beschwerde kann aber erneuert werden (Begr.).

§ 46.

Dem Beschwerdeführer und seinem Bevollmächtigten ist jederzeit Akteneinsicht zu gewähren. Ausgenommen sind Akten oder Aktenstücke, deren Einsichtnahme das zuständige Staatsministerium als mit dem Staatswohle nicht vereinbar bezeichnet.

§ 47.

Über die Beschwerde entscheidet der Staatsgerichtshof auf Grund nichtöffentlicher Beratung mit einfacher Stimmenmehrheit durch schriftlichen Beschluß.[1] Wird der Beschwerde stattgegeben, so ist in dem Beschlusse festzustellen, welche Verfassungsbestimmung verletzt wurde, durch welche behördliche Tätigkeit die Verletzung erfolgt ist und welches Recht des Beschwerdeführers geschädigt wurde.[2] Der Vollzug obliegt dem zuständigen Ministerium.[3]

1. Das Verfahren ist grundsätzlich nur schriftlich. Der StGH. entscheidet über die schriftliche Beschwerde (§ 42 I) auf Grund der schriftlichen Erklärungen der Beteiligten (§ 44 I) ohne mündliche Verhandlung, wenn solche nicht nach § 45 angeordnet wird. Die Entscheidung erfolgt nur schriftlich, auch wenn mündliche Verhandlung stattgefunden hat. Sie wird nicht verkündet (Begr.).

Das ganze Vorverfahren führt der Vorsitzende gemäß §§ 16, 17. Der StGH. wird erst tätig, wenn nach § 45 mündliche Verhandlung angeordnet wird oder der Vorsitzende die Mitglieder zur Entscheidung in nichtöffentlicher Beratung nach § 47 einlädt. Der StGH. kann hiebei weitere Erhebungen veranlassen oder mündliche Verhandlung beschließen (§ 45). Wegen der Zustellung der Entscheidung § 93 II VU.

2. Der StGH. stellt nur die Rechtslage fest. Das Urteil kann sich dagegen nicht mit dem Vollzug befassen, also eine Verwaltungsverfügung nicht aufheben oder abändern, auch nicht Gesetze oder Verordnungen als ungültig erklären oder aufheben. Es handelt sich stets nur um die Entscheidung über einzelne Fälle.

3. Das Min. ist dabei an die Entscheidung des StGH. gebunden.

§ 48.

Wegen des gleichen Beschwerdegegenstandes, über den der Staatsgerichtshof sachlich entschieden hat, kann von dem gleichen Beschwerdeführer oder von einer andern Person eine neue Beschwerde nur erhoben werden, wenn sie auf neue, in der früheren Entscheidung nicht gewürdigte Gründe gestützt wird. Ist diese Voraussetzung nicht gegeben, so wird die Beschwerde durch schriftlichen Beschluß als unzulässig zurückgewiesen: der Staatsgerichtshof ist dabei außer mit dem Vorsitzenden mit zwei Richtern besetzt, von denen einer dem Verwaltungsgerichtshof angehören muß.

d) bei Verfassungsstreitigkeiten (§ 2 Nr. 3).

§ 49.

Der Antrag auf Entscheidung kann vom Landtag[1] und vom Gesamtministerium[2] gestellt werden; er ist schriftlich bei dem Vorsitzenden des Staatsgerichtshofs einzureichen.

1. Durch Beschluß mit einfacher Mehrheit.

2. S. §§ 57, 62 II, 63 VU.; statt „und" hieße es besser „oder".

Durch den Rücktritt des Gesamtmin. wird der Antrag nicht hinfällig (N. 468). Zurücknahme des Antrags jederzeit zulässig, solange nicht darüber entschieden ist.

§ 50.

Die Erklärungen der Streitteile[1] werden schriftlich[2] abgegeben und zur Kenntnis der Gegenpartei gebracht.

Die Streitsteile können sich an den Beweisaufnahmen[3] beteiligen;[4] sie haben jederzeit das Recht der Akteneinsicht.

1. LT. und Gesamtmin.

2. Das ganze Verfahren ist wie bei der Verfassungsbeschwerde schriftlich. Mündliche Verhandlung kann nach § 45 S. 1 angeordnet werden.

3. S. § 17.

4. Durch ihnen geeignet erscheinende Vertreter.

§ 51.

Die Vorschriften im § 45 Satz 1[1] und in § 47 Abs. 1[2] finden Anwendung.

Der Beschluß[3] des Staatsgerichtshofs ist den Streitteilen zuzustellen und im Gesetz- und Verordnungsblatt zu veröffentlichen.

1. Die Anordnung der mündlichen Verhandlung ist zulässig.

2. Entscheidung nach nicht öffentlicher Beratung in nichtöffentlicher Sitzung durch schriftlichen Beschluß ohne Verkündung. Auch bei diesen Entscheidungen beteiligen sich die vom LT. gewählten Mitglieder, auch wenn es Abg. sind.

3. Der Beschluß entscheidet die strittige Rechtsfrage. Die Folgerungen haben dann LT. und Regierung für ihr Verhalten zu ziehen.

§ 52.

Die Entscheidung des Staatsgerichtshofs ist für die Streitsteile[1] und für alle Gerichte und sonstigen Behörden bindend.

1. LT. und Regierung müssen ihr Verhalten nach dem Entscheid des StGH. richten. Würde die Regierung dies

nicht tun, so könnte der LT. ihre Verantwortlichkeit nach §§ 55ff., 59 VU. geltend machen. Würde der LT. sich widersetzen, so könnte nur die Staatsbürgerschaft nach § 30 V VU. eingreifen.

V. Schlußbestimmung.

§ 53.

Dieses Gesetz wird als dringend im Sinne des § 77 Abs. I der Verfassung bezeichnet und tritt mit seiner Verkündung in Kraft.

Anlage 3.

Gesetz über das Wappen des Freistaates Bayern.

Vom 20. Juli 1923.

Der Landtag des Freistaates Bayern hat das folgende Gesetz beschlossen:

Art. 1. I Das große bayerische Staatswappen besteht aus einem gevierten Schild; das erste Feld ist von Weiß (Silber) und Blau schräg-rechts gerautet; das zweite Feld zeigt in Schwarz einen goldenen rot-bewehrten Löwen; das dritte Feld enthält in Gold drei übereinander aus dem Spalte hervorbrechende herschauende rot-bewehrte schwarze Löwen; das vierte Feld ist von Rot, und Weiß (Silber) mit drei aufsteigenden Spitzen geteilt. Der Schild wird von zwei goldenen rot-bewehrten Löwen gehalten. Auf dem Schilde ruht eine Volkskrone; sie besteht aus einem mit Steinen geschmückten goldenen Reifen, der oben mit fünf ornamentalen Blättern besetzt ist.

II Das kleine bayerische Staatswappen besteht aus einem Weiß (Silber) und Blau schräg-rechts gerauteten Schild, auf dem die Volkskrone ruht.

Art. 2. Das Gesetz ist dringend.

Anlage 4.

Landeswahlgesetz für Landtagswahlen, Volksbegehren und Volksentscheidungen.

Vom 12. Mai 1920 (GVBl. 195) abgeändert durch G. vom 21. Juli 1921 (GVBl. 393), 6. Febr. 1924 (GVBl. 29) und vom 18. Juli 1925 (GVBl. 209).

Der Landtag des Freistaates Bayern hat folgendes Gesetz beschlossen und zwar hinsichtlich der Art. 1, 2, 22, 23, 29, 41, 42, 44, 45, 72 und 73 mit der im § 92 der Verfassung vorgeschriebenen Mehrheit:*)

I. Allgemeines.

1. Stimmrecht.

Art. 1. Stimmberechtigt bei den Wahlen zum Landtage, bei Volksbegehren und bei Volksentscheidungen sind — vorbehaltlich des Art. 9 — am Orte ihres Aufenthaltes in Bayern alle reichsdeutschen Männer und Frauen, die am Tage der Stimmabgabe

1. das 20. Lebensjahr zurückgelegt haben,
2. sich nicht bloß vorübergehend oder nur gelegentlich in Bayern aufhalten.

Art. 2. I Ausgeschlossen vom Stimmrecht ist:

1. wer entmündigt ist oder unter vorläufiger Vormundschaft oder wegen geistiger Gebrechen unter Pflegschaft steht,
2. wer rechtskräftig durch Richterspruch die bürgerlichen Ehrenrechte verloren hat.

II Die Ausübung des Stimmrechtes ruht für die Soldaten während der Dauer der Zugehörigkeit zur Wehrmacht.

*) Auch die Abänderungen durch die oben bezeichneten Gesetze sind mit der Mehrheit des § 92 VU. erfolgt.

III Behindert in der Ausübung ihres Stimmrechtes sind Personen, die wegen Geisteskrankheit oder Geistesschwäche in einer Heil- oder Pflegeanstalt untergebracht sind, ferner Straf- und Untersuchungsgefangene sowie Personen, die infolge gerichtlicher oder polizeilicher Anordnung in Verwahrung gehalten werden.

IV Personen, die sich aus politischen Gründen in Schutzhaft befinden, werden hiervon nicht berührt.

Art. 3. Jeder Stimmberechtigte hat nur eine Stimme und darf nur an einem Orte abstimmen.

Art. 4. Die Ausübung des Stimmrechts ist bedingt durch den Eintrag in eine Wählerliste oder Wahlkartei oder durch den Besitz eines Wahlscheins (Art. 14, 15, 16).

2. Wahlleiter, Wahlausschüsse.

Art. 5. I Das Staatsministerium des Innern bestellt für jeden Wahlkreis einen Wahlleiter und einen Vertreter hierfür.

II Landeswahlleiter ist der Präsident des Verwaltungsgerichtshofes. Seine Vertreter ernennt das Staatsministerium des Innern.

Art. 6. I Die Kreiswahlausschüsse bestehen aus dem Kreiswahlleiter und den sämtlichen Vertrauensmännern, die auf den bei ihm rechtzeitig eingereichten Wahlvorschlägen bezeichnet sind.

II Der Landeswahlausschuß besteht aus dem Landeswahlleiter und den Vertrauensmännern, welche die Vertrauensmänner der zur Restsitzeverteilung (Art. 55) vereinigten Wahlvorschläge (Gesamtwahlvorschläge) bezeichnet haben. Stimmrecht haben außer dem Landeswahlleiter nur die Vertrauensmänner der Gesamtwahlvorschläge, auf welche bei der Sitzeverteilung durch die Kreiswahlausschüsse bereits mindestens ein Sitz entfallen ist.

III Die Vertrauensmänner bleiben solange Mitglieder der Wahlausschüsse, bis sie durch einen anderen Vertrauensmann ersetzt werden. Bei Stimmengleichheit entscheidet der Wahlleiter.

IV Die Verhandlungen der Wahlausschüsse sind öffentlich.

V Die Kreisregierungen und das Staatsministerium des Innern stellen den Wahlausschüssen die nötigen Hilfsarbeiter zur Verfügung. Auch die Beamten des Verwaltungsgerichtshofes können als solche bezeichnet werden.

3. Wählerlisten, Wahlkarteien und Wahlscheine.

Art. 7. Die Gemeinden haben für ihre Bezirke, oder wenn die Gemeinde zu mehreren Stimmbezirken gehört, für jeden Stimmbezirk zu jeder Wahl oder Volksentscheidung eine Wählerliste oder Wahlkartei anzulegen und darin die in dem Stimmbezirke Stimmberechtigten einzutragen.

Art. 8. Behörden, Standesämter und Pfarrämter sind verpflichtet, hierzu erforderliche Aufschlüsse sofort unentgeltlich zu erteilen.

Art. 9. Unter der Voraussetzung des Besitzes der bayerischen Staatsangehörigkeit sind stimmberechtigte Reichs- und Staatsbeamte und Arbeiter in Reichs- und Staatsbetrieben, die ihren dienstlichen Wohnsitz in anderen Ländern des Deutschen Reiches oder an Bayern anschließenden Staatsgebieten nahe der Landesgrenze haben, sowie unter der gleichen Voraussetzung die stimmberechtigten Angehörigen ihres Hausstandes in die Wählerliste oder Wahlkartei der nächstgelegenen bayerischen Gemeinde einzutragen.

Art. 10. Die Wählerlisten und Wahlkarteien sind vom 21. bis zum 14. Tage vor der Abstimmung zu jedermanns Einsicht öffentlich auszulegen. Ort und Zeit der Auslegung sind unter Hinweis auf die Einspruchsfrist öffentlich bekanntzugeben.

Art. 11. Einsprüche gegen die Wählerlisten und Wahlkarteien sind bei Meidung des Ausschlusses in der gleichen Frist einzulegen. Falls die Gemeindebehörde auf einen solchen Einspruch hin nicht Abhilfe veranlaßt, entscheidet die Aufsichtsbehörde über die Einsprüche spätestens am achten Tage vor der Abstimmung.

Art. 12. Änderungen in der Wählerliste oder Wahlkartei sind vom Beginne der Auslegungsfrist an bis zum Abschlusse der Wählerlisten oder Wahlkarteien — vorbehaltlich der Bestimmungen über die Ausstellung von Wahlscheinen — nur noch auf rechtzeitig erhobenen Einspruch zulässig.

Art. 13[1] Am siebten Tage vor der Abstimmung schließt der Bürgermeister die Wählerlisten und Wahlkarteien ab. Von da an sind bis zur Abstimmung Änderungen — vorbehaltlich der Bestimmungen — unzulässig.

Art. 14. Ein Stimmberechtigter, der in einer Wählerliste oder Wahlkartei eingetragen ist, erhält auf Antrag einen Wahlschein,

1. wenn er sich am Wahltage während der Wahlzeit aus zwingenden Gründen außerhalb seines Stimmbezirkes aufhält,
2. wenn er nach Ablauf der Einspruchsfrist seinen Aufenthalt in einen anderen Stimmbezirk verlegt,
3. wenn er infolge eines körperlichen Leidens oder Gebrechens in seiner Bewegungsfreiheit behindert ist und durch den Wahlschein die Möglichkeit erhält, einen für ihn günstiger gelegenen Wahlraum aufzusuchen.

Art. 15. Ein Stimmberechtigter, der nicht in eine Wählerliste oder Wahlkartei eingetragen oder darin gestrichen ist, erhält auf Antrag einen Wahlschein,

1. wenn er nachweist, daß er ohne sein Verschulden die Einspruchsfrist versäumt hat,
2. wenn er wegen Ruhens des Stimmrechtes nicht eingetragen oder gestrichen war, der Grund hierfür aber nach Ablauf der Einspruchsfrist weggefallen ist,
3. wenn er Auslandsdeutscher war und seinen Aufenthalt nach Ablauf der Einspruchsfrist nach Bayern verlegt hat.

Art. 16. Inhaber von Wahlscheinen können in jedem beliebigen Stimmbezirk abstimmen.

Art. 17. Stimmberechtigte, die nach der Anlage der Wählerliste nur innerhalb des Gemeindebezirkes ihres Aufenthaltsortes in einen anderen Stimmbezirk verzogen sind, sind auf Antrag in dem Stimmbezirke zur Abstimmung zuzulassen, in dessen Wählerliste oder Wahlkartei sie eingetragen sind.

4. Sicherung der Abstimmungsfreiheit.

Art. 18. Stimmberechtigten, die in einem öffentlichen oder privaten Dienst- oder Arbeitsverhältnisse stehen, muß die zur Stimmabgabe und zur Ausübung der in diesem Gesetze zum Vollzuge der Abstimmungen vorgesehenen Ehrenämter nötige freie Zeit ohne Abzug am Lohne oder Gehalte gewährt werden.

Art. 19. Die Bestechung und Nötigung der Abstimmenden hat die Ungültigkeit der Abstimmung der dabei Beteiligten zur Folge.

Art. 20. Den Behörden des Staates, der Gemeinden und der Körperschaften des öffentlichen Rechtes ist es untersagt, die Abstimmung in irgendwelcher Weise zu beeinflussen oder das Abstimmungsgeheimnis zu verletzen.

Art. 21. Wer eine öffentliche Wahlversammlung durch eine Tätlichkeit oder Androhung einer solchen verhindert oder stört, wird mit Geldstrafe bis zu 150 Mark oder Haft bestraft.

II. Volksbegehren.

Art. 22. I Der Vorschlag eines Volksbegehrens, der als solcher bezeichnet sein muß, ist bei dem Staatsministerium des Innern einzureichen. Er bedarf der Unterschriften von 1000 Stimmberechtigten. Dabei ist das Stimmrecht der Unterzeichner des Vorschlags durch eine Bestätigung der Gemeindebehörde ihres gewöhnlichen Aufenthaltsortes nachzuweisen. Wenn die Vorstandschaft einer Vereinigung den Vorschlag einreicht und glaubhaft macht, daß ihn 20 000 ihrer stimmberechtigten Mitglieder unterstützen, genügt die amtlich beglaubigte Unterschrift der Vorstandschaft.

II Vorschläge von Volksbegehren gemäß § 77 Abs. II der Verfassung sind binnen längstens 4 Wochen nach dem Landtagsbeschlusse einzureichen, der den Anlaß des Volksbegehrens bildet.

III Die Frist für die Anrufung einer Volksentscheidung gemäß § 77 Abs. II der Verfassung wird auf drei Monate festgesetzt.

Art. 23. Erachtet das Staatsministerium des Innern die verfassungsmäßigen oder die in diesem Gesetze bestimmten Voraussetzungen für den Vorschlag eines Volksbegehrens nicht für gegeben, so hat es die Verhandlungen sofort dem Landtage vorzulegen. Dieser trifft hierüber die Entscheidung.

Art. 24. I Das Staatsministerium des Innern bestimmt, wann die Frist zur Unterstützung des Vorschlags des Volksbegehrens beginnt und gibt die Frist samt dem Vorschlag öffentlich bekannt.

II Die Frist muß spätestens eine Woche nach dem Einlaufe des Vorschlags beim Staatsministerium des Innern beginnen. Sie dauert drei Wochen.

III Wird innerhalb dieser Frist der Vorschlag eines weiteren Volksbegehrens über denselben Gegenstand eingebracht, so wird die Frist des früheren Volksbegehrens auf Antrag bis zum Ablaufe der für das spätere Volksbegehren laufenden Frist erstreckt. Die Ablehnung eines solchen Antrags ist sofort dem Landtage zur endgültigen Entscheidung mitzuteilen.

IV Nach der öffentlichen Bekanntgabe kann der Vorschlag eines Volksbegehrens nicht mehr geändert, aber bis zum Ablaufe der Unterstützungsfrist jederzeit zurückgenommen werden. Die Zurücknahmeerklärung ist gültig, wenn sie von mehr als der Hälfte der Unterzeichner des Vorschlags oder von der Vorstandschaft der Vereinigung, die den Antrag gestellt hat, abgegeben ist.

Art. 25. I Die Gemeinden sind verpflichtet, die vorschriftsmäßigen Unterzeichnungslisten, die ihnen die Beteiligten übergeben, zum eigenhändigen schriftlichen Eintrag der Unterstützungserklärungen bereitzuhalten. Die Auflagestunden sind so zu bestimmen, daß jeder Stimmberechtigte Gelegenheit findet, sich an dem Volksbegehren zu beteiligen. Vor jeder Unterschrift ist zu prüfen, ob der Unterzeichnende in der Gemeinde stimmberechtigt ist. Handzeichen solcher Personen, welche nicht schreiben können, sind zu beglaubigen.

II Die Bestimmungen über die Ausstellung von Wahlscheinen gelten entsprechend.

Art. 26. Für das Stimmrecht sind die Einträge in der zuletzt benützten Wählerliste oder Wahlkartei maßgebend. Wer darin nicht eingetragen ist, hat sein Stimmrecht vor der Unterzeichnung in der Liste nachzuweisen. Gegen die Ablehnung der Zulassung zur Unterschrift ist Beschwerde an die Aufsichtsbehörde zulässig. Diese hat hierüber binnen einer Woche zu entscheiden.

Art. 27. I Ungültig sind Unterschriften, die

1. unleserlich sind,
2. die Person des Unterzeichnenden nicht deutlich erkennen lassen,
3. von nicht stimmberechtigten Personen herrühren,
4. auf nicht vorschriftsmäßigen Listen stehen,
5. nicht rechtzeitig abgegeben sind.

Ungültig sind auch Handzeichen, die nicht beglaubigt sind.

II Die Entscheidung über die Gültigkeit trifft der Landeswahlausschuß.

Art. 28. I Nach dem Ablaufe der Unterstützungsfrist sind die Unterzeichnungslisten durch die Bezirksverwaltungsbehörden dem Landeswahlleiter zu übersenden. Der Landeswahlausschuß stellt das Ergebnis fest, gibt es öffentlich bekannt und übersendet die Verhandlungen samt den Unterlagen dem Landtag oder, wenn dieser nicht versammelt ist, durch das Staatsministerium des Innern dem Gesamtministerium.

II Die Kosten dieser Feststellung fallen der Staatskasse, die Kosten der Unterzeichnungslisten und ihrer Versendung an die Gemeindebehörden den Antragstellern, die übrigen Kosten den Gemeinden zur Last.

Art. 29. Wenn das Volksbegehren auf Einberufung des Landtags geht, hat das Gesamtministerium den Präsidenten des Landtags hiervon zu verständigen. Dieser hat den Landtag alsbald einzuberufen.

III. Gemeinsame Bestimmungen für Landtagswahlen und Volksentscheidungen.

1. Stimmbezirke.

Art. 30. I Wenn eine Landtagswahl oder eine Volksentscheidung anberaumt worden ist, teilen die Bezirksverwaltungsbehörden, in München, Nürnberg und Fürth der Stadtrat, ihre Verwaltungsbezirke für die Abstimmungen bei Landtagswahlen und Volksentscheidungen in Stimmbezirke ein.

II Die Stimmbezirke sollen möglichst mit den Gemeindebezirken zusammenfallen.

III Ein Stimmbezirk soll höchstens 2500 Einwohner nach der letzten allgemeinen Volkszählung umfassen.

IV Große Gemeinden können in mehrere Stimmbezirke zerlegt, kleine Gemeinden oder Teile von Gemeinden mit benachbarten Gemeinden oder Gemeindeteilen zu einem Stimmbezirk vereinigt werden.

2. Wahlvorstand.

Art. 31. Die Bezirksverwaltungsbehörden, in München, Nürnberg und Fürth der Stadtrat, bestimmen alsbald für jeden Stimmbezirk Abstimmungsort, Abstimmungsraum und je einen Stimmberechtigten als Wahlvorsteher und Vertreter hierfür.

Art. 32. Der Wahlvorsteher beruft aus den Stimmberechtigten seines Stimmbezirkes einen Schriftführer und drei bis sechs Beisitzer. Sie bilden mit ihm den Wahlvorstand.

3. Abstimmung.

Art. 33. I Die Abstimmungen haben stattzufinden an einem Sonntag oder allgemeinen öffentlichen Ruhetag.

II Sie dauern in der Zeit vom 1. April bis 30. September von 8 Uhr vormittags bis 5 Uhr nachmittags, sonst von 9 Uhr vormittags bis 6 Uhr nachmittags. Sie können auf Grund einstimmigen Beschlusses des Wahlvorstandes schon früher geschlossen werden, wenn alle in der Wählerliste oder Wahlkartei eingetragenen Personen ihre Stimmen abgegeben haben.

III In Stimmbezirken mit weniger als 1000 Einwohnern kann die Bezirksverwaltungsbehörde, in München, Nürnberg und Fürth der Stadtrat, die Wahlzeit abkürzen. Die Wahlzeit darf jedoch nicht später als 10 Uhr vormittags beginnen.

Art. 34. I Während der ganzen Dauer der Abstimmung und Ergebnisermittlung ist den Stimmberechtigten die Anwesenheit im Abstimmungsraume gestattet, soweit sie ohne Störung möglich ist. Der Wahlvorstand ist befugt, Personen, welche die Ruhe und Ordnung stören, aus dem Abstimmungsraume zu verweisen. Sie dürfen zuvor ihre Stimme abgeben.

II Im Abstimmungsraume dürfen, von den Verhandlungen und Beschlüssen des Wahlvorstandes abgesehen, weder Beratungen stattfinden, noch Ansprachen gehalten, noch Beschlüsse gefaßt werden.

Art. 35. Die Abstimmung wird in Person durch nichtunterschriebene Stimmzettel ausgeübt, die die Abstimmenden dem Wahlvorsteher eigenhändig oder, wenn sie durch ein körperliches Gebrechen hieran gehindert sind, unter Beihilfe einer Vertrauensperson zu übergeben haben.

Art. 36. In einem Nebenraum oder durch eine Absonderungsvorrichtung ist Vorsorge dafür zu treffen, daß der Abstimmende auf dem amtlichen Stimmzettel seine Abstimmung unbeobachtet ersichtlich machen kann.

Art. 37. Der Wahlvorstand entscheidet über alle bei der Abstimmung sich ergebenden Anstände sowie, vorbehaltlich der endgültigen Entscheidung des Landtags, über die Gültigkeit der Stimmzettel.

4. Abstimmung in Kranken- und Pflegeanstalten.

Art. 38. Die Abstimmung in Kranken- und Pflegeanstalten kann durch die Vollzugsvorschriften anderweitig geregelt werden.

5. Kosten der Abstimmungen.

Art. 39. I Die Kosten für die Bereitstellung des Abstimmungsraumes und der für die Abstimmung sonst nötigen Gegenstände tragen die Gemeinden, alle übrigen Kosten trägt der Staat.

II Die Stimmzettel werden für jeden Stimmkreis amtlich hergestellt in der Weise, daß die Stimmzettel die sämtlichen für den Stimmkreis aufgestellten Bewerber mit dem Kennworte des Wahlvorschlages enthalten, dem die Bewerber angehören.

III Die in diesem Gesetze zum Vollzuge der Abstimmungen vorgesehenen Ämter sind Ehrenämter, wofür keine Vergütung beansprucht werden kann.

IV. Besondere Bestimmungen für die Landtagswahlen.

1. Abgeordnete, Wahlkreise, Stimmkreise, Wählbarkeit.

Art. 40. Der bayerische Landtag wird auf die Dauer von vier Jahren in allgemeiner, gleicher, geheimer und unmittelbarer Wahl nach den Grundsätzen des Verhältniswahlrechtes gewählt.

Art. 41. I Das ganze Land wird in acht Wahlkreise entsprechend den Regierungsbezirken eingeteilt.

II Für das ganze Land sind — vorbehaltlich der Bestimmungen in Art. 55, 57, 61—113 Abgeordnete zu wählen. Hiervon treffen auf Oberbayern 25, Niederbayern 12, Pfalz 14, Oberpfalz 10, Oberfranken mit Coburg 12, Mittelfranken 15, Unterfranken 12, Schwaben 13.

Art. 42. Außerdem werden 15 Abgeordnete den Gesamtwahlvorschlägen (Art. 55) und den nicht zu einem Gesamtwahlvorschlage vereinigten Einzelwahlvorschlägen nach dem Verhältnis ihrer Stimmenzahlen im ganzen Lande zur Benennung zugeteilt (Landesabgeordnete).

Art. 43. Die Wahlkreise werden in so viele Stimmkreise eingeteilt, als Abgeordnete im Wahlkreise zu wählen sind. Die Einteilung regelt die Anlage, die Bestandteil des Gesetzes ist.*)

Art. 44. Wählbar ist jeder Wahlberechtigte, der am Tage der Wahl das 25. Lebensjahr zurückgelegt hat, seit mindestens einem Jahre Reichsangehöriger ist und sich seit mindestens einem Jahre in Bayern aufgehalten hat.

*) Der Raumersparnis halber hier nicht mitabgedruckt.

Art. 45. [I] Ein Abgeordneter verliert seinen Sitz
1. durch Verzicht,
2. durch Wegfall der Wählbarkeit,
3. durch rechtskräftige strafgerichtliche Aberkennung der Rechte aus öffentlichen Wahlen,
4. durch Ungültigerklärung der Wahl oder sonstiges Ausscheiden beim Wahlprüfungsverfahren,
5. durch nachträgliche Änderung des Wahlergebnisses,
6. durch Aberkennung kraft Urteils des Staatsgerichtshofs,
7. durch Wegfall der Gründe für die Berufung als Ersatzmann.

[II] Der Verzicht ist dem Landtagspräsidenten schriftlich anzuzeigen und kann nicht widerrufen werden. Als Verzicht gilt auch die Annahme eines öffentlichen Dienstes in einem mit Bayern im Kriege befindlichen Staat.

2. Wahlvorschläge.

Art. 46. [I] Die Wahl erfolgt auf Grund von Wahlvorschlägen. Sie sind für die Wahlkreise aufzustellen und spätestens am 17. Tage abends 8 Uhr vor dem Wahltage bei dem Kreiswahlleiter einzureichen.

[II] Jeder Wahlvorschlag muß ein Kennwort tragen und darf höchstens so viele Bewerber enthalten, als Abgeordnete zu wählen sind.

[III] Bei jedem Bewerber ist anzugeben, für welchen Stimmkreis oder für welche Stimmkreise er aufgestellt ist.

[IV] Jeder Bewerber darf nur in einem Wahlkreis aufgestellt und nur in einem Wahlvorschlag benannt sein.

[V] Die Wahlvorschläge müssen von wenigstens 20 Wählern des Wahlkreises unterzeichnet sein.

[VI] Die Zustimmungserklärung der in einem Wahlvorschlag aufgenommenen Bewerber ist dem Kreiswahlleiter vorzulegen.

[VII] Telegraphische Erklärungen gelten als schriftliche Erklärungen im Sinne der Abs. I und VI, wenn sie durch eine spätestens am zweiten Tage nach Ablauf der Frist eingegangene schriftliche Erklärung bestätigt werden.

Art. 47. [I] Mängel der Wahlvorschläge müssen spätestens am 10. Tage vor dem Wahltage behoben sein; sonst ist der Wahlvorschlag, soweit der Mangel besteht, ungültig.

II Bis zum gleichen Tage sind die durch den Wegfall einzelner Bewerber veranlaßten Ergänzungen der Wahlvorschläge zulässig.

Art. 48. Die Kreiswahlausschüsse entscheiden am 9. Tage vor dem Wahltag, vorbehaltlich der Wahlprüfung durch den Landtag, endgültig über die Zulassung und Gültigkeit der Wahlvorschläge.

Art. 49. Wahlvorschläge, die verspätet eingereicht sind oder den gesetzlichen oder den durch die Wahlordnung aufgestellten Anforderungen nicht genügen, sind zurückzuweisen. Wenn die Anforderungen nur hinsichtlich einzelner Bewerber nicht erfüllt sind, werden ihre Namen aus den Wahlvorschlägen gestrichen, auch die Namen der über die zulässige Zahl hinaus vorgeschlagenen Bewerber werden gestrichen.

Art. 50. I Die Kreiswahlleiter haben die von ihrem Wahlausschuß als gültig anerkannten Wahlvorschläge am 9. Tage vor dem Wahltag öffentlich bekanntzugeben.

II Nach der Bekanntgabe ist die Zurücknahme der Wahlvorschläge unzulässig.

3. Abstimmung.

Art. 51. I Jeder Wähler kann seine Stimme nur für einen der Bewerber abgeben, die in einem von dem Kreiswahlleiter öffentlich bekanntgegebenen Wahlvorschlag für den Stimmkreis als Bewerber aufgestellt sind.

II Die Stimmabgabe erfolgt derart, daß der Wähler durch ein auf den Stimmzettel gesetztes Kreuz oder auf andere Weise kenntlich macht, welchem Bewerber er seine Stimme geben will. Wird dabei der Name des Bewerbers gestrichen, so daß der Stimmzettel nur das Kennwort des gewählten Wahlvorschlages enthält, so wird die Stimme für diesen als Listenstimme gezählt.

4. Ermittlung des Wahlergebnisses.

Art. 52. Nach Schluß der Wahl stellt der Wahlvorstand fest, wie viele gültige Stimmen insgesamt und für jeden der im Stimmkreis aufgestellten Bewerber, ferner wie viele Listenstimmen, endlich wie viele Stimmen für jeden Wahlvorschlag abgegeben sind.

Art. 53. I Ungültig sind Stimmzettel,

1. die als nicht amtlich hergestellt erkennbar sind,
2. die mit einem besonderen Merkmale versehen sind,
3. aus deren Bezeichnung der Wille des Wählers nicht unzweifelhaft zu erkennen ist,
4. die an Stelle eines der in dem Stimmzettel enthaltenen, für den Stimmkreis aufgestellten Bewerbers einen anderen Namen enthalten,
5. die einen Zusatz, eine Verwahrung oder einen Vorbehalt enthalten,
6. denen irgend ein von außen deutlich fühlbarer Gegenstand beigefügt ist.

II Mehrere von einem Wähler zugleich abgegebene nicht verschieden gekennzeichnete Stimmzettel gelten als eine Stimme. Wenn sie verschieden gekennzeichnet sind, sind sie ungültig.

5. Feststellung des Wahlergebnisses.

Art. 54. I Der Kreiswahlausschuß stellt fest, wie viele gültige Stimmen insgesamt und für die in jedem Stimmkreise des Wahlkreises aufgestellten einzelnen Bewerber, ferner wie viele Listenstimmen, endlich wie viele Stimmen für jeden Wahlvorschlag im Wahlkreis abgegeben worden sind.

II Die Gesamtzahl der abgegebenen gültigen Stimmen wird sodann durch die um 1 vermehrte Zahl der im Wahlkreise zu vergebenden Sitze geteilt (Verteilungszahl). Jeder Wahlvorschlag erhält so viele Sitze, als sich bei der Teilung seiner Gesamtstimmenzahl an Bewerberstimmen und Listenstimmen durch die Verteilungszahl ergibt.

III Die Stimmreste der einzelnen Wahlvorschläge werden samt der Zahl der im Wahlkreise noch nicht vergebenen Sitze dem Landeswahlleiter mitgeteilt.

Art. 55. I Der Landeswahlausschuß verteilt die bei der Sitzeverteilung nach Art. 54 in den Wahlkreisen nicht verteilten Sitze nach Maßgabe der bei dieser Verteilung verbliebenen Stimmreste. Dabei werden Kreiswahlvorschläge, die das gleiche Kennwort ohne jede Abweichung tragen, als Gesamtwahlvorschlag behandelt und ihre Stimmreste zusammengezählt. Jede Abweichung der Kennworte schließt die Zusammenrechnung aus.

II Der Landeswahlausschuß teilt die Gesamtsumme der Stimmreste aller Gesamtwahlvorschläge und der nicht an einem Gesamtwahlvorschlage beteiligten selbständigen Kreiswahlvorschläge durch die um 1 vermehrte Zahl der noch zu besetzenden Sitze (Restverteilungszahl). Jeder Gesamtwahlvorschlag und jeder selbständige Kreiswahlvorschlag erhält vorbehaltlich der Bestimmung in Abs. IV so viele Sitze, als sich bei der Teilung seines Stimmrestes durch die Restverteilungszahl ergibt.

III Werden hierdurch nicht alle Sitze vergeben, so wird der Stimmrest jedes Gesamtwahlvorschlages und jedes selbständigen Kreiswahlvorschlages durch die um 1 vermehrte Zahl der ihm hiernach zugewiesenen Sitze geteilt. Dem Gesamtwahlvorschlag oder selbständigen Kreiswahlvorschlage, bei dem sich hiernach die größte Zahl ergibt, wird dann vorbehaltlich der Bestimmung in Abs. IV ein weiterer Sitz zugewiesen. Dieses Verfahren wird nötigenfalls entsprechend wiederholt.

IV Bei dieser Sitzeverteilung können nur Gesamtwahlvorschläge und selbständige Kreiswahlvorschläge, welche bei der Verteilung nach Art. 54 in den Wahlkreisen mindestens einen Sitz erhalten haben, weitere Sitze erhalten.

V Innerhalb der Gesamtwahlvorschläge werden die Sitze den Kreiswahlvorschlägen zugewiesen, welche die größten Stimmreste aufweisen.

Art. 56. I Die Wahlausschüsse sind an die Feststellungen der Wahlvorstände hinsichtlich der Gültigkeit der Stimmen gebunden.

II Ergibt sich bei der Feststellung des Ergebnisses, daß ein Bewerber entgegen seiner abgegebenen Erklärung und Versicherung (Art. 46 Abs. VI) in mehreren Wahlkreisen aufgestellt worden ist, so hat der Kreiswahlausschuß oder nachträglich der Landeswahlausschuß die sämtlichen für diesen Bewerber abgegebenen Stimmen für ungültig zu erklären. Das Wahlergebnis ist hiernach gegebenenfalls neu festzustellen.

Art. 57. I Innerhalb der Wahlvorschläge werden die Sitze auf die einzelnen Bewerber nach der Zahl der auf jeden Bewerber in den Stimmkreisen, für die er innerhalb des Wahlkreises aufgestellt ist, entfallenen Stimmen verteilt.

II Entfallen auf einen Wahlvorschlag mehr Sitze, als er wählbare Bewerber enthält, so fallen sie den Bewerbern zu, die auf den übrigen Wahlvorschlägen des gleichen Gesamtwahlvorschlags nach der Zahl ihrer Stimmen an erster Stelle berufen sind. Sind solche nicht vorhanden, so bleiben die Sitze unbesetzt.

III Haben mehrere Wahlvorschläge infolge gleicher Teilungsergebnisse oder Reststimmen auf einen Sitz gleichen Anspruch und würde bei voller Befriedigung der sämtlichen Ansprüche die verfügbare Zahl der Sitze überschritten, so fällt der Sitz an den Wahlvorschlag, dessen in Betracht kommender Bewerber die größte Stimmenzahl aufweist. Bei Stimmengleichheit entscheidet das Los.

IV Haben in einem Wahlvorschlage mehrere Bewerber die gleiche Stimmenzahl erhalten und reicht die verfügbare Zahl der Sitze nicht für alle aus, so entscheidet das Los.

Art. 58. I Der Landeswahlausschuß verteilt die Sitze für die Landesabgeordneten unter die Gesamtwahlvorschläge und die selbständigen Kreiswahlvorschläge nach dem Verhältnis ihrer Stimmenzahlen.

II Hierzu wird zunächst die gesamte Stimmenzahl durch die um 1 vermehrte Zahl der Landesabgeordneten geteilt. Durch diese Verteilungszahl werden sodann die Stimmenzahlen der Gesamtwahlvorschläge und der selbständigen Kreiswahlvorschläge geteilt.

III Werden hierdurch nicht alle Sitze vergeben, so wird die Stimmenzahl jedes der Gesamtwahlvorschläge und selbständigen Kreiswahlvorschläge durch die um 1 vermehrte Zahl der ihm hiernach zugewiesenen Sitze geteilt. Dem Gesamtwahlvorschlag oder selbständigen Kreiswahlvorschlag, bei dem sich hiernach die größte

Zahl ergibt, wird dann ein weiterer Sitz zugewiesen. Dieses Verfahren wird nötigenfalls entsprechend wiederholt.

IV Haben mehrere Gesamtwahlvorschläge oder selbständige Kreiswahlvorschläge infolge gleichen Teilungsergebnisses auf einen Sitz gleichen Anspruch und würde bei voller Befriedigung der sämtlichen Ansprüche die verfügbare Zahl von Sitzen überschritten, so entscheidet das Los.

V Der Landeswahlleiter eröffnet die Zahl der hiernach auf die Gesamtwahlvorschläge oder selbständigen Kreiswahlvorschläge treffenden Sitze dem Vertrauensmanne mit der Anheimgabe, ihm die Namen der Landesabgeordneten im Benehmen mit den Vertrauensmännern der Wahlvorschläge binnen acht Tagen zu bezeichnen. Die Abgeordneten müssen den auf einem Wahlvorschlage verzeichneten, noch nicht gewählten Bewerbern entnommen sein.

VI Werden diese Abgeordneten nicht binnen acht Tagen benannt oder ist für einen Gesamtwahlvorschlag oder selbständigen Kreiswahlvorschlag nicht mehr die entsprechende Anzahl von Bewerbern verfügbar, so bleiben die Sitze unbesetzt.

Art. 59. I Die Wahlleiter haben die Gewählten stets sofort von der Wahl zu verständigen mit der Aufforderung, sich über die Annahme der Wahl binnen acht Tagen bei dem Landeswahlleiter zu erklären.

II Wird die Annahme der Wahl nicht binnen acht Tagen nach dem Empfang der Verständigung hiervon diesem gegenüber erklärt, so gilt die Wahl als abgelehnt. Annahme unter Vorbehalt oder Verwahrung gilt als Ablehnung.

Art. 60. I Sobald die Namen aller Abgeordneten feststehen, hat der Landeswahlleiter sämtliche Namen alsbald öffentlich bekanntzugeben, ebenso die Namen der nichtgewählten Bewerber in der Reihenfolge ihrer Stimmenzahlen als Ersatzmänner für ausscheidende Abgeordnete. Bei gleicher Stimmenzahl ist die Reihenfolge durch das Los festzustellen.

II Die drei ältesten Abgeordneten hat er von dieser ihrer Eigenschaft alsbald zu verständigen.

6. Ersatz ablehnender oder ausscheidender Abgeordneter.

Art. 61. I Die Feststellung des Ersatzmannes im Falle der Erledigung eines Abgeordnetensitzes obliegt dem Landeswahlleiter. Die festgestellte Reihenfolge der Ersatzmänner kann — vom Falle des Todes eines Ersatzmannes abgesehen —, vorbehaltlich der Prüfung der Wahl durch den Landtag, nur durch Beschluß des Landeswahlausschusses geändert werden.

II Wenn ein gewählter Abgeordneter die Wahl ablehnt oder nachträglich aus dem Landtag ausscheidet, tritt an seine Stelle ohne Ersatzwahl der Bewerber, der in dem gleichen Wahlvorschlag an erster Stelle unter den nicht gewählten Bewerbern berufen ist. Wenn auf dem gleichen Wahlvorschlag kein Bewerber mehr vorhanden ist, tritt dafür der Bewerber ein, der aus den übrigen Wahlvorschlägen des gleichen Gesamtwahlvorschlags an erster Stelle berufen ist. Ist kein solcher Bewerber mehr vorhanden, so bleibt der Sitz unbesetzt.

III Wenn ein Landesabgeordneter die Wahl ablehnt oder nachträglich aus dem Landtag ausscheidet, ist der Ersatzmann gemäß Art. 58 neu zu benennen.

7. Wahlprüfung.

Art. 62. Der Landtag prüft die Gültigkeit der Wahl seiner Mitglieder.

Art. 63. Wahlbeanstandungen durch Wahlberechtigte sind beim Landtage binnen einem Monate nach seiner Eröffnung, bei Nachwahlen und Wiederholungswahlen binnen einem Monate nach der öffentlichen Bekanntgabe des Wahlergebnisses durch den Landeswahlleiter anzubringen.

Art. 64. I Wenn der Landtag das Wahlergebnis in einem Wahlkreise für ungültig erklärt hat, ist eine Nachwahl in diesem Wahlkreis anzuordnen. Auf Grund dieser Nachwahl ist das Wahlergebnis durch den Kreiswahlausschuß neu festzustellen.

II In diesem Falle hat der Landeswahlausschuß auch die sämtlichen auf Stimmreste entfallenden Sitze neu zu verteilen. Ergibt sich dabei, daß auf einen Wahlvorschlag weniger Sitze als bei der früheren Verteilung entfallen, so scheiden die zuletzt eingetretenen Abgeordneten in der Reihenfolge des Art. 57 zuerst aus.

III Auch über die Zuteilung der Landesabgeordneten an die Gesamtwahlvorschläge oder selbständigen Kreiswahlvorschläge hat der Landeswahlausschuß auf Grund der neuen Wahlergebnisse nochmals zu entscheiden. Ergibt sich dabei, daß auf einen Gesamtwahlvorschlag oder selbständigen Kreiswahlvorschlag weniger Landesabgeordnete als bei der früheren Verteilung entfallen, so hat der Vertrauensmann die Person der Ausscheidenden zu bestimmen. Geschieht dies nicht binnen acht Tagen, so hat der Landesabgeordnete mit der geringsten Stimmenzahl auszuscheiden. Die Person stellt der Landeswahlausschuß fest.

Art. 65. I Wenn der Landtag das Wahlergebnis nur in einem oder mehreren Stimmbezirken für ungültig erklärt und feststellt, daß es nach der Wählerzahl des Stimmbezirkes oder der Stimmbezirke auf das Gesamtwahlergebnis von Einfluß sein kann, hat eine Wiederholungswahl in diesen Stimmbezirken auf Grund der alten Wahlvorschläge und Wählerlisten oder Wahlkarteien stattzufinden. Kreiswahlausschuß und Landeswahlausschuß stellen auf Grund der Wiederholungswahl die Wahlergebnisse gemäß Art. 64 neu fest.

II Das gleiche gilt, wenn in einzelnen Stimmbezirken die Durchführung einer Wahl durch Gewalt gehindert worden ist und das Gesamtwahlergebnis durch das Ergebnis dieser Stimmbezirke beeinflußt werden kann. Die gleiche Anordnung kann bis zum Zusammentreten des Landtags vorbehaltlich der Wahlprüfung durch den Landtag das Staatsministerium des Innern auf Antrag des Kreiswahlausschusses mit Zustimmung des Landeswahlausschusses treffen.

V. Besondere Bestimmungen für die Volksentscheidungen.

Art. 66. Das Staatsministerium des Innern hat den Tag für die Volksentscheidungen festzusetzen und mit dem Gegenstande der Volksentscheidung öffentlich bekanntzugeben.

Art. 67. I Die der Volksentscheidung zu unterstellende Frage ist dabei so zu stellen, daß sie mit „Ja" oder „Nein" beantwortet werden kann.

II Ist gleichzeitig über mehrere Gesetzentwürfe abzustimmen, so ist festzusetzen, wie die Abstimmungen zu unterscheiden sind.

Art. 68. Die Stimmzettel werden auf Staatskosten beschafft.

Art. 69. I Ungültig sind Stimmzettel,

1. die nicht die vorgeschriebene Beschaffenheit haben,
2. die mit einem besonderen Merkmale versehen sind,
3. die weder „Ja" noch „Nein" oder beides zugleich auf die gleiche Frage enthalten,
4. die bei mehreren den gleichen Gegenstand betreffenden Gesetzentwürfen mehrmals „Ja" enthalten,
5. die einen Zusatz, eine Verwahrung oder einen Vorbehalt enthalten,
6. denen irgendein von außen deutlich fühlbarer Gegenstand beigefügt ist.

II Mehrere gleichlautende gültige Stimmzettel für dieselbe Frage gelten als einer. Mehrere verschieden lautende Stimmzettel für dieselbe Frage sind ungültig.

Art. 70. Zur Ermittlung des Abstimmungsergebnisses stellt der Wahlvorstand nach dem Abschlusse der Abstimmung für jede gestellte Frage einzeln fest, wie viele gültige Stimmen insgesamt und wie viele hiervon mit „Ja" und wie viele mit „Nein" abgegeben worden sind.

Art. 71. Der Landeswahlausschuß stellt das Ergebnis fest, gibt es öffentlich bekannt und übersendet die Verhandlungen samt den Unterlagen dem Landtag.

Art. 72. I Der Landtag stellt die Rechtswirksamkeit der Volksentscheidung fest.

II Wenn er das Ergebnis in einem oder mehreren Stimmbezirken für ungültig erklärt, ist Art. 65 entsprechend anzuwenden.

III Bei Gleichheit der Stimmen für die Bejahung und für die Verneinung einer Frage gilt die Frage als verneint. Bei Gleichheit der Stimmen für die Bejahung zweier Fragen entscheidet das Los, das der Präsident des Landtags zieht.

Art. 73. I Wird ein durch Volksbegehren verlangtes Gesetz durch Volksentscheidung angenommen, so ist es als Gesetz auszufertigen und zu verkündigen.

II Ein durch Volksentscheidung abgelehntes Gesetz darf nicht als solches ausgefertigt oder verkündigt werden.

VI. Schlußbestimmungen.

Art. 74. Wird eine Abstimmung gleichzeitig mit einer vom Reich ausgeschriebenen Abstimmung vorgenommen, so sind die Vorschriften anzuwenden, die durch Anordnungen des Reichs über die Wählerlisten und Wahlkarteien, die Zusammensetzung der Wahlvorstände und die Abstimmung erlassen werden. Für die Beschaffenheit und den Inhalt der Stimmzettel bleiben die landesgesetzlichen Vorschriften maßgebend. Die Herstellung einer eigenen Wählerliste ist dann nicht erforderlich.

Art. 75. Die Gemeinden haben die zum Vollzuge des Gesetzes und der Ausführungsbestimmungen erforderlichen Bestätigungen kostenfrei auszustellen.

Art. 76. Das Staatsministerium des Innern erläßt die zum Vollzuge dieses Gesetzes erforderlichen Vorschriften.

Art. 78. Dieses Gesetz wird als dringend im Sinne des § 77 Abs. I Ziff. 6 der Verfassung bezeichnet und tritt mit der Verkündigung in Kraft.

Art. 79. Das Landeswahlgesetz gilt als Verfassungsgesetz.

München, den 12. Mai 1920.[1])

---

1) Nach Art. 4 des G. v. 18. Juli 1925 ist das Staatsministerium des Innern ermächtigt, den Wortlaut des LWG. in seiner jetzigen Fassung unter Ausscheidung der Art. 77, 77a und 80, die nur für frühere Wahlen Bedeutung hatten, bekanntzugeben. Die Bekanntgabe wird vor der nächsten Wahl des LT. erfolgen. Dabei wird auch die Neufassung der Landeswahlordnung erfolgen.

Bisher unterblieb beides, da nicht abzusehen ist, ob nicht die bevorstehende Revision des RWG. auch noch Änderungen des LWG. erforderlich machen wird.

Anlage 5.

Gesetz über die Aufwandentschädigung der Landtagsabgeordneten.

(Text nach dem Stande vom 11. März 1927).*)

Art. 1. I Jeder Abgeordnete erhält für die Dauer seiner Zugehörigkeit zum Landtag eine monatliche Aufwandentschädigung von 300 Mk., soferne er in München seinen Wohnsitz hat, von 450 Mk., soferne er außerhalb Münchens seinen Wohnsitz hat. Die Aufwandentschädigung ist zahlbar im voraus am Beginne jedes Kalendermonats, bei späterem Eintreten eines Abgeordneten ist dieser Zeitpunkt maßgebend. Abgeordnete, die sich einer vom Landtage genehmigten Strafverfolgung oder Strafvollstreckung entziehen, haben für diese Zeit keinen Anspruch auf Aufwandentschädigung.

II Die Mitglieder der Ausschüsse, des Vorstandes und des Ältestenrates beziehen außerdem für jede Sitzung, der sie in dieser ihrer Eigenschaft angewohnt haben, ein Tagegeld von einem Dreißigstel der Aufwandentschädigung. Dieses Tagegeld fällt weg für solche Tage, an denen Sitzungen der Vollversammlung stattfinden. Der zweimalige Bezug des Tagegeldes für einen und denselben Tag ist ausgeschlossen.

III Außerdem erhält der Präsident eine besondere Entschädigung von 40 v. H. der Aufwandentschädigung. Sie ist im voraus am Beginne jeden Kalendermonats zahlbar.

Art. 2. I Für jeden Tag, an dem ein Abgeordneter einer Vollsitzung ferngeblieben ist, wird ein Betrag von einem Dreißigstel der Aufwandentschädigung abgezogen.

---

*) Zitierung der einzelnen Gesetze siehe oben VU. § 40 Anm. 3.

Dieser Abzug erhöht sich um ein weiteres Dreißigstel für jeden Tag, an dem ein Abgeordneter der Vollsitzung ferngeblieben ist, falls das Fernbleiben sich über mehr als fünf aufeinanderfolgende Sitzungstage erstreckt; jedoch darf der Abzug für einen Monat den Höchstbetrag der monatlichen Aufwandentschädigung nicht übersteigen.

II Der Abzug unterbleibt, wenn das Fernbleiben durch Krankheit, durch höhere Gewalt oder durch Geschäfte im Auftrage des Landtags veranlaßt ist und der Abgeordnete sich hierwegen spätestens am zweiten Tage nach der Verhinderung entschuldigt hat, ferner wenn er an einer weiteren am gleichen Tage stattfindenden Voll- oder Ausschußsitzung teilgenommen hat.

III Wer an einer namentlichen Abstimmung in einer Vollsitzung nicht teilnimmt, gilt im Sinne dieses Gesetzes als abwesend, auch wenn seine Anwesenheit an dem Tage nach den Bestimmungen über den Nachweis der Anwesenheit festgestellt ist.

Art. 3. Abgeordnete, welche zugleich Mitglieder des Deutschen Reichstags sind, erhalten für die Zeit, während der sie eine Aufwandentschädigung aus der Reichskasse beziehen, keine Aufwandentschädigung aus der bayerischen Staatskasse, mit Ausnahme der Tage, für welche ihnen aus Anlaß der Reise zwischen dem Sitze des Reichstags und des Landtags und der Tätigkeit im Landtag ein Abzug an der Entschädigung aus der Reichskasse gemacht wird. Für die Tage, für die sie solche Abzüge erleiden, wird ihnen die gleiche Aufwandentschädigung wie einem Landtagsabgeordneten gewährt. Art. 2 findet auch auf diese Anwendung.

Art. 4. Die nach Art. 2 und 3 maßgebenden Verhältnisse werden durch eine Erklärung des Abgeordneten bei der Erhebung der nächsten Aufwandentschädigung festgestellt.

Art. 5. (Aufgehoben.)

Art. 6. I Der Verzicht auf die Aufwandentschädigung ist unzulässig.

II Der Anspruch auf die Aufwandentschädigung ist nicht übertragbar.

III Ist im Falle des Todes eines Mitgliedes des Landtags ein Ehegatte hinterblieben, so kann die Zahlung an diesen ohne Nachweis seines Erbrechts erfolgen.

Art. 7. Nähere Bestimmungen über den Vollzug werden in der Geschäftsordnung des Landtags getroffen.

Art. 8. Das Gesetz wird als dringend bezeichnet und tritt sofort in Wirksamkeit.

Anlage 6.

Geschäftsordnung für den Bayerischen Landtag.

Der Bayerische Landtag gibt sich gemäß § 28 der Verfassungsurkunde des Freistaates Bayern folgende Geschäftsordnung:

A. Zusammentritt des Landtages.

§ 1. [1] Zu jeder Tagung nach einer Neuwahl wird der Landtag von seinen drei ältesten Mitgliedern, die auf Grund besonderer Bestimmungen von der zuständigen Behörde zu benachrichtigen sind, binnen 17 Tagen nach dem Tage der amtlichen Feststellung des Wahlergebnisses einberufen. Jedes Mitglied erhält eine besondere Mitteilung über die Einberufung, welche bei der Anmeldung vorzulegen ist. Die Anmeldung geschieht beim Landtagsamte.

[2] Den Landtagsmitgliedern werden vom Landtagsamte die erforderlichen Ausweise sowie eine Geschäftsordnung ausgehändigt.

[3] Der Landtag wird durch das an Lebensjahren älteste Mitglied (Alterspräsident) eröffnet. Bei Ablehnung oder Verhinderung des Alterspräsidenten tritt das nächstälteste Mitglied an seine Stelle.

[4] Der Alterspräsident beruft aus der Mitte der Versammlung zwei Mitglieder als Schriftführer zur vorläufigen Dienstleistung.

B. Gliederung des Landtags.

I. Im allgemeinen.

§ 2. Die Geschäfte des Landtags werden nach den Bestimmungen der §§ 5 bis 7 vom Präsidenten, den Schriftführern und dem Vorstande geführt.

§ 3. [1] Der Landtag wählt aus der Zahl seiner Mitglieder in gesonderten Wahlgängen den Präsidenten, dessen ersten und zweiten Stellvertreter, dann den ersten, zweiten, dritten und vierten Schriftführer. Die Wahl gilt für die ganze Dauer des Landtags.

[2] Die Gewählten können jederzeit zurücktreten. Der Rücktritt muß erfolgen, wenn die Voraussetzungen des § 8 Abs. 2 nicht mehr gegeben sind.

[3] Wird während der Dauer des Landtags eine Stelle durch Rücktritt oder Abgang erledigt, so hat Neuwahl für den Rest der Landtagsdauer stattzufinden.

§ 4. [1] Die erforderlichen Wahlen werden vom Landtag in Vollversammlungen vorgenommen. Die Ergebnisse werden durch den Präsidenten und die Schriftführer festgestellt.

[2] Der Präsident, seine Stellvertreter und die Schriftführer werden von den mit Namen aufzurufenden Mitgliedern des Landtags durch Abgabe nichtunterschriebener, verdeckter Stimmzettel gewählt. Sie durch Zuruf in einem oder mehreren Wahlgängen zu wählen, ist zulässig, wenn kein Mitglied widerspricht.

[3] Gewählt ist, wer die Mehrheit der abgegebenen gültigen Stimmen erhält. Ergibt sich keine solche Mehrheit, so kommen die beiden Anwärter mit den höchsten Stimmenzahlen in die engere Wahl. Bei Stimmengleichheit entscheidet das Los durch die Hand des Präsidenten.

II. Im einzelnen.

a) Präsident.

§ 5. [1] Der Präsident führt die laufenden Geschäfte des Landtags und vertritt den Landtag nach außen. Er leitet die Verhandlungen und handhabt die Ordnung in den Sitzungen.

²Er wird durch den ersten und bei dessen gleichzeitiger Verhinderung durch den zweiten Vizepräsidenten vertreten. Sind gleichzeitig sowohl der Präsident wie seine beiden Stellvertreter verhindert, so ist einer der vier Schriftführer nach Maßgabe ihrer Rangfolge zur vorübergehenden Stellvertretung befugt.

³Der Präsident ist befugt, die seiner Entscheidung unterliegenden Verfügungen dem Vorstande zur Beschlußfassung vorzulegen und in den Fragen der Geschäftsführung den Ältestenrat (§ 9) beizuziehen.

b) **Schriftführer.**

§ 6. ¹Die Schriftführer unterstützen den Präsidenten in seiner Geschäftsführung, insbesondere kommt es ihnen zu, die Anmeldungen zum Worte zu verzeichnen, die Namen aufzurufen, die Stimmen zu sammeln und zu zählen, die bekanntzugebenden Schriftstücke zu verlesen und die Prüfung beziehungsweise Berichtigung der Stenographischen Berichte zu überwachen.

²Der Präsident verteilt unter sie die Geschäfte.

³Stehen in einer Vollsitzung für die Führung der Geschäfte die gewählten Schriftführer nicht in ausreichender Zahl zur Verfügung, so ernennt der diensttuende Präsident die Stellvertreter aus der Zahl der anwesenden Mitglieder des Landtags.

c) **Vorstand.**

§ 7. ¹Der Präsident, seine Stellvertreter und die vier Schriftführer bilden den Vorstand.

²Dem Vorstand obliegt, soweit nicht durch Gesetz anderes bestimmt ist, die Anstellung, die Entlassung, die Besoldung, die Regelung des Dienstverhältnisses und der Dienstbeaufsichtigung der Landtagsbeamten (§ 29 der Verfassungsurkunde) sowie die Aufnahme, Entlassung und Entlohnung der Angestellten des Landtags.

³Der Vorstand hat ferner die Ausgaben für die Deckung des Bedarfes des Landtags und im Einvernehmen mit dem Büchereiausschusse die Erhaltung und Ergänzung der Landtagsbücherei zu überwachen.

[4] Der Vorstand ist bei Anwesenheit des Präsidenten oder eines seiner Stellvertreter und von wenigstens drei weiteren Mitgliedern beschlußfähig. Die Beschlüsse werden mit einfacher Stimmenmehrheit gefaßt. Bei Stimmengleichheit entscheidet die Stimme des Vorsitzenden.

d) Fraktionen.

§ 8. [1] Fraktionen sind parlamentarische Vereinigungen, zu deren Gründung eine Mindestzahl von fünf Mitgliedern erforderlich ist. Die Bildung einer Fraktion, ihre Bezeichnung, die Namen der Vorsitzenden und Mitglieder sind dem Präsidenten des Landtags schriftlich mitzuteilen.

[2] Nach der Stärke der Fraktionen bestimmt sich ihre Reihenfolge und bemißt sich ihr Anteil an den Stellen des Vorstandes, des Ältestenrats, der Ausschüsse, der Ausschußvorsitzenden und Ausschußschriftführer und ihrer Stellvertreter. Hierbei sind Änderungen im Stärkeverhältnisse der Fraktionen zu berücksichtigen.

e) Ältestenrat.

§ 9. [1] Der Ältestenrat besteht aus dem Präsidenten, seinen Stellvertretern und den von den Fraktionen nach Vereinbarung zu bestimmenden Mitgliedern. Er unterstützt und berät den Präsidenten in der Leitung der Geschäfte des Landtags und verteilt auf die Fraktionen nach Maßgabe ihrer Stärke vorbehaltlich der Genehmigung der Vollversammlung die Zahl der Ausschußmitglieder sowie die Stellen der Ausschußvorsitzenden und ihrer Stellvertreter.

[2] Seine Geschäftsordnung wird durch Verständigung zwischen den Fraktionen festgesetzt. Außerdem findet für seine Verhandlungen die allgemeine Geschäftsordnung sinngemäße Anwendung.

[3] Der Präsident oder, wenn er verhindert ist, einer seiner Stellvertreter beruft den Ältestenrat und leitet seine Verhandlungen. Der Ältestenrat muß einberufen werden, wenn mindestens zwei seiner Mitglieder es verlangen.

C. Ausschüsse

(siehe auch § 30 Abs. III und IV der Verfassungsurkunde, §§ 45 und 46 der Geschäftsordnung).

§ 10. [1] Zur Vorberatung von Gesetzesvorlagen und wichtigen Verhandlungsgegenständen werden aus den Mitgliedern des Landtags Ausschüsse gebildet.

[2] Der Landtag wählt nach seiner ersten Einberufung für die Zeit seiner Dauer sechs Ausschüsse:

1. für die Geschäftsordnung,
2. für Wahlprüfungen,
3. für den Staatshaushalt,
4. für Aufgaben wirtschaftlicher Art,
5. für Eingaben und Beschwerden,
6. für Volksbegehren, Volksentscheidungen, Ministeranklagen, Verfassungsstreitigkeiten und andere die Verfassung betreffende Angelegenheiten (Ausschuß für Verfassungsfragen).

[3] Sonstige Ausschüsse werden nach Beschluß des Landtags gewählt.

[4] Der Landtag setzt zur Wahrung der Rechte der Volksvertretung für die Zeit nach Ablauf seiner Dauer oder nach seiner Auflösung einen Ständigen Ausschuß ein.

[5] Für die zwischen zwei Tagungen liegende Zeit wird der Ständige Ausschuß mit bestimmten Befugnissen betraut.

[6] Der Landtag setzt für jeden Ausschuß die Zahl der Mitglieder fest.

§ 11. Die Mitglieder der Ausschüsse werden, für jeden Ausschuß gesondert, auf Vorschlag der Fraktionen entsprechend ihrem Stärkeverhältnis von der Vollversammlung gewählt. Stellvertretung ist zulässig.

§ 12. [1] Jeder Ausschuß wählt aus seiner Mitte mit einfacher Stimmenmehrheit durch Wahlzettel oder durch Zuruf einen Vorsitzenden, einen Schriftführer und deren Stellvertreter. Der Vorsitzende des Ausschusses schlägt Zeit und Tagesordnung der nächsten Sitzung vor; bei Widerspruch entscheidet der Ausschuß.

[2]Die Ausschüsse sind bei Anwesenheit der Mehrheit ihrer Mitglieder beschlußfähig. Stimmengleichheit gilt als Ablehnung.

[3]Landtagsmitglieder, die dem Ausschusse nicht angehören, sind berechtigt, den Ausschußverhandlungen als Zuhörer anzuwohnen. Der Landtag oder der Ausschuß kann in besonderen Fällen anders beschließen. Bei Ausschluß der Öffentlichkeit sind Mitglieder, auf die die Voraussetzungen des § 27 Abs. 2 zutreffen, auch als Zuhörer nicht zuzulassen.

[4]Berät der Ausschuß über Anträge von Mitgliedern des Landtags, so nimmt der Antragsteller, wenn er nicht Mitglied des Ausschusses ist, von mehreren Antragstellern der an erster Stelle Unterzeichnete oder bei dessen Verhinderung einer der anderen Mitunterzeichner zur Begründung des Antrags an der Verhandlung mit beratender Stimme teil. In besonderen Fällen kann der Ausschuß auch andere Abgeordnete zu seinen Verhandlungen mit beratender Stimme hinzuziehen.

[5]Dem Präsidenten des Landtags und seinen Stellvertretern kommt bei den Ausschußverhandlungen Beratungsrecht zu.

[6]Die beteiligten Minister sind unter Bekanntgabe von Ort, Zeit und Tagesordnung in der Regel zu allen Ausschußsitzungen einzuladen.

[7]Für jeden Beratungsgegenstand ernennt der Ausschußvorsitzende einen Berichterstatter und Mitberichterstatter. Beide erstatten in der Regel mündlichen Bericht. Der Ausschuß wählt einen Berichterstatter für die Vollversammlung, der in der Regel mündlich, auf besonderen Beschluß des Ausschusses schriftlich Bericht zu erstatten hat. Die Berichterstatter sollen in der Regel einen zusammenfassenden Bericht liefern und eine wörtliche Verlesung der Ausschußniederschriften vermeiden. Schriftliche Berichte sind in Druck zu legen und den Landtagsmitgliedern sowie den beteiligten Ministern zuzustellen.

[8]Die gegenwärtige Geschäftsordnung hat für die Beratung der Ausschüsse sinngemäße Anwendung zu finden

mit der Maßgabe, daß für sämtliche Abstimmungen in den Ausschüssen einfache Stimmenmehrheit genügt.

[9] Über alle Ausschußverhandlungen ist eine Niederschrift aufzunehmen. Die Einsicht in diese Niederschrift steht allen Mitgliedern des Landtags zu. Mitgliedern, bei denen die Voraussetzungen des § 27 Abs. 2 zutreffen, ist die Einsichtnahme in Ausschußverhandlungen zu versagen, soweit sie unter dem Ausschluß der Öffentlichkeit stattgefunden haben.

D. Geschäftsführung.

a) Gesetzesvorlagen, Volksbegehren und Volksentscheidungen.

§ 13. [1] Zur Einbringung von Gesetzesvorlagen sind außer der Staatsregierung, der Staatsbürgerschaft sowie den nach § 24 der Verfassungsurkunde befugten berufsständischen Vertretungen auch die Mitglieder des Landtags berechtigt.

[2] Gesetzesvorlagen, welche von Mitgliedern des Landtags eingebracht werden, haben nur Anspruch auf Beratung, wenn sie von wenigstens 15 Mitgliedern unterzeichnet sind.

[3] Werden Gesetzesvorlagen durch die Staatsbürgerschaft eingebracht, so entscheidet der Landtag über die Rechtmäßigkeit der Vorschläge von Volksbegehren, sobald das Staatsministerium des Innern ihm die Verhandlungen über solche Vorschläge vorgelegt hat. Zur Vorprüfung sind die Verhandlungen sofort dem Ausschusse für Verfassungsfragen zu überweisen (Art. 23 des Landeswahlgesetzes).

[4] Fertige Volksbegehren, welche dem Landtage durch den Landeswahlausschuß oder das Gesamtministerium unterbreitet worden sind (Art. 28 Abs. I des Landeswahlgesetzes), sind alsbald, doch nach vorgängiger Prüfung durch den Ausschuß für Verfassungsfragen in Behandlung zu nehmen. Der Landtag entscheidet zunächst über ihre Zulässigkeit und Rechtsgültigkeit (§ 76 Abs. I Satz 2 der Verfassungsurkunde) und sodann über ihre Annahme, Abänderung oder Ablehnung.

[5] Im Falle der Annahme überweist der Landtag das Volksbegehren samt seinem Beschlusse dem Staatsministerium zur Verkündigung gemäß § 62 der Verfassungsurkunde.

[6] Nimmt der Landtag das Volksbegehren nur mit Änderungen an oder lehnt er es ab, so hat er dasselbe samt seinen Beschlüssen dem Staatsministerium zum Zwecke der Anrufung der Volksentscheidung zu überweisen.

[7] Er kann dem Entwurfe des Volksbegehrens einen eigenen Entwurf gegenüberstellen und der Volksentscheidung durch das Staatsministerium unterbreiten lassen (§ 76 Abs. III Satz 1 bis 3 der Verfassungsurkunde). Die geschäftliche Behandlung solcher Entwürfe richtet sich nach den allgemeinen Grundsätzen der Geschäftsordnung.

[8] Alle Gesetzesvorlagen sind auf Antrag der Staatsregierung sofort in Beratung zu nehmen oder an einen Ausschuß zu verweisen. Vor der Verweisung an den Ausschuß ist die allgemeine Erörterung der Gesetzesvorlage zulässig, wenn dies von wenigstens 15 Mitgliedern beantragt wird.

[9] Alle Gesetzesvorlagen sind sogleich nach der Einbringung in Druck zu legen und den Mitgliedern des Landtags sowie den beteiligten Ministerien zuzustellen.

§ 14. [1] Über alle Gesetzesvorlagen und Staatsverträge finden mindestens zwei Lesungen in der Vollversammlung statt. Die allgemeine Erörterung, die vor der Verweisung an einen Ausschuß stattfindet (§ 13 Abs. 8 Satz 2), gilt nicht als Lesung im Sinne dieser Bestimmung.

[2] Jede Lesung zerfällt in eine allgemeine und eine besondere Erörterung. Der Landtag kann die Verbindung der allgemeinen und besonderen Erörterung beschließen. Bei der allgemeinen Erörterung kann das gleiche Landtagsmitglied nur einmal das Wort erhalten.

[3] Zwischen der Verteilung (§ 13 Abs. 9) und der ersten Lesung, dann zwischen der ersten und zweiten Lesung muß ein Zeitraum von zwei vollen Tagen liegen.

Abweichungen bedürfen der Zustimmung der Staatsregierung und des Landtags.

4 Abänderungsanträge sind sowohl bei den Gesetzesvorlagen wie bei den übrigen Beratungsgegenständen schriftlich zu stellen. Sie sind bei Gesetzesvorlagen bis zum Schlusse der zweiten Lesung zulässig, bei den übrigen Beratungsgegenständen bis zum Schlusse der Beratung. Bis zum Schlusse der zweiten Lesung können die Gesetzesvorlagen jederzeit an einen Ausschuß verwiesen werden.

5 Abänderungsanträge können auch von den Staatsministern und deren Bevollmächtigten gestellt werden.

6 Bei der zweiten Lesung ist über die Gesetzesvorlagen, wie sie sich nach den einzelnen Abstimmungen gestaltet haben, auch im ganzen abzustimmen.

7 Der Landtag entscheidet nach vorausgegangener Prüfung durch den Ausschuß für Verfassungsfragen über die Rechtswirksamkeit der Volksentscheidung und gibt seine Entscheidung dem Staatsministerium zur Veröffentlichung bekannt.

b) Anträge.

§ 15. Jedes Mitglied ist berechtigt, Anträge einzubringen.

§ 16. Anträge, die sich nur auf die geschäftliche Behandlung eines Beratungsgegenstandes beziehen, sind während der ganzen Dauer der Beratung zulässig. Sie können von jedem Mitglied mündlich gestellt werden.

§ 17. 1 Für die Behandlung selbständiger Anträge, die eine ausgearbeitete Gesetzesvorlage enthalten, sind die Bestimmungen der §§ 13 und 14 maßgebend.

2 Selbständige Anträge sind schriftlich einzureichen, in Druck zu legen und den Mitgliedern des Landtags sowie den beteiligten Ministerien zuzustellen.

3 Sind nach Überzeugung des Vorstandes in einem Antrag, einer Interpellation oder einer kurzen Anfrage Behauptungen über Tatsachen enthalten, deren Geheimhaltung, wenn sie richtig wären, einer außerdeutschen Regierung gegenüber für das Wohl des Deutschen Reiches oder eines Landes erforderlich ist, so kann der Vor-

stand nach Anhörung des Ältestenrats die Drucklegung verhindern.

⁴Über selbständige Anträge, die eine ausgearbeitete Gesetzesvorlage nicht enthalten, findet eine einmalige Lesung statt. Der Landtag kann eine zweimalige Lesung beschließen, auf die § 14 Abs. 2 Anwendung findet. Der Landtag kann ferner beschließen, daß die einmalige Lesung in einen allgemeinen und einen besonderen Teil zerfallen soll.

§ 18. Anträge auf Einsetzung eines Untersuchungsausschusses nach § 52 der Verfassungsurkunde können nicht beraten werden, ohne daß sie vorher auf die Tagesordnung gesetzt sind.

§ 19. Anträge, die eine gegen das Gesamtministerium, einzelne Minister oder Staatssekretäre zu richtende Kundgabe des Mißtrauens sich zum Ziele setzen, können unter den Voraussetzungen des § 55 der Verfassungsurkunde selbständig gestellt, aber auch zu einem Gegenstande der Tagesordnung eingebracht werden. Zwischen der Beratung und der Abstimmung muß mindestens ein Zeitraum von einem Tage liegen.

§ 20. Ein Antrag, über den der Landtag Beschluß gefaßt hat, kann, sofern er den gleichen Gegenstand betrifft und den gleichen Inhalt hat, während der gleichen Landtagstagung nicht wieder eingebracht werden.

c) Eingaben und Beschwerden.

§ 21. ¹Eingaben und Beschwerden werden, wenn sie mit Verhandlungsgegenständen in Verbindung stehen, die einem Ausschusse zugewiesen sind, in diesem Ausschusse behandelt.

²Alle übrigen Eingaben und Beschwerden werden in dem hierfür bestehenden Ausschusse behandelt.

³Landtagsmitglieder, die eine Eingabe überreichen, sind auf ihr Verlangen zur Ausschußverhandlung mit beratender Stimme zuzuziehen.

⁴Die Eingaben können verschiedene Bewertungen erfahren:

a) Die Eingabe ist der Staatsregierung zur Berücksichtigung, zur Würdigung, als Material oder zur Kenntnisnahme zu überweisen.

b) Sie ist durch die Erklärung der Staatsregierung oder durch gefaßte Beschlüsse für erledigt zu erklären.

c) Es ist über sie zur Tagesordnung überzugehen oder sie ist als ungeeignet zur Beratung in der Vollsitzung des Landtags zu erklären.

5 Eine Beratung von Eingaben und Beschwerden findet nicht statt,

1. wenn sie keine Namensunterschrift tragen,
2. wenn sie grobe Beleidigungen enthalten oder die Voraussetzungen des § 17 Abs. 3 gegeben sind,
3. wenn der für den Gegenstand gegebene Rechtszug nicht betreten oder nicht erschöpft ist,
4. wenn es sich um einen der gerichtlichen oder verwaltungsrichterlichen Entscheidungen unterliegenden Gegenstand handelt,
5. wenn der Landtag über Eingaben und Beschwerden, die den gleichen Gegenstand betreffen und den gleichen Inhalt haben, in derselben Landtagstagung bereits Beschluß gefaßt hat,
6. wenn die Eingaben oder Beschwerden nach Erledigung des einschlägigen Teiles des Staatshaushalts oder des Beratungsgegenstandes beim Landtag einlaufen.

6 Von allen Eingaben und Beschwerden ist den beteiligten Ministerien sofort Kenntnis zu geben.

§ 22. 1 Eingaben und Beschwerden sind in der Vollversammlung zu beraten, wenn sie der Ausschuß als hierfür geeignet erachtet. Im übrigen werden sie vom Ausschuß endgültig erledigt. Sie sind in diesem Falle in einer übersichtlichen Zusammenstellung zur Kenntnis der Landtagsmitglieder zu bringen. Auf Verlangen von mindestens 15 Mitgliedern muß eine Beratung in der Vollversammlung stattfinden.

2 Der Beschluß des Ausschusses oder Landtags wird dem Gesuchsteller oder Beschwerdeführer durch das Land-

tagsamt mitgeteilt. Ist eine Eingabe oder eine Beschwerde von mehreren Personen unterzeichnet, so ist die Mitteilung an die an erster Stelle unterzeichnete Person zu richten.

c) Interpellationen.

§ 23. [1] Interpellationen an die Staatsregierung, die von wenigstens 15 Landtagsmitgliedern unterzeichnet sind und schriftlich mit Begründung dem Präsidenten übergeben werden, hat dieser sofort dem zuständigen Minister mitzuteilen und, falls nicht der Interpellant mit einer Verschiebung einverstanden ist, auf die Tagesordnung der nächsten oder spätestens übernächsten Sitzung zu setzen.

[2] In der Sitzung erklärt der Minister nach der Verlesung der Interpellation durch einen der Unterzeichneten, ob und wann er diese beantworten kann oder aus welchen Gründen eine Beantwortung nicht möglich ist. Vor der Beantwortung ist einer der Interpellanten befugt, die Interpellation mündlich zu begründen.

[3] Auf die Beantwortung der Interpellation oder deren Ablehnung darf eine sofortige Besprechung des Gegenstandes folgen, wenn sie von wenigstens 25 Mitgliedern beantragt wird.

[4] Wird die Beantwortung der Interpellation für eine spätere Sitzung zugesagt, so kann die Vollversammlung gleichwohl beschließen, sofort in eine Besprechung einzutreten. Die Besprechung kann in dieser Sitzung abgeschlossen oder bis nach Beantwortung der Interpellation unterbrochen werden.

[5] Anträge können nur insoweit gestellt werden, als sie zum Ausdrucke bringen, daß die Beantwortung der Interpellation durch die Regierung der Anschauung des Landtags entspricht oder daß sie ihr nicht entspricht. Diese Anträge müssen von mindestens 15 Mitgliedern unterzeichnet werden. Die Abstimmung muß vertagt werden, wenn dies von mindestens 15 anwesenden Mitgliedern verlangt wird. Sie findet alsdann am nächsten Sitzungstage statt.

e) Kurze Anfragen.

§ 24. [1] Die Mitglieder des Landtags können jederzeit, auch wenn der Landtag nicht versammelt ist, sich an die Staatsregierung mit dem Ersuchen um Auskunft über bestimmt bezeichnete Tatsachen wenden. Der persönliche, schriftliche oder mündliche Verkehr zwischen Abgeordneten und Staatsregierung soll dabei die Regel sein. Im übrigen können solche Auskünfte auch durch kurze Anfragen verlangt werden, die beim Präsidenten schriftlich einzureichen sind. Sie müssen knapp und sachlich sagen, worüber Auskunft gewünscht wird, sich auf Tatsachen beschränken und wenigstens von fünf Mitgliedern eigenhändig unterzeichnet sein. Anfragen, die gegen diese Bestimmungen verstoßen, hat der Präsident zurückzuweisen.

[2] Die zugelassenen kurzen Anfragen werden vom Präsidenten der Staatsregierung zur schriftlichen Beantwortung zugeleitet. Die Staatsregierung kann, wenn die Voraussetzungen des § 17 Abs. 3 gegeben sind, die Beantwortung ablehnen. Wenn in den übrigen Fällen nicht spätestens binnen drei Wochen eine schriftliche Antwort erteilt wird, so werden sie auf die Tagesordnung der Vollversammlung gesetzt. Sie sind alsdann in der Sitzung zu verlesen und von der Staatsregierung mündlich zu beantworten. Eine Besprechung der Antwort und die Stellung von Anträgen sind unzulässig. Zur Ergänzung oder Berichtigung der kurzen Anfrage kann jedoch jeder der Einbringer das Wort verlangen.

[3] Die mündliche Behandlung kurzer Anfragen kann in jeder Woche nur an einem Sitzungstage stattfinden und darf die Dauer der ersten Stunde nicht überschreiten.

[4] Der Wortlaut der kurzen Anfragen und die schriftlichen Antworten der Staatsregierung werden den Landtagsmitgliedern mitgeteilt.

f) Verfahren bei Ministeranklagen.

§ 25. [1] Wird gemäß § 56 Abs. II der Verfassungsurkunde ein Antrag auf Anklage gegen Minister gestellt, so ist derselbe vor jeder weiteren Verhandlung einer allgemeinen Beratung in der Vollversammlung zu unterziehen. Hierauf ist er dem Ausschusse für Verfassungsfragen zu überweisen. Der Ausschuß hat die Rechte eines Untersuchungsausschusses nach § 52 Abs. II der Verfassungsurkunde. Die Minister und Staatssekretäre, gegen die Anklage erhoben werden soll, sind zu vernehmen.

²Über das endgültige Ergebnis der Beratung ist, wenn der Ausschuß zu keinem einstimmigen Beschlusse gelangt, durch einen Berichterstatter und einen Mitberichterstatter der Vollversammlung schriftlich und mündlich zu berichten.

³Die Anklage ist nach der Beschlußfassung im Landtag entsprechend den Vorschriften des § 21 des Gesetzes über den Staatsgerichtshof schriftlich und mit Gründen versehen dem Vorsitzenden des Staatsgerichtshofs zu übersenden.

⁴Tritt der Anzuklagende nach Übersendung der Anklageschrift von seinem Amte zurück, so bleibt die übersandte Anklage aufrechterhalten, wenn der Landtag nicht anders beschließt (§ 22 des Gesetzes über den Staatsgerichtshof).

⁵Der Landtag bestellt zur Wahrung seines Standpunktes vor dem Staatsgerichtshofe mindestens drei Beauftragte, denen die Rechte nach § 25 des Gesetzes über den Staatsgerichtshof zur gemeinsamen und einheitlichen Ausübung zustehen.

g) Verfahren bei Verfassungsstreitigkeiten.

§ 26. ¹Zur Aufnahme von Verfassungsstreitigkeiten mit dem Reiche wie auch mit der bayerischen Landesregierung oder der Regierung einer anderen Landes bedarf es eines Beschlusses des Landtags.

²Anträge auf Erhebung von Verfassungsstreitigkeiten durch den Landtag bedürfen der Unterstützung durch 15 Mitglieder und der Vorbereitung durch den Ausschuß für Verfassungsfragen.

E. Sitzungen.

a) Allgemeine Bestimmungen.

§ 27. ¹Die Sitzungen des Landtags sind öffentlich. Der Landtag kann den Ausschluß oder die Beschränkung der Öffentlichkeit beschließen, wenn es dem Vorstande, von 15 Mitgliedern, von einem Minister oder von dessen Bevollmächtigten beantragt wird.

²Bei Ausschluß oder Beschränkung der Öffentlichkeit sind Landtagsmitglieder nicht zuzulassen, die die Geheimhaltung der Beratung nicht gewährleisten. § 31 Abs. 2 und 3 findet sinngemäße Anwendung.

³Über die Sitzungen wird ein wörtlicher Bericht angefertigt.

§ 28. ¹Der Präsident eröffnet, leitet und schließt die Sitzungen.

²Er schlägt die Zeit und Tagesordnung der nächsten Sitzung vor; bei Widerspruch entscheidet der Landtag. Dieser kann die Bestimmung über Zeit und Tagesordnung dem Ältestenrat oder dem Präsidenten überlassen.

³Änderungen der Tagesordnung während der Sitzung sind zulässig, wenn nicht 15 Mitglieder widersprechen.

§ 29. ¹Die Tagung des Landtags wird auf Landtagsbeschluß durch den Präsidenten geschlossen.

²Die Wiedereinberufung erfolgt durch den Präsidenten nach Verständigung mit dem Ältestenrate. Bei ordentlichen Tagungen kann der Ältestenrat die Einberufung des Landtags für einen bestimmten Zeitpunkt von dem Präsidenten verlangen. Zu einer außerordentlichen Tagung versammelt sich der Landtag, wenn seine Einberufung vom Vorstand oder Gesamtministerium beschlossen oder von 50 Mitgliedern oder einem Fünftel der stimmberechtigten Staatsbürger durch Volksbegehren verlangt wird.

b) Aufrechterhaltung der Ordnung.

§ 30. ¹Der Präsident ist verpflichtet, die Ruhe in den Sitzungen aufrechtzuerhalten, Zeichen des Beifalls oder der Mißbilligung durch Zuhörer nicht zu gestatten, nötigenfalls Zuwiderhandelnde aus dem Sitzungssaale wegzuweisen und die Tribünen räumen zu lassen.

²Bei der Räumung der Tribünen kann die Sitzung fortgesetzt oder durch den Präsidenten unterbrochen oder aufgehoben werden.

§ 31. [1] Wenn ein Mitglied des Landtags ohne das Wort zu haben oder während einer von ihm gehaltenen Rede die Ordnung gröblich verletzt, erhält es vom Präsidenten einen Ordnungsruf. Ergibt sich nach zweimaligem Ordnungsruf ein abermaliger Anlaß zum Einschreiten, so ist der Präsident berechtigt, dem Redner das Wort zu entziehen.

[2] Wegen besonders gröblicher Störung der Ordnung des Hauses kann der Präsident ein Mitglied von der Sitzung ausschließen. Es hat den Sitzungssaal sofort zu verlassen. Weigert es sich, der Aufforderung des Präsidenten zum Verlassen des Saales Folge zu leisten, so wird die Sitzung ausgesetzt oder aufgehoben und das Mitglied zieht sich dadurch ohne weiteres den Ausschluß für die folgenden acht Sitzungstage zu. Weigert es sich wiederholt, den Anordnungen des Präsidenten zu folgen, so tritt der Ausschluß an zwanzig Sitzungstagen ein. Der Präsident stellt diese Folgen bei Wiedereröffnung der Sitzung oder bei Beginn der nächsten fest. Das Mitglied darf während der Dauer der Ausschließung auch an Ausschußsitzungen nicht teilnehmen.

[3] Gegen den Ordnungsruf, die Wortentziehung sowie die Ausschließung durch den Präsidenten ist die Berufung an den Landtag zulässig, der hierüber in der nächsten Sitzung ohne Beratung entscheidet.

[4] Entstehen im Landtag Unruhen, die den ruhigen Fortgang der Verhandlungen unmöglich machen, so kann der Präsident die Sitzung auf bestimmte Zeit aussetzen oder aufheben.

c) Beratung.

§ 32. [1] Kein Mitglied darf sprechen, das nicht vom Präsidenten das Wort erhalten hat.

[2] Die Anmeldung zum Worte erfolgt nach Eröffnung der Sitzung bei dem Schriftführer, der die Rednerliste führt.

[3] Für die Reihenfolge der Redner ist im allgemeinen die Anmeldung maßgebend. Der Präsident kann Abweichungen treffen, wenn er es für notwendig oder zweckmäßig hält oder wenn ein vorgemerkter Redner seinen Platz an ein anderes Mitglied abtritt.

⁴Will sich der Präsident an der Beratung beteiligen, so hat er den Vorsitz abzutreten.

⁵Außerhalb der Folge der Anmeldung darf nur das Wort zur Geschäftsordnung auf höchstens 5 Minuten erteilt werden.

⁶Nach Schluß der Beratung dürfen nur noch ein Antragsteller, der Berichterstatter, die Staatsminister und ihre Bevollmächtigten zum Worte zugelassen werden.

⁷Den Staatsministern und ihren Bevollmächtigten muß, ohne daß jedoch ein Redner in seinem begonnenen Vortrag unterbrochen werden darf, auf ihr Verlangen zu jeder Zeit das Wort erteilt werden. Hat nach Schluß der Beratung ein Minister oder dessen Bevollmächtigter das Wort genommen, so ist die Beratung auf Antrag eines Mitglieds wieder zu eröffnen.

§ 33. Das Ablesen von Reden ist unstatthaft. Nur die Staatsminister und ihre Bevollmächtigten, dann die berichterstattenden Mitglieder der Ausschüsse können ihre Vorträge ablesen.

§ 34. Der Redner soll in der Regel von der Rednertribüne aus sprechen. Der Präsident kann im einzelnen Falle besondere Verfügung treffen.

§ 35. Die Redezeit ist unbeschränkt. Auf Antrag des Präsidenten oder von 15 Mitgliedern kann der Landtag Beschränkungen der Redezeit und der Rednerzahl beschließen.

§ 36. Kein Redner darf vom Verhandlungsgegenstand abweichen. Bei Zuwiderhandlung hat der Präsident den Redner auf den Verhandlungsgegenstand zu verweisen; nach zweimaliger erfolgloser Verweisung ist die Entziehung des Wortes durch den Präsidenten zulässig. § 31 Abs. 3 findet sinngemäße Anwendung.

§ 37. Anträge auf Schluß der Beratung sind schriftlich zu stellen und müssen von wenigstens 15 Mitgliedern unterstützt werden.

§ 38. ¹Zur Berichtigung bestimmter Behauptungen oder zur Abwehr eines persönlichen Angriffs hat der Präsident, insoweit die Behauptungen oder Angriffe durch die vorliegende Tagesordnung veranlaßt worden sind, nach Schluß der Beratung oder nach dem Schlußworte des Berichterstatters, bei Vertagung am Schlusse der Sitzung auf Verlangen das Wort zu erteilen.

[2] Nach Schluß der Tagesordnung kann der Präsident zu persönlichen Bemerkungen und Anfragen, die sich auf die Tätigkeit eines Mitglieds im Landtage beziehen, mit der Tagesordnung aber nicht zusammenhängen, das Wort erteilen.

c) Abstimmungen.

§ 39. [1] Nach Schluß der Beratung entwirft der Präsident die Fragen, über die mit Ja oder Nein abzustimmen ist. Bei Beanstandung der Fragestellung durch ein Mitglied entscheidet der Landtag.

[2] Auf Verlangen eines Mitglieds ist über einzelne Teile eines Antrags oder einer Gesetzesvorlage getrennt abzustimmen.

[3] Liegen zu einer Gesetzesvorlage oder einem Antrage Abänderungsanträge vor, so ist über die weitestgehende Forderung zuerst abzustimmen, ohne Rücksicht darauf, ob sie sich in der Gesetzesvorlage oder einem Antrag oder einem Abänderungsantrag befindet. (Bei der Frage, welches die weitestgehende Forderung ist, ist auszugehen materiell von der bestehenden Rechtslage oder einer Regierungsvorlage oder von einem aus dem Landtag heraus gestellten Antrage, formell von dem Grundsatze: als weitestgehende Forderung ist jene anzusehen, mit deren Annahme die Ablehnung der andern Forderungen beschlossen ist, mit deren Ablehnung die Beschlußfassung über die andern unentschieden bleibt.)

§ 40. Soweit nicht die Verfassung etwas anderes vorschreibt (§§ 31, 55 Abs. IV, 56 Abs. II Satz 2, 58 Abs. I Satz 3, 81, 92), ist zur gültigen Abstimmung die Anwesenheit der Mehrheit der Landtagsmitglieder und zur Gültigkeit eines Beschlusses die einfache Mehrheit der abgegebenen Stimmen erforderlich. Stimmengleichheit gilt als Ablehnung.

§ 41. [1] Die Abstimmung geschieht, wenn nicht vorher von 30 Mitgliedern eine namentliche Abstimmung beantragt worden ist, durch Aufstehen oder Sitzenbleiben.

Ist das Ergebnis für den Präsidenten oder einen der beiden Schriftführer zweifelhaft, so erfolgt Gegenprobe und, wenn auch dann noch in diesem Kreise Zweifel bestehen, namentliche Abstimmung.

²Die Schlußabstimmung über Gesetzesvorlagen hat bei der zweiten Lesung namentlich zu erfolgen. Wenn niemand widerspricht, kann auch in diesen Fällen einfache Abstimmung stattfinden.

³Bei namentlichen Abstimmungen hat jedes Mitglied das Recht, Stimmenthaltung zu erklären.

§ 42. ¹Die namentliche Abstimmung geht in folgender Weise vor sich: Der Präsident fordert die Mitglieder auf, ihre Plätze einzunehmen. Einer der Schriftführer oder ein anderes vom Präsidenten beauftragtes Mitglied des Hauses nimmt sodann den Namensaufruf in alphabetischer Reihenfolge vor. Die Zustimmenden antworten mit „Ja", die Ablehnenden mit „Nein", die sich Enthaltenden mit den Worten „Ich enthalte mich". Nach Beendigung des Namensaufrufs wird durch Wiederholung des Alphabets Gelegenheit zur nachträglichen Abgabe der Stimme gegeben. Hierauf erklärt der Präsident die Abstimmung für geschlossen. Eine aus Irrtum oder Mißverständnis etwa unrichtig abgegebene Stimme kann nur vor dem Schlusse der Abstimmung richtiggestellt werden.

²Die Namen der Abstimmenden und ihre Abstimmung werden in den Stenographischen Bericht der Sitzung aufgenommen.

§ 43. Von der Abstimmung ist ein Mitglied ausgeschlossen bei der Entscheidung über.

1. seine Berechtigung zum Sitze im Landtag,
2. Beschwerden, die gegen seine Person von einem anderen Mitglied erhoben werden oder die es gegen ein anderes Mitglied erhebt,
3. sonstige, seine Person betreffenden Angelegenheiten.

§ 44. ¹Der Landtag gilt als beschlußfähig, solange nicht die Beschlußunfähigkeit infolge namentlicher Abstimmung feststeht oder die Beschlußfähigkeit vor einer Abstimmung bezweifelt wird.

²Wird die Beschlußfähigkeit bezweifelt und der Zwei-

sel vom Präsidenten oder einem Schriftführer geteilt, so wird die Zahl der Anwesenden durch Auszählung oder Namensaufruf festgestellt. Ergibt sich Beschlußunfähigkeit, so bestimmt der Präsident nach eigenem Ermessen Zeit und Tagesordnung der nächsten Sitzung.

F. Beziehungen des Landtags zur Staatsregierung und nach außen.

§ 45. [1] Der Landtag und seine Ausschüsse haben das Recht, die Erläuterungen und Aufschlüsse, die sie für erforderlich erachten, von den Ministern zu verlangen.

[2] Ein unmittelbarer Verkehr mit anderen Behörden, Körperschaften und Privatpersonen findet nur insoweit statt, als er gesetzlich zugelassen ist. Die Gegenstände, der Umfang und die Art des unmittelbaren Verkehrs bemessen sich nach den gesetzlichen Vorschriften. Ein Empfang von Abordnungen oder Bittstellern durch den Landtag oder die Ausschüsse findet nicht statt.

[3] Die Ausschüsse sind befugt, mündliche oder schriftliche Gutachten von Sachverständigen einzuholen. Zur Abgabe der Gutachten ist niemand verpflichtet. Die etwaige Vergütung für ein solches Gutachten wird vom Vorstande festgesetzt.

§ 46. [1] Durch beauftragte Mitglieder kann der Landtag nach vorausgegangener Verständigung des Ministeriums von den Einrichtungen und Unternehmungen der Staatsverwaltung, insbesondere der Staatsschuldenverwaltung Einsicht nehmen.

[2] Der Landtag hat das Recht, Ausschüsse zur Untersuchung von Tatsachen zu ernennen. Die Ernennung muß erfolgen, wenn sie von einem Fünftel der Mitglieder beantragt wird. Für die Durchführung der Untersuchung ist § 52 Abs. II der Verfassungsurkunde maßgebend. Soweit hiernach nicht gesetzliche Vorschriften anzuwenden sind, beschließen die Ausschüsse selbst über das Verfahren.

G. Urlaub und Aufwandentschädigung.

§ 47. [1] Der Präsident ist befugt, jedem Mitglied Urlaub bis zu zehn Tagen zu erteilen. Für längeren Urlaub ist die Zustimmung des Landtags erforderlich. Ein Abzug an der Aufwandentschädigung während des Urlaubs erfolgt in den Fällen, in denen er nach gesetzlicher Vorschrift auch ohne Urlaub stattzufinden hätte.

[2] Für die Auszahlung der Aufwandentschädigung sind die in der Anlage enthaltenen Bestimmungen maßgebend.

Anlage zur Geschäftsordnung
für den
Bayerischen Landtag.

Bestimmungen
über den
Vollzug des Gesetzes vom 16. September 1920 über die Aufwandentschädigung der Landtagsabgeordneten in der Fassung des Gesetzes vom 7. Dezember 1922.

§ 1. [I] Zum Zwecke der Feststellung der Bezugsberechtigung für die Aufwandentschädigung werden bei den Vollsitzungen und bei den Ausschußsitzungen Einzeichnungslisten aufgelegt. Das Landtagsamt hat eine Zusammenstellung der Bezüge unter Angabe der entsprechenden Tage sowie der zu Recht bestehenden Entschuldigungsgründe vornehmen zu lassen und sie dem Abgeordneten zur Bestätigung beziehungsweise zur Ergänzung vorzulegen.

[II] Die Aufwandentschädigung für die Teilnahme an einer Ausschußsitzung sowie für die erforderlichen Reisetage kann, auch wenn ein Wechsel in der Besetzung der Ausschüsse stattfindet, jeweils nur für einen Teilnehmer gezahlt werden. Als Reisetag gilt der einer Ausschußsitzung unmittelbar vorausgehende oder folgende Tag, an dem der Abgeordnete mit auswärtigem Wohnsitze durch die Teilnahme an einer solchen Sitzung zu reisen beziehungsweise am Tagungsorte zu verbleiben genötigt ist.

[III] Die Abgeordneten, welche zugleich Mitglieder des Deutschen Reichstags sind, haben bei der Bestätigung der ihnen vom Landtagsamte vorgelegten Zusammenstellung ihrer Bezüge zu berücksichtigen, für welche Tage ihnen aus Anlaß der zur Teilnahme an einer Landtagssitzung notwendigen Reise zwischen den Versammlungsorten des Reichstags und des Landtags sowie infolge ihrer Beteiligung an den Beratungen des Landtags ein Abzug an der Entschädigung aus der Reichskasse gemacht wird.

§ 2. I Ist ein Abgeordneter aus einem der in Art. 2 Abs. 2 des Gesetzes angegebenen Gründe verhindert, an einer Sitzung teilzunehmen, so unterbleibt der Abzug nur dann, wenn der Abgeordnete sich schriftlich, telephonisch oder telegraphisch beim Vorstande des Landtags unter Angabe des Grundes spätestens am zweiten Tage nach der Verhinderung entschuldigt hat. Wenn der Verhinderungsgrund ein voraussichtlich länger andauernder ist, kann der Abgeordnete sich mit der vorbezeichneten Wirkung auch für mehrere Tage, jedoch nicht über den Zeitraum von zehn Tagen hinaus im voraus entschuldigen.

II Die Namen der nach Art. 2 Abs. 2 des Gesetzes entschuldigten Abgeordneten werden vom Präsidenten neben den Namen der etwa anderweitig Entschuldigten in jeder Vollsitzung bekanntgegeben.

§ 3. Etwaige Streitfragen, die sich beim Vollzuge des Gesetzes ergeben sollten, werden vom Vorstand unter Zuziehung von sechs durch den Landtag zu wählenden Mitgliedern endgültig entschieden.

Anlage 7.

Gesetz vom 6. Nov. 1919 über die Vereidigung der öffentlichen Beamten (GVBl. 783).

Der Landtag des Freistaates Bayern hat folgendes Gesetz beschlossen:

Art. 1. Alle öffentlichen Beamten sind auf die Verfassung des Freistaates Bayern zu vereidigen. Das

Nähere wird durch Verordnung des Gesamtministeriums [1]) bestimmt.

Art. II. Dieses Gesetz ist Verfassungsgesetz. Es wird als dringend bezeichnet und tritt mit seiner Verkündung in Kraft.

München, den 6. November 1919.

---

[1]) V. v. 3. Mai 1920 (GVBl. 191). Siehe Anlage 8.

Anlage 8.

Verordnung über die Vereidigung der öffentlichen Beamten.

Das Gesamtministerium des Freistaates Bayern.

Auf Grund des Gesetzes vom 6. November 1919 über die Vereidigung der öffentlichen Beamten (GVBl. S. 783) und der Verordnung des Reichspräsidenten vom 14. Aug. 1919 über die Vereidigung der öffentlichen Beamten (RGBl. S. 1419) wird folgendes verordnet:

§ 1. Alle öffentlichen Beamten sind für ihre dienstliche Tätigkeit auf die Verfassung des Deutschen Reiches und auf die Verfassung des Freistaates Bayern zu vereidigen.

Die Vereidigung hat für die bereits im Dienst stehenden Beamten unverzüglich, für später in Dienst tretende Beamte vor dem Dienstantritt zu erfolgen.

§ 2. I Die Vereidigung der Beamten, die bereits einen Diensteid geleistet haben, geschieht durch Leistung des folgenden Eides:

„Ich schwöre Treue der Verfassung des Freistaates Bayern und der Reichsverfassung."

II Die übrigen öffentlichen Beamten werden durch Leistung des folgenden Eides vereidigt:

„Ich schwöre Treue der Verfassung des Freistaates Bayern und der Reichsverfassung, Gehorsam den Gesetzen und gewissenhafte Erfüllung meiner Dienstpflichten."

§ 3. I Die Abnahme des Eides erfolgt, soweit nicht etwas anderes bestimmt wird, durch den Vorstand der

Behörde, welcher der Beamte angehört, oder durch die Dienstaufsichtsbehörde, für die Volksschullehrer und Volksschullehrerinnen durch die Bezirksverwaltungsbehörde.

II Im Falle des § 2 Abs. II hat der Abnahme des Eides eine Belehrung über die Dienstpflichten und über die Bedeutung des Eides vorherzugehen. Die Vereidigung geschieht durch Nachsprechen der Eidesformel unter Aufheben der rechten Hand.

III Über die Vereidigung ist eine Niederschrift nach dem nachstehenden Muster 1 aufzunehmen, die von dem Beamten, der vereidigt wird, und dem Beamten, der den Eid abnimmt, zu unterzeichnen ist. Die Niederschrift ist zu dem Personalakt des vereidigten Beamten zu nehmen.

IV Im Falle des § 2 Abs. I kann der Eid auch schriftlich unter Benutzung des nachstehenden Musters 2 abgenommen werden. Das Schriftstück ist zu dem Personalakt des vereidigten Beamten zu nehmen.

§ 4. Die besonderen Vorschriften der Art. 2, 61 des Ausführungsgesetzes zum Gerichtsverfassungsgesetze und des § 16 der Verordnung vom 31. August 1879, den Verwaltungsgerichtshof betreffend (GVBl. S. 1007), bleiben unberührt.

§ 5. § 8 der Verordnung vom 10. Dezember 1908, den Vollzug des Beamtengesetzes betreffend (GVBl. S. 1041 ff.), wird aufgehoben.

München, den 3. Mai 1920.

(Die beiden Muster 1 und 2 sind zur Raumersparung nicht mit abgedruckt).

Anlage 9.

Bekanntmachung

über Vollzug des § 17 Abs. III der Verfassungsurkunde des Freistaates Bayern (Austritt aus einer Religionsgesellschaft.)

Staatsministerien der Justiz, des Innern, für Unterricht und Kultus und der Finanzen.

Zum Vollzuge des § 17 Abs. III der Verfassungsurkunde des Freistaates Bayern (GVBl. 1919 S. 531 ff.)

ergeht unter Aufhebung der Bekanntmachung Vollzug des § 17 Abs. III der Verfassungsurkunde des Freistaates Bayern (Austritt aus einer Religionsgesellschaft) betreffend vom 30. Oktober 1919 (GVBl. S. 784) folgende Bekanntmachung:

1. Personen, die ihren Austritt aus einer Religionsgesellschaft erklären wollen, haben hierbei ihren Namen und Vornamen, Ort und Zeit ihrer Geburt, ihren gegenwärtigen Wohnsitz oder ständigen Aufenthaltsort, ihren Familienstand und ihre berufliche Stellung anzugeben. Eine schriftliche Austrittserklärung bedarf der öffentlichen Beglaubigung durch einen Notar, eine Ortspolizeibehörde oder eine Bezirkspolizeibehörde, in München durch die Polizeidirektion, in Nürnberg und Fürth durch den Stadtrat.

2. Bei Kindern richtet sich das Recht zur Austrittserklärung vom 1. Januar 1922 an nach dem Reichsgesetze vom 15. Juli 1921 über die religiöse Kindererziehung (RGBl. S. 939).

Hiernach steht dem Kinde vom vollendeten 14. Lebensjahr an selbst die Entscheidung über die Zugehörigkeit zu einer Religionsgesellschaft zu; es hat daher seinen Austritt selbst zu erklären (§ 5 Satz 1). Hat das Kind das 12. Lebensjahr vollendet, so können die Berechtigten seinen Austritt nur mit seiner Zustimmung erklären (§ 5 Satz 2). Diese Erklärungen der Kinder sind persönlich abzugeben; Stellvertretung, auch durch die Erziehungsberechtigten, ist unzulässig.

Im übrigen gilt für die Berechtigung zur Austrittserklärung Folgendes: Leben beide Eltern, so kann der Austritt von einem Elternteile nur erklärt werden, wenn der andere Elternteil zustimmt oder wenn eine Entscheidung des Vormundschaftsgerichts vorliegt (§ 2 Abs. II und III). Lebt nur ein Elternteil, so hat er das Recht der Austrittserklärung.

Voraussetzung für diese Befugnisse ist, daß den Eltern oder dem Elternteile das Recht und die Pflicht zustehen, für die Person des Kindes zu sorgen.

Die Berechtigung eines Elternteiles zur Austrittserklärung kann dadurch aufgehoben sein, daß ein vor dem 29. Juli 1921 geschlossener Vertrag über die religiöse Kindererziehung vorliegt; solche Verträge bleiben in Kraft und können nur durch das Vormundschaftsgericht aufgehoben werden (§ 9). Später geschlossene Verträge sind ohne bürgerliche Wirkung (§ 4).

Ein Vormund oder Pfleger kann, auch wenn ihm die Sorge für die Person des Kindes allein zusteht, den Austritt nicht erklären, abgesehen von dem besonderen Falle des § 10, in welchem die Genehmigung des Vormundschaftsgerichtes erforderlich ist (§ 3 Abs. II S. 5).

3. Die Standesämter haben ihre örtliche Zuständigkeit, sodann die Berechtigung der Erklärenden nach Maßgabe des Gesetzes vom 15. Juli 1921 über die religiöse Kindererziehung unter Beachtung der unter Ziffer 2 angeführten Gesichtspunkte sowie die Vollständigkeit der Erklärungen zu prüfen und die etwa notwendigen Ergänzungen herbeizuführen. Ergeben sich bei der Prüfung irgendwelche Zweifel über die Berechtigung, so ist von dem Erklärenden der Nachweis seiner Berechtigung zu fordern.

Mündliche Austrittserklärungen sind von den Standesämtern nach Maßgabe der Anlage I zu beurkunden; sie haben ferner die Entgegennahme mündlicher oder schriftlicher Erklärungen nach Maßgabe der Anlage II zu bestätigen und davon dem zuständigen Organe der betreffenden Religionsgesellschaft (Pfarramt usw.) und dem zuständigen Finanzamte durch Übersendung je eines Abdruckes dieser Bestätigung Mitteilung zu machen.

4. Die Standesämter haben die Austrittserklärungen nach ihrem zeitlichen Anfalle geordnet und numeriert in besonders überschriebenen Sammelakten jahrgangweise zu verwahren und für diese Sammelakten ein nach den Anfangsbuchstaben der Familiennamen der Ausgetretenen alphabetisch geordnetes Verzeichnis nach Maßgabe der Anlage III zu führen.

5. Die nach § 11 des Personenstandsgesetzes und den hierzu ergangenen Vollzugsvorschriften mit der Aufsicht über die Amtsführung der Standesbeamten betrauten Behörden sind auch zur Aufsicht über die den Standes-

beamten nach gegenwärtiger Bekanntmachung zukommende Tätigkeit berufen.

München, den 16. Januar 1922.

(Die Anlagen I mit III sind der Raumersparung wegen nicht mit abgedruckt).

Anlage 10.

Gesetz vom 15. Januar 1925 zu dem Konkordate mit dem Heiligen Stuhle und den Verträgen mit den Evangelischen Kirchen.

(GVBl. S. 53 ff.)

A. Der Landtag des Freistaates Bayern hat folgendes Gesetz beschlossen:

I. Das Konkordat mit dem Heiligen Stuhle vom 29. März 1924 (Anlage 1) wird als Staatsvertrag genehmigt.

II. Das Konkordat vom 29. März 1924, sodann der Vertrag mit der Evangelisch-Lutherischen Kirche in Bayern rechts des Rheins vom 15. November 1924 (Anlage 2) sowie der Vertrag mit der Vereinigten protestantisch-evangelisch-christlichen Kirche der Pfalz vom 15. November 1924 (Anlage 3) werden im Hinblick auf die darin enthaltenen Rechtssätze als Ganzes in Gesetzform beschlossen.

III. Dieses Gesetz wird als dringend erklärt.

B. Auf die Anlage 4 wird verwiesen.

München, den 15. Januar 1925.

Konkordat zwischen Seiner Heiligkeit Papst Pius XI. und dem Staate Bayern.

Seine Heiligkeit Papst Pius XI. und der Bayerische Staat haben, vom gleichen Verlangen beseelt, die Lage der katholischen Kirche in Bayern auf eine den veränderten Verhältnissen entsprechende Weise und dauernd neu zu ordnen, beschlossen, eine feierliche Übereinkunft zu treffen.

Zu diesem Zwecke haben Seine Heiligkeit Papst Pius XI. zu Ihrem Bevollmächtigten Seine Exzellenz den Herrn Apostolischen Nuntius in München und Erzbischof von Sardes Monsignore Dr. Eugen Pacelli und die Bayerische Staatsregierung zu Ihrem Bevollmächtigten Seine Exzellenz den Herrn Staatsminister des Äußern Dr. Eugen von Knilling, den Herrn Staatsminister für Unterricht und Kultus Dr. Franz Matt und den Herrn Staatsminister der Finanzen Dr. Wilhelm Krausneck ernannt, die, nachdem sie ihre beiderseitigen Vollmachten ausgewechselt und für richtig befunden haben, über folgende Artikel übereingekommen sind:

Art. 1. § 1. Der Bayerische Staat gewährleistet die freie und öffentliche Ausübung der katholischen Religion.

§ 2. Er anerkennt das Recht der Kirche, im Rahmen ihrer Zuständigkeit Gesetze zu erlassen und Anordnungen zu treffen, die ihre Mitglieder binden; er wird die Ausübung dieses Rechtes weder hindern noch erschweren.

§ 3. Er sichert der katholischen Kirche die ungestörte Kultübung zu. In der Erfüllung ihrer Amtspflichten genießen die Geistlichen den Schutz des Staates.

Art. 2. Orden und religiöse Kongregationen können den kanonischen Bestimmungen gemäß frei gegründet werden. Sie unterliegen von seiten des Staates keiner Einschränkung in bezug auf ihre Niederlassungen, die Zahl und — vorbehaltlich der Bestimmung des Art. 13 § 2 — die Eigenschaften ihrer Mitglieder sowie bezüglich der Lebensweise nach ihren kirchlich genehmigten Regeln.

Soweit sie bisher die Rechte einer öffentlichen Körperschaft genossen haben, bleiben ihnen diese gewahrt; die übrigen erlangen Rechtsfähigkeit oder die Rechte einer öffentlichen Körperschaft nach den für alle Bürger oder Gesellschaften geltenden gesetzlichen Bestimmungen. Ihr Eigentum und ihre anderen Rechte werden ihnen gewährleistet. In bezug auf den Erwerb, den Besitz und die Verwaltung ihres Vermögens sowie in der Ordnung ihrer Angelegenheiten unterliegen sie keiner besonderen staatlichen Beschränkung oder Aufsicht.

Art. 3. § 1. Die Ernennung oder Zulassung der Professoren oder Dozenten an den theologischen Fakultäten der Universitäten und an den philosophisch-theologischen Hochschulen sowie der Religionslehrer an den höheren Lehranstalten wird staatlicherseits erst erfolgen, wenn gegen die in Aussicht genommenen Kandidaten von dem zuständigen Diözesanbischofe keine Erinnerung erhoben worden ist.

§ 2. Sollte einer der genannten Lehrer von dem Diözesanbischofe wegen seiner Lehre oder wegen seines sittlichen Verhaltens aus triftigen Gründen beanstandet werden, so wird die Staatsregierung unbeschadet seiner staatsdienerlichen Rechte alsbald auf andere Weise für einen entsprechenden Ersatz sorgen.

Art. 4. § 1. Der Unterricht an den theologischen Fakultäten der Universitäten und an den philosophisch-theologischen Hochschulen muß den Bedürfnissen des priesterlichen Berufes nach Maßgabe der kirchlichen Vorschriften Rechnung tragen.

§ 2. An den philosophischen Fakultäten der beiden Universitäten München und Würzburg soll wenigstens je ein Professor der Philosophie und der Geschichte angestellt werden, gegen den hinsichtlich seines katholisch-kirchlichen Standpunktes keine Erinnerung zu erheben ist.

§ 3. Der Religionsunterricht bleibt an allen höheren Lehranstalten und Mittelschulen wenigstens im bisherigen Umfang ordentliches Lehrfach.

Art. 5. § 1. Der Unterricht und die Erziehung der Kinder an den katholischen Volksschulen wird nur solchen Lehrkräften anvertraut werden, die geeignet und bereit sind, in verlässiger Weise in der katholischen Religionslehre zu unterrichten und im Geiste des katholischen Glaubens zu erziehen.

§ 2. Die Lehrer und Lehrerinnen, die an katholischen Volksschulen angestellt werden wollen, müssen vor ihrer Anstellung nachweisen, daß sie eine dem Charakter dieser Schulen entsprechende Ausbildung erhalten haben. Diese Ausbildung muß sich beziehen sowohl auf den Religionsunterricht wie auch auf jene Fächer, die für den Glauben und die Sitten bedeutungsvoll sind. Die Erteilung des Religionsunterrichts setzt die Missio Canonica durch den Diözesanbischof voraus.

§ 3. Der Staat wird bei der Neuordnung der Lehrerbildung für Einrichtungen sorgen, die eine den obigen Grundsätzen entsprechende Ausbildung der für katholische Volksschulen bestimmten Lehrkräfte sichern.

§ 4. In den Prüfungskommissionen, die für die Erteilung der Lehrbefähigung an den katholischen Volksschulen zuständig sind, erhalten die kirchlichen Oberbehörden mindestens für die Prüfung aus der Religionslehre eine angemessene Vertretung.

§ 5. Soweit nach der Neuordnung des Lehrerbildungswesens Privatanstalten noch in der Lage sind, die Vorbildung oder die berufliche Ausbildung von Lehrern oder Lehrerinnen zu übernehmen, wird der Staat bei ihrer Zulassung auch bestehende Anstalten der Orden und Kongregationen entsprechend berücksichtigen.

§ 6. Die an solchen privaten Anstalten vorgebildeten Zöglinge werden, falls diese Anstalten die staatlich vorgeschriebenen wissenschaftlichen Bedingungen erfüllen, nach Maßgabe der allgemeinen Bestimmungen zu den staatlichen Prüfungen zugelassen.

§ 7. Die Erwerbung der Lehrbefähigung für Volksschulen, Mittelschulen und höhere Lehranstalten sowie die Übertragung eines Lehramtes wird für die Angehörigen von Orden und religiösen Kongregationen an keine anderen Bedingungen geknüpft als für Laien.

Art. 6. In allen Gemeinden müssen auf Antrag der Eltern oder sonstigen Erziehungsberechtigten katholische Volksschulen errichtet werden, wenn bei einer entsprechenden Schülerzahl ein geordneter Schulbetrieb — selbst in der Form einer ungeteilten Schule — ermöglicht ist.

Art. 7. § 1. An allen Volksschulen — abgesehen von den in Abs. 2 erwähnten Fällen — bleibt der Religionsunterricht ordentliches Lehrfach. Der Umfang dieses Religionsunterrichts soll im Einvernehmen mit den kirchlichen Oberbehörden festgesetzt und gegenüber dem gegenwärtigen Stande nicht gekürzt werden.

Sollte der Bayerische Staat in etlichen Schulen rechtlich nicht in der Lage sein, dem Religionsunterrichte den Charakter eines ordentlichen Lehrfaches zu erteilen, so wird wenigstens die Erteilung eines privaten Religionsunterrichtes durch die Bereitstellung der Schulräume sowie durch deren Beheizung und Beleuchtung aus gemeindlichen oder staatlichen Mitteln sichergestellt.

§ 2. Den Schülern der Volksschulen, Mittelschulen und höheren Lehranstalten wird im Benehmen mit den kirchlichen Oberbehörden geeignete und ausreichende Gelegenheit zur Erfüllung ihrer religiösen Pflichten gegeben.

Art. 8. § 1. Die Beaufsichtigung und Leitung des Religionsunterrichtes an den Volksschulen, Mittelschulen und höheren Lehranstalten werden der Kirche gewährleistet.

§ 2. Dem Bischof und seinen Beauftragten steht das Recht zu, Mißstände im religiös-sittlichen Leben der katholischen Schüler wie auch ihre nachteiligen oder ungehörigen Beeinflussungen in der Schule, insbesonders etwaige Verletzungen ihrer Glaubensüberzeugung oder religiösen Empfindungen im Unterrichte bei der staatlichen Unterrichtsbehörde zu beanstanden, die für entsprechende Abhilfe Sorge tragen wird.

Art. 9. § 1. Orden und religiöse Kongregationen werden unter den allgemeinen gesetzlichen Bestimmungen zur Gründung und Führung von Privatschulen zugelassen. Die Zuerkennung von Berechtigungen an derartige Schulen erfolgt nach den für andere Privatschulen geltenden Grundsätzen.

§ 2. Von Orden und religiösen Kongregationen geleiteten Schulen, die bisher den Charakter öffentlicher Schulen gehabt haben, behalten ihn, soferne sie die an gleichartige Schulen gestellten Anforderungen erfüllen. Unter den gleichen Vorbedingungen kann auch neuen Schulen von Orden und Kongregationen dieser Charakter durch die Staatsregierung verliehen werden.

Art. 10. § 1. Der Bayerische Staat wird seinen auf Gesetz, Vertrag oder besonderen Rechtstiteln beruhenden vermögensrechtlichen Verpflichtungen gegen die katholische Kirche in Bayern stets nachkommen. Die vermögensrechtlichen Verpflichtungen, die im Konkordate von 1817 festgelegt sind, werden durch folgende Vereinbarung ersetzt:

a) Der Staat wird die erzbischöflichen und bischöflichen Stühle, die Metropolitan- und Domkapitel mit einer Dotation in Gütern und ständigen Fonds ausstatten, deren jährliche Reineinkünfte sich bemessen auf der Grundlage jener, die im erwähnten Konkordate festgesetzt sind, wobei dem Geldwerte vom Jahre 1817 Rechnung zu tragen ist. Hierbei wird für eine freie kirchliche Verwaltung der Dotationsgüter Sorge getragen werden. Solange eine solche Dotation nicht in angegebener Weise überwiesen werden kann, wird der Staat dafür eine Jahresrente leisten, die unter Zugrundelegung der im Konkordate von 1817 festgelegten Verpflichtungen und in Ablehnung an die entsprechenden Aufwendungen des Staates für seine eigenen Zwecke den jeweiligen wirtschaftlichen Zeitverhältnissen angepaßt wird.

Die Geldleistungen an die 6 Diözesanbischöfe von Augsburg, Regensburg, Würzburg, Passau, Eichstätt und Speyer sollen die gleichen sein.

Die Weihbischöfe erhalten eine Gehaltszulage, wie sie in der Vereinbarung vom Jahre 1910 vorgesehen ist; sie wird ebenfalls den jeweiligen wirtschaftlichen Zeitverhältnissen angeglichen werden.

b) Sämtliche Kapitel haben 2 Dignitäten (Dompropst und Domdekan); die Metropolitankapitel zählen 10, die Domkapitel 8 Kanoniker; die einen wie die anderen haben überdies 6 für den Chor- und Ordinariatsdienst bestimmte Vikare.

Für die Kanoniker, die bereits das 70. Lebensjahr zurückgelegt haben oder die nicht mehr dienstfähig sind, können im Einverständnisse mit der Staatsregierung Koadjutoren mit oder ohne Recht zur Nachfolge aufgestellt werden, die die gleichen Bezüge erhalten wie die statusmäßigen Kanoniker.

c) Den Generalvikaren und bischöflichen Sekretären wird der Bayerische Staat eine Dienstentschädigung anweisen, deren Höhe ebenfalls den jeweiligen Wirtschaftsverhältnissen anzugleichen ist.

d) Zur Zeit der Erledigung eines erzbischöflichen oder bischöflichen Stuhles, der Dignitäten, Kanonikate oder Vikarien wird der Betrag der vorerwähnten Einkünfte zum Besten der betreffenden Kirchen erhoben und erhalten.

e) Sowohl den Erzbischöfen und Bischöfen als den Dignitären, den 5 bzw. 4 älteren Kanonikern und 3 älteren Vikaren wird eine ihrer Würde und ihrem Stande entsprechende Wohnung angewiesen.

f) Die Fonds, Einkünfte, beweglichen und unbeweglichen Güter der Domkirchen und ihrer Fabriken werden erhalten werden und, wenn sie zur Unterhaltung der genannten Kirchen, zu den Ausgaben für den Gottesdienst und zur Besoldung der nötigen weltlichen Diener nicht hinreichen, wird der Staat das Fehlende ergänzen.

g) Für die erzbischöflichen und bischöflichen Ordinariate, für das Kapitel und das Archiv wird ein geeignetes Gebäude überlassen; für Deckung etwaiger Fehlbeträge der Ordinariatsbedürfnisse gilt Buchst. f entsprechend.

h) Der Bayerische Staat wird an die bestehenden, nach den Bestimmungen des Codex iuris canonici eingerichteten Knaben- und Priesterseminare angemessene Zuschüsse leisten.

i) Für die Emeriten sorgt der Staat durch Ausstattung der Emeritenanstalten mit ausreichender Dotation oder durch entsprechende Zuschüsse zu Emeritenpensionen.

k) Werden mit Einverständnis der Staatsregierung Seelsorgestellen neu errichtet oder bestehende umgewandelt, so werden zur angemessenen Ergänzung des Einkommens der jeweiligen Stelleninhaber staatliche Mittel im Rahmen der bisher üblichen Leistungen für die Seelsorgegeistlichen im allgemeinen zur Verfügung gestellt.

Im Falle einer Ablösung oder Neuregelung der auf Gesetz, Vertrag oder besonderem Rechtstitel beruhenden staatlichen Leistungen an die Kirche sichert der Bayerische Staat die Wahrung der kirchlichen Belange durch Ausgleichsleistungen zu, die entsprechend dem Inhalt und Umfange des Rechtsverhältnisses unter Berücksichtigung der Geldwertverhältnisse vollen Ersatz für das weggefallene Recht gewähren.

§ 2. Soweit staatliche Zuschüsse oder Mehraufwendungen nicht benötigt werden, können kirchliche Stellen frei errichtet oder umgewandelt werden.

§ 3. Die staatlichen Gebäude und Grundstücke, die zurzeit unmittelbar oder mittelbar Zwecken der Kirche einschließlich der Orden oder religiösen Kongregationen dienen, bleiben diesen Zwecken auch fernerhin unter Berücksichtigung etwa bestehender Verträge überlassen.

§ 4. Die Güter der Seminarien, Pfarreien, Benefizien, Kirchenfabriken und aller übrigen Kirchenstiftungen werden innerhalb der Schranken des für alle geltenden Gesetzes gewährleistet und können ohne Zustimmung der zuständigen kirchlichen Obrigkeit nicht veräußert werden. Die Kirche hat das Recht, neues Besitztum zu erwerben und als Eigentum zu haben. Dieses so erworbene Eigentum soll in gleicher Weise unverletzlich sein.

§ 5. Die Kirche hat das Recht, auf der Grundlage der bürgerlichen Steuerlisten Umlagen zu erheben.

Art. 11. Der Bayerische Staat wird in seinen Straf-, Pflege-, Erziehungs- und Krankenanstalten, sei es durch Anstellung eigener Geistlicher oder auf andere zweckmäßige Weise, auf seine Kosten eine entsprechende Seelsorge einrichten. Die Seelsorger für diese Anstalten werden im Benehmen mit dem Diözesanbischof aufgestellt.

Bei der Genehmigung von Anstalten anderer Unternehmer wird der Bayerische Staat tunlichst dahin wirken, daß die Anstaltspfleglinge dem jeweiligen Bedürfnis entsprechend seelsorglich betreut werden.

Art. 12. Abgesehen von kleinen Änderungen, die im Interesse der Seelsorge liegen, und abgesehen von jenen Verschiebungen, die sich in einzelnen Fällen als Folge von Umpfarrungen ergeben, wird der jetzige Stand der Kirchenprovinzen und Diözesen nicht verändert werden.

Art. 13. § 1. Im Hinblick auf die Aufwendungen des Bayerischen Staates für die Bezüge der Geistlichen wird die Kirche in der Leitung und Verwaltung der Diözesen, ferner der Diözesanbildungsanstalten sowie in der Pfarrseelsorge und für die Erteilung des Religionsunterrichtes an den Volksschulen nur Geistliche verwenden, die

a) die bayerische oder eine andere deutsche Staatsangehörigkeit haben,

b) das Reifezeugnis eines deutschen vollwertigen humanistischen Gymnasiums besitzen, das auch auf Grund privater Studien und an einer vom Staate anerkannten Privatanstalt erworben werden kann,

c) die von der Kirche vorgeschriebenen philosophisch-theologischen Studien an einer deutschen staatlichen Hochschule oder an einer den Bestimmungen des c. 1365 Cod. iur. can. entsprechenden deutschen bischöflichen Hochschule oder an einer päpstlichen Hochschule in Rom erfolgreich zurückgelegt haben.

§ 2. Desgleichen müssen bei Orden und religiösen Kongregationen sowie bei deren Niederlassungen die Obern, die in Bayern ihren Sitz haben, die bayerische oder eine andere deutsche Staatsangehörigkeit besitzen. Unberührt bleibt das Recht der Ordensobern mit anderer Staatsangehörigkeit, die ihren Sitz außerhalb Bayerns haben, persönlich oder durch einen Vertreter ihre Häuser in Bayern zu visitieren sowie das Recht der Ordenskleriker, ihre philosophisch-theologischen Studien an ihren Ordensschulen nach Maßgabe des Cod. iur. can. c. 1365 zurückzulegen an Stelle der in § 1 Buchst. c genannten Anstalten.

Art. 14. § 1. In der Ernennung der Erzbischöfe und Bischöfe hat der Hl. Stuhl volle Freiheit. Bei Erledigung eines erzbischöflichen oder bischöflichen Sitzes wird das beteiligte Kapitel dem Hl. Stuhle unmittelbar eine Liste von Kandidaten unterbreiten, die für das bischöfliche Amt würdig und für die Leitung der erledigten Diözese geeignet sind; unter diesen wie auch unter den von den bayerischen Bischöfen und Kapiteln je in ihren entsprechenden Triennallisten Bezeichneten behält sich der Hl. Stuhl freie Auswahl vor. Vor der Publikation der Bulle wird dieser in offiziöser Weise mit der Bayerischen Regierung in Verbindung treten, um sich zu versichern, daß gegen den Kandidaten Erinnerungen politischer Natur nicht obwalten.

§ 2. Die Besetzung der Kanonikate bei den erzbischöflichen und bischöflichen Kapiteln geschieht abwechselnd durch freie Übertragung des Diözesanbischofes nach Anhörung des Kapitels und durch Wahl der Kapitel vorbehaltlich der Bestimmung des c. 177 Cod. iur. can.

Die Dignitäten werden nach dem gemeinen kanonischen Rechte besetzt.

§ 3. Im Hinblick auf die Aufwendungen des Bayerischen Staates für die Bezüge der Seelsorgegeistlichen wird die Kirche vor Ernennung der Pfarrer der Staatsregierung die Personalien des in Aussicht genommenen Geistlichen mitteilen; allenfallsige Erinnerungen der Staatsregierung sollen in möglichst kurzer Zeit erfolgen. Die staatlichen Patronat- oder Präsentationsrechte aus besonderen kanonischen Rechtstiteln bleiben in der bisherigen Form unberührt.

Art. 15. § 1. Sollte sich in Zukunft bei der Auslegung vorstehender Bestimmungen irgendeine Schwierigkeit ergeben, so werden der Hl. Stuhl und der Bayerische Staat gemeinsam eine freundschaftliche Lösung herbeiführen.

§ 2. Mit dem Inkrafttreten des gegenwärtigen Konkordates wird das Konkordat vom Jahre 1817 als nicht mehr geltend erklärt. Insoweit bisher erlassene und noch in Kraft befindliche Landesgesetze, Verordnungen und Verfügungen mit den Bestimmungen dieses Vertrages in Widerspruch stehen, werden sie aufgehoben.

Art. 16. Die Ratifikationen werden möglichst bald ausgewechselt werden und das Konkordat wird mit dem Zeitpunkte dieser Auswechselung in Kraft treten.

Zur Beglaubigung des Vorstehenden haben die nachgenannten Bevollmächtigten das gegenwärtige Konkordat unterzeichnet.

München, den 29. März 1924.

Vertrag
zwischen dem Bayerischen Staate und der Evangelisch-Lutherischen Kirche in Bayern rechts des Rheins.

Der Bayerische Staat, vertreten durch den Staatsminister für Unterricht und Kultus Dr. Franz Matt auf Grund Beschlusses des Gesamtministeriums vom 14. November 1924, und die Evangelisch-Lutherische Kirche in Bayern rechts des Rheins, vertreten durch ihren Präsidenten D. Friedrich Veit, haben folgende Vertragsbestimmungen vereinbart:

Art. 1. I Der Bayerische Staat gewährleistet die freie und öffentliche Ausübung der evangelischen Religion.

II Er anerkennt das Recht der Kirche im Rahmen ihrer Zuständigkeit Gesetze zu erlassen und Anordnungen zu treffen, die ihre Mitglieder binden; er wird die Ausübung dieses Rechtes weder hindern noch erschweren.

III Er sichert der Evangelisch-Lutherischen Kirche in Bayern rechts des Rheins die ungestörte Kultübung zu. In der Erfüllung ihrer Amtspflichten genießen die Geistlichen den Schutz des Staates.

Art. 2. Die evangelische theologische Fakultät der Universität Erlangen bleibt erhalten. Der Staat sichert die Aufrechterhaltung ihres evangelisch-lutherischen Charakters zu. Vor der Ernennung von Professoren wird der Landeskirchenrat gutachtlich einvernommen. Bei der Zulassung von Privatdozenten wird entsprechend verfahren.

II Bei der Besetzung der Professur für Kirchenrecht in der juristischen Fakultät der Universität Erlangen wird der Staat auf die Bedürfnisse der Studierenden der theologischen Fakultät Rücksicht nehmen.

Art. 3. I Die Ernennung oder Zulassung der Religionslehrer an den höheren Lehranstalten wird staatlicherseits erst erfolgen, wenn gegen die in Aussicht genommenen Kandidaten vom Landeskirchenrate keine Erinnerung erhoben worden ist.

II Sollte einer der genannten Lehrer von dem Landeskirchenrate wegen seiner Lehre oder wegen seines sittlichen Verhaltens aus triftigen Gründen beanstandet werden, so wird die Staatsregierung unbeschadet seiner staatsbienerlichen Rechte alsbald auf andere Weise für einen entsprechenden Ersatz sorgen.

Art. 4. Der Religionsunterricht bleibt an allen höheren Lehranstalten und Mittelschulen wenigstens im bisherigen Umfang ordentliches Lehrfach.

Art. 5. Der Unterricht und die Erziehung der Kinder an den evangelischen Volksschulen wird nur solchen Lehrkräften anvertraut werden, die geeignet und bereit sind, in verlässiger Weise in der evangelischen Religionslehre zu unterrichten und im Geiste des evangelischen Glaubens zu erziehen.

Art. 6. I Die Lehrer und Lehrerinnen, die an Volksschulen Religionsunterricht erteilen wollen, müssen nachweisen, daß sie für die Erteilung des Religionsunterrichtes im Sinne der evangelisch-lutherischen Kirche eine entsprechende Ausbildung empfangen haben. Die Erteilung des Religionsunterrichtes setzt die Bevollmächtigung durch den Landeskirchenrat voraus.

II Der Staat wird bei der Neuordnung der Lehrerbildung für Einrichtungen sorgen, die eine den obigen Grundsätzen entsprechende Ausbildung derjenigen Lehrkräfte sichern, die für die Erteilung des evangelischen Religionsunterrichtes in Betracht kommen.

III In den Prüfungskommissionen, die für die Erteilung der Lehrbefähigung an den evangelischen Volksschulen zuständig sind, erhält die kirchliche Oberbehörde mindestens für die Prüfung aus der Religionslehre eine angemessene Vertretung.

Art. 7. I Soweit nach der Neuordnung des Lehrerbildungswesens Privatanstalten noch in der Lage sind, die Vorbildung oder die berufliche Ausbildung von Lehrern oder Lehrerinnen zu übernehmen, wird der Staat bei ihrer Zulassung auch bestehende Anstalten der kirchlich anerkannten Diakonen- und Diakonissenanstalten entsprechend berücksichtigen.

II Die an solchen privaten Anstalten vorgebildeten Zöglinge werden, falls diese Anstalten die staatlich vorgeschriebenen wissenschaftlichen Bedingungen erfüllen, nach

Maßgabe der allgemeinen Bestimmungen zu den staatlichen Prüfungen zugelassen.

Art. 8. Die Erwerbung der Lehrbefähigung für Volksschulen, Mittelschulen und höhere Lehranstalten sowie die Übertragung eines Lehramtes wird für die Angehörigen von kirchlich anerkannten Diakonen- und Diakonissenanstalten an keine anderen Bedingungen geknüpft als für Laien.

Art. 9. In allen Gemeinden müssen auf Antrag der Eltern oder sonstigen Erziehungsberechtigten evangelische Volksschulen errichtet werden, wenn bei einer entsprechenden Schülerzahl ein geordneter Schulbetrieb — selbst in der Form einer ungeteilten Schule — ermöglicht ist.

Art. 10. I An allen Volksschulen — abgesehen von den in Abs. II erwähnten Fällen — bleibt der Religionsunterricht ordentliches Lehrfach. Der Umfang dieses Religionsunterrichtes soll im Einvernehmen mit der kirchlichen Oberbehörde festgesetzt und gegenüber dem gegenwärtigen Stande nicht gekürzt werden.

II Sollte der Bayerische Staat in etlichen Schulen rechtlich nicht in der Lage sein, dem Religionsunterrichte den Charakter eines ordentlichen Lehrfaches zu erteilen, so wird wenigstens die Erteilung eines privaten Religionsunterrichtes durch die Bereitstellung der Schulräume sowie durch deren Beheizung und Beleuchtung aus gemeindlichen oder staatlichen Mitteln sichergestellt.

Art. 11. Den Schülern der Volksschulen, Mittelschulen höheren Lehranstalten wird im Benehmen mit der kirchlichen Oberbehörde geeignete und ausreichende Gelegenheit zur Erfüllung ihrer religiösen Pflichten, insbesondere auch zum Besuche des Konfirmandenunterrichtes gegeben.

Art. 12. Die Beaufsichtigung und Leitung des Religionsunterrichtes an den Volksschulen, Mittelschulen und höheren Lehranstalten werden der Kirche gewährleistet.

Art. 13. I Kirchlich anerkannte Diakonen- und Diakonissenanstalten werden unter den allgemeinen gesetzlichen Bestimmungen zur Gründung und Führung von Privatschulen zugelassen. Die Zuerkennung von Berechtigungen an derartige Schulen erfolgt nach den für andere Privatschulen geltenden Grundsätzen.

II Von kirchlich anerkannten Diakonen- und Diakonissenanstalten geleitete Schulen, die bisher den Charakter öffentlicher Schulen gehabt haben, behalten ihn, soferne sie die an gleichartige Schulen gestellten Anforderungen erfüllen. Unter den gleichen Vorbedingungen kann auch neuen Schulen von kirchlich anerkannten Diakonen- und Diakonissenanstalten dieser Charakter durch die Staatsregierung verliehen werden.

Art. 14. Der Staat gewährleistet der Kirche die gleichen Rechte und Befugnisse, die in Art. 8 § 2 des Konkordates vom 29. März 1924 der katholischen Kirche eingeräumt sind, wenn und soweit die Kirche darauf anträgt. Beim Vollzuge der genannten Bestimmung wird der Eigenart und den besonderen Einrichtungen der Kirche tunlichst Rechnung getragen werden.

Art. 15. I Der Bayerische Staat wird seinen auf Gesetz, Vertrag oder besonderen Rechtstiteln beruhenden vermögensrechtlichen Verpflichtungen gegen die evangelisch-lutherische Kirche in Bayern rechts des Rheins stets nachkommen.

II Im Falle einer Ablösung oder Neuregelung der auf Gesetz, Vertrag oder besonderem Rechtstitel beruhenden staatlichen Leistungen an die Kirche sichert der Bayerische Staat die Wahrung der kirchlichen Belange durch Ausgleichsleistungen zu, die entsprechend dem Inhalt und Umfange des Rechtsverhältnisses unter Berücksichtigung der Geldwertverhältnisse vollen Ersatz für das weggefallene Recht gewähren.

Art. 16. I Werden im Einverständnis mit der Staatsregierung Seelsorgestellen neu errichtet oder bestehende umgewandelt, so werden zur angemessenen Ergänzung des Einkommens der jeweiligen Stelleninhaber staatliche Mittel im Rahmen der bisher üblichen Leistungen für die Seelsorgegeistlichen im allgemeinen zur Verfügung gestellt.

II Soweit staatliche Zuschüsse oder Mehraufwendungen nicht benötigt werden, können kirchliche Stellen frei errichtet oder umgewandelt werden.

Art. 17. I Der Bayerische Staat wird in seinen Straf-, Pflege-, Erziehungs- und Krankenanstalten, sei es durch Anstellung eigener Geistlicher oder auf andere zweckmäßige Weise auf seine Kosten eine entsprechende Seelsorge einrichten. Die Seelsorger für diese Anstalten werden im Benehmen mit dem Landeskirchenrat aufgestellt.

II Bei der Genehmigung von Anstalten anderer Unternehmer wird der Bayerische Staat tunlichst dahin wirken, daß die Anstaltspfleglinge dem jeweiligen Bedürfnis entsprechend seelsorgerlich betreut werden.

Art. 18. Die staatlichen Gebäude und Grundstücke, die zur Zeit unmittelbar oder mittelbar Zwecken der Kirche einschließlich der kirchlich anerkannten Diakonen- und Diakonissenanstalten dienen, bleiben diesen Zwecken auch fernerhin unter Berücksichtigung etwa bestehender Verträge überlassen.

Art. 19. Die Güter der Gesamtkirche, der Kirchen- und Pfründestiftungen, der Kirchengemeinden und der Gesamtkirchengemeinden werden innerhalb der Schranken des für alle geltenden Gesetzes gewährleistet und können ohne Zustimmung der zuständigen kirchlichen Obrigkeit nicht veräußert werden. Die Kirche hat das Recht, neues Besitztum zu erwerben und als Eigentum zu haben. Dieses so erworbene Eigentum soll in gleicher Weise unverletzlich sein.

Art. 20. Die Kirche hat das Recht, auf der Grundlage der bürgerlichen Steuerlisten Umlagen zu erheben.

Art. 21. I Zur Bestreitung des Personalaufwandes des Landeskirchenrates leistet der Staat jährliche Zuschüsse, und zwar

a) für den Kirchenpräsidenten in Höhe der jeweiligen Beamtenbesoldung eines bayerischen Staatsrates,

b) für den Vizepräsidenten in Höhe der jeweiligen Beamtenbesoldung eines bayerischen Ministerialdirektors,

c) für fünf Oberkirchenräte in Höhe der jeweiligen Beamtenbesoldung eines bayerischen Ministerialrates, für sechs weitere Oberkirchenräte in Höhe der jeweiligen Beamtenbesoldung eines bayerischen Oberregierungsrates und für einen Hilfsarbeiter in Höhe der jeweiligen Beamtensoldung eines bayerischen Regierungsrates I. Klasse,

d) für den sonstigen Personalaufwand in Höhe der Hälfte der Beträge nach Buchst. a, b und c.

II Der Besoldungsberechnung nach Abs. I Buchst. a mit c werden jeweils die letzte Dienstaltersstufe der einschlägigen Beamtenbesoldungsgruppe und, soweit die Besoldungen örtlich abgestuft sind, die für den Dienstsitz des Landeskirchenrates jeweils geltenden staatlichen Sätze zugrunde gelegt; Zuschläge, die mit Rücksicht auf den Familienstand des Beamten gewährt werden, dann Ministerialzulagen bleiben für die Berechnung außer Betracht.

III Für den Kirchenpräsidenten wird außerdem eine Dienstaufwandentschädigung in dem dem Erzbischofe von München-Freising jeweils zustehenden Betrage gewährt.

Art. 22. Der Staat bestreitet den jeweiligen wirklichen Aufwand der Kirche für die Ruhestands- und Hinterbliebenenversorgung der Beamten des Landeskirchenrates, soweit diese nicht günstiger geregelt ist als die vergleichbarer bayerischer Staatsbeamter, höchstens aber 20 vom Hundert des in Art. 21 Abs. I und II bezeichneten Zuschusses.

Art. 23. Der Staat stellt die den früheren Konsistorialbehörden rechts des Rheins eingeräumten Dienstgebäude nebst Einrichtung zur Benützung in der bisherigen Weise zur Verfügung und unterhält sie wie seither, wenn und soweit sie von der Kirche zur Unterbringung der oberen Behörden benötigt werden.

Art. 24. I Der Staat leistet zur Bestreitung des sonstigen sachlichen Bedarfes des Landeskirchenrates einschließlich der Kosten des Reisedienstes seiner Beamten und der Kosten für die theologischen Prüfungen einen Bauschbetrag, der für die Jahre 1924, 1925, 1926,

1927 und 1928 auf je zweiundzwanzigtausend Reichsmark festgesetzt wird.

II Nach Ablauf dieser Zeit findet eine die etwa eingetretene Änderung der Preisverhältnisse berücksichtigende Neuregelung statt. Die Festsetzung des Bauschbetrages bleibt in diesem Falle der Übereinkunft zwischen den Staatsministerien für Unterricht und Kultus und der Finanzen einerseits, dem Landeskirchenrat anderseits überlassen.

Art. 25. I Wie weit für die Verbesserung der Ruhestands- und Hinterbliebenenversorgung der Geistlichen, dann zur Deckung der Kosten der Landessynode, des Landessynodalausschusses und der Predigerseminare freiwillige Staatszuschüsse gewährt werden, bemißt sich nach den jeweiligen Willigungen des Staatshaushaltes.

II Der Besitzstand der Kirche bei Regelung der freiwilligen staatlichen Seelsorgereinkommensergänzung für die Zeit, während deren eine Pfründe oder Stelle nicht besetzt ist, bleibt gewahrt.

Art. 26. Im Hinblick auf die Aufwendungen des Staates für die Bezüge der Geistlichen wird die Kirche als Organe der Kirchenleitung, als Leiter und Beamte der Predigerseminare, in der Pfarrseelsorge und für die Erteilung des Religionsunterrichtes an den Volksschulen nur Geistliche verwenden, die

a) die bayerische oder eine andere deutsche Staatsangehörigkeit und

b) das Reifezeugnis eines deutschen vollwertigen humanistischen Gymnasiums auf Grund einer Reife- oder einer entsprechenden Ergänzungsprüfung besitzen sowie

c) die von der Kirche vorgeschriebenen, mindestens auf 4 Jahre zu bemessenden philosophisch-theologischen Studien an einer deutschen staatlichen Hochschule zurückgelegt haben, wobei es der Kirche überlassen bleibt, eine mit ihrer Erlaubnis an außerdeutschen Fakultäten verbrachte Zeit auf das vorgeschriebene Studium anzurechnen.

Art. 27. Sonstige mit der Erteilung des Religionsunterrichtes an Volksschulen von der Kirche betraute Personen müssen die bayerische oder eine andere deutsche Staatsangehörigkeit besitzen; der Staat kann ihrer Verwendung widersprechen, falls er ihre Vorbildung für nicht genügend erachtet.

Art. 28. Die im Dienste der kirchlichen Oberbehörden verwendeten Beamten, dann die Leiter und Geistlichen der Diakonen- und Diakonissenanstalten müssen die bayerische oder eine andere deutsche Staatsangehörigkeit besitzen.

Art. 29. Vor der Wahl des Kirchenpräsidenten durch die Landessynode wird deren Präsidium mit der Bayerischen Staatsregierung in Verbindung treten, um sich zu versichern, daß gegen die für die Wahl in Betracht kommenden Kandidaten Erinnerungen politischer Natur nicht obwalten. Die Antwort der Staatsregierung wird unverzüglich erfolgen.

Art. 30. Im Hinblick auf die Aufwendungen des Bayerischen Staates für die Bezüge der Seelsorgegeistlichen wird die Kirche vor Ernennung der Pfarrer der Staatsregierung die Personalien des in Aussicht genommenen Geistlichen mitteilen; allenfallsige Erinnerungen der Staatsregierung sollen in möglichst kurzer Zeit erfolgen.

Art. 31. I Sollte sich in Zukunft bei der Auslegung vorstehender Bestimmungen irgend eine Schwierigkeit ergeben, so werden die beiden Vertragsteile zur Beseitigung dieser Schwierigkeit in gegenseitiges Benehmen treten.

II Insoweit bisher erlassene und noch in Kraft befindliche Landes- und Kirchengesetze, dann Verordnungen und Verfügungen des Staates oder der Kirche mit den Bestimmungen dieses Vertrages in Widerspruch stehen, werden sie aufgehoben.

Art. 32. Der gegenwärtige Vertrag erlangt Wirksamkeit, sobald er sowohl als Landesgesetz wie als Kirchengesetz ordnungsmäßig verkündigt ist.

München, den 15. November 1924.

Vertrag
zwischen dem Bayerischen Staate und der Vereinigten protestantisch-evangelisch-christlichen Kirche der Pfalz (Pfälzischen Landeskirche).

Der Bayerische Staat, vertreten durch den Staatsminister für Unterricht und Kultus Dr. Franz Matt auf Grund Beschlusses des Gesamtministeriums vom 14. November 1924, und die Vereinigte protestantisch-evangelisch-christliche Kirche der Pfalz (Pfälzische Landeskirche), vertreten durch ihren Präsidenten Dr. Karl Fleischmann, haben folgende Vertragsbestimmungen vereinbart:

Art. 1. I Der Bayerische Staat gewährleistet die freie und öffentliche Ausübung der evangelischen Religion.

II Er anerkennt das Recht der Kirche, im Rahmen ihrer Zuständigkeit Gesetze zu erlassen und Anordnungen zu treffen, die ihre Mitglieder binden; er wird die Ausübung dieses Rechtes weder hindern noch erschweren.

III Er sichert der Pfälzischen Landeskirche die ungestörte Kultübung zu. In der Erfüllung ihrer Amtspflichten genießen die Geistlichen den Schutz des Staates.

Art. 2. I Die Ernennung oder Zulassung der Religionslehrer an den höheren Lehranstalten wird staatlicherseits erst erfolgen, wenn gegen die in Aussicht genommenen Kandidaten vom Landeskirchenrate keine Erinnerung erhoben worden ist.

II Sollte einer der genannten Lehrer von dem Landeskirchenrate wegen seiner Lehre oder wegen seines sittlichen Verhaltens aus triftigen Gründen beanstandet werden, so wird die Staatsregierung unbeschadet seiner staatsdienerlichen Rechte alsbald auf andere Weise für einen entsprechenden Ersatz sorgen.

Art. 3. Der Religionsunterricht bleibt an allen höheren Lehranstalten und Mittelschulen wenigstens im bisherigen Umfang ordentliches Lehrfach.

Art. 4. I Die Lehrer und Lehrerinnen, die an Volksschulen Religionsunterricht erteilen wollen, müssen nachweisen, daß sie für die Erteilung des Religionsunterrichtes im Sinne der Pfälzischen Landeskirche eine entsprechende Ausbildung empfangen haben. Die Erteilung des Religionsunterrichtes setzt die Bevollmächtigung durch den Landeskirchenrat voraus.

[II] Der Staat wird bei der Neuordnung der Lehrerbildung für Einrichtungen sorgen, die eine den obigen Grundsätzen entsprechende Ausbildung derjenigen Lehrkräfte sichern, die für die Erteilung des evangelischen Religionsunterrichtes in Betracht kommen.

Art. 5. Sollte der Bayerische Staat in etlichen Volksschulen rechtlich nicht in der Lage sein, dem Religionsunterrichte den Charakter eines ordentlichen Lehrfaches zu erteilen, so wird wenigstens die Erteilung eines privaten Religionsunterrichtes durch die Bereitstellung der Schulräume sowie durch deren Beheizung und Beleuchtung aus gemeindlichen oder staatlichen Mitteln sichergestellt.

Art. 6. Den Schülern der Volksschulen, Mittelschulen und höheren Lehranstalten wird im Benehmen mit der kirchlichen Oberbehörde geeignete und ausreichende Gelegenheit zur Erfüllung ihrer religiösen Pflichten, insbesondere auch zum Besuche des Konfirmandenunterrichtes gegeben.

Art. 7. Die Beaufsichtigung und Leitung des Religionsunterrichtes an den Volksschulen, Mittelschulen und höheren Lehranstalten werden der Kirche gewährleistet.

Art. 8. Der Staat gewährleistet der Kirche die gleichen Rechte und Befugnisse, die in Art. 5 §§ 1 und 4, Art. 6, Art. 7 § 1 Abs. I, Art. 8 § 2 des Konkordates vom 29. März 1924 der katholischen Kirche eingeräumt sind, wenn und soweit die Kirche darauf anträgt. Beim Vollzuge der genannten Bestimmungen wird der Eigenart und den besonderen Einrichtungen der Kirche tunlichst Rechnung getragen werden.

Art. 9. [I] Der Bayerische Staat wird seinen auf Gesetz, Vertrag oder besonderen Rechtstiteln beruhenden vermögensrechtlichen Verpflichtungen gegen die Pfälzische Landeskirche stets nachkommen.

II Im Falle einer Ablösung oder Neuregelung der auf Gesetz, Vertrag oder besonderem Rechtstitel beruhenden staatlichen Leistungen an die Kirche sichert der Bayerische Staat die Wahrung der kirchlichen Belange durch Ausgleichsleistungen zu, die entsprechend dem Inhalt und Umfange des Rechtsverhältnisses unter Berücksichtigung der Geldwertverhältnisse vollen Ersatz für das weggefallene Recht gewähren.

Art. 10. I Werden im Einverständnis mit der Staatsregierung Seelsorgestellen neu errichtet oder bestehende umgewandelt, so werden zur angemessenen Ergänzung des Einkommens der jeweiligen Stelleninhaber staatliche Mittel im Rahmen der bisher üblichen Leistungen für die Seelsorgegeistlichen im allgemeinen zur Verfügung gestellt.

II Soweit staatliche Zuschüsse oder Mehraufwendungen nicht benötigt werden, können kirchliche Stellen frei errichtet oder umgewandelt werden.

Art. 11. I Der Bayerische Staat wird in seinen Straf-, Pflege-, Erziehungs- und Krankenanstalten, sei es durch Anstellung eigener Geistlicher oder auf andere zweckmäßige Weise auf seine Kosten eine entsprechende Seelsorge einrichten. Die Seelsorger für diese Anstalten werden im Benehmen mit dem Landeskirchenrat aufgestellt.

II Bei der Genehmigung von Anstalten anderer Unternehmer wird der Bayerische Staat tunlichst dahin wirken, daß die Anstaltspfleglinge dem jeweiligen Bedürfnis entsprechend seelsorgerlich betreut werden.

Art. 12. Die Güter der Gesamtkirche, der Kirchen- und Pfründestiftungen, der Kirchschaffneien, der Kirchengemeinden und der Gesamtkirchengemeinden werden innerhalb der Schranken des für alle geltenden Gesetzes gewährleistet und können ohne Zustimmung der zuständigen kirchlichen Obrigkeit nicht veräußert werden. Die Kirche hat das Recht, neues Besitztum zu erwerben und als Eigentum zu haben. Dieses so erworbene Eigentum soll in gleicher Weise unverletzlich sein.

Art. 13. Die Kirche hat das Recht, auf der Grundlage der bürgerlichen Steuerlisten Umlagen zu erheben.

Art. 14. I Zur Bestreitung des Personalaufwandes des Landeskirchenrates leistet der Staat jährliche Zuschüsse und zwar

a) für den Kirchenpräsidenten in Höhe der jeweiligen Beamtenbesoldung eines bayerischen Ministerialdirektors,

b) für den als Stellvertreter des Kirchenpräsidenten bestimmten Oberkirchenrat in Höhe der jeweiligen Beamtenbesoldung eines bayerischen Ministerialrates, für zwei weitere Oberkirchenräte in Höhe der jeweiligen Beamtenbesoldung eines bayerischen Oberregierungsrates,

c) für den sonstigen Personalaufwand in Höhe der Hälfte der Beträge nach Buchst. a und b.

II Der Besoldungsberechnung nach Abs. I Buchst. a und b werden jeweils die letzte Dienstaltersstufe der einschlägigen Beamtenbesoldungsgruppe und, soweit die Besoldungen örtlich abgestuft sind, die für den Dienstsitz des Landeskirchenrates jeweils geltenden staatlichen Sätze zugrunde gelegt; Zuschläge, die mit Rücksicht auf den Familienstand des Beamten gewährt werden, dann Ministerialzulagen bleiben für die Berechnung außer Betracht.

III Für den Kirchenpräsidenten wird außerdem eine Dienstaufwandentschädigung in dem einem Regierungspräsidenten jeweils zustehenden Betrage gewährt.

Art. 15. Der Staat bestreitet den jeweiligen wirklichen Aufwand der Kirche für die Ruhestands- und Hinterbliebenenversorgung der Beamten des Landeskirchenrates, soweit diese nicht günstiger geregelt ist als die vergleichbarer bayerischer Staatsbeamter, höchstens aber 20 vom Hundert des in Art. 14 Abs. I und II bezeichneten Zuschusses.

Art. 16. Der Staat stellt das dem früheren Konsistorium Speyer eingeräumte Dienstgebäude nebst Einrichtung zur Benützung in der bisherigen Weise zur Verfügung und unterhält es wie seither, wenn und soweit es von der Kirche zur Unterbringung des Landeskirchenrates benötigt wird.

Art. 17. I Der Staat leistet zur Bestreitung des sonstigen sachlichen Bedarfs des Landeskirchenrates einschließlich der Kosten des Reisedienstes seiner Beamten und der Kosten für die theologischen Prüfungen einen Bauschbetrag, der für die Jahre 1924 und 1925 auf je achttausend Reichsmark, für die Jahre 1926, 1927 und 1928 auf je sechstausendfünfhundert Reichsmark festgesetzt wird.

II Nach Ablauf dieser Zeit findet eine die etwa eingetretene Änderung der Preisverhältnisse berücksichtigende Neuregelung statt. Die Festsetzung des Bauschbetrages bleibt in diesem Falle der Übereinkunft zwischen den Staatsministerien für Unterricht und Kultus und der Finanzen einerseits, dem Landeskirchenrat anderseits überlassen.

Art. 18. I Wie weit für die Verbesserung der Ruhestands- und Hinterbliebenenversorgung der Geistlichen, dann zur Deckung der Kosten der Landessynode und der Kirchenregierung freiwillige Staatszuschüsse gewährt werden, bemißt sich nach den jeweiligen Willigungen des Staatshaushaltes.

II Der Besitzstand der Kirche bei Regelung der freiwilligen staatlichen Seelsorgeeinkommensergänzung für die Zeit, während deren ein Pfründe oder Stelle nicht besetzt ist, bleibt gewahrt.

Art. 19. Im Hinblick auf die Aufwendungen des Staates für die Bezüge der Geistlichen wird die Kirche als Organe der Kirchenleitung, in der Pfarrseelsorge und für die Erteilung des Religionsunterrichtes an den Volksschulen nur Geistliche verwenden, die

a) die bayerische oder eine andere deutsche Staatsangehörigkeit und
b) das Reifezeugnis eines deutschen vollwertigen humanistischen Gymnasiums auf Grund einer Reife- oder einer entsprechenden Ergänzungsprüfung besitzen, sowie

c) die von der Kirche vorgeschriebenen, mindestens auf vier Jahre zu bemessenden philosophisch-theologischen Studien an einer deutschen staatlichen Hochschule zurückgelegt haben, wobei es der Kirche überlassen bleibt, eine mit ihrer Erlaubnis außerdeutschen Fakultäten verbrachte Zeit auf das vorgeschriebene Studium anzurechnen.

Art. 20. Sonstige mit der Erteilung des Religionsunterrichtes an Volksschulen von der Kirche betraute Personen müssen die bayerische oder eine andere deutsche Staatsangehörigkeit besitzen; der Staat kann ihrer Verwendung widersprechen, falls er ihre Vorbildung für nicht genügend erachtet.

Art. 21. Die im Dienste der kirchlichen Oberbehörden verwendeten Beamten, dann die Leiter und Geistlichen der Diakonen- und Diakonissenanstalten müssen die bayerische oder eine andere deutsche Staatsangehörigkeit besitzen.

Art. 22. Vor der Wahl des Kirchenpräsidenten durch die Landessynode wird deren Präsidium mit der Bayerischen Staatsregierung in Verbindung treten, um sich zu versichern, daß gegen die für die Wahl in Betracht kommenden Kandidaten Erinnerungen politischer Natur nicht obwalten. Die Antwort der Staatsregierung wird unverzüglich erfolgen.

Art. 23. Im Hinblick auf die Aufwendungen des Bayerischen Staates für die Bezüge der Seelsorgegeistlichen wird die Kirche vor Ernennung der Pfarrer der Staatsregierung die Personalien des in Aussicht genommenen Geistlichen mitteilen; allenfallsige Erinnerungen der Staatsregierung sollen in möglichst kurzer Zeit erfolgen.

Art. 24. I Sollte sich in Zukunft bei der Auslegung vorstehender Bestimmungen irgendeine Schwierigkeit ergeben, so werden die beiden Vertragsteile zur Beseitigung dieser Schwierigkeit in gegenseitiges Benehmen treten.

II Insoweit bisher erlassene und noch in Kraft befindliche Landes- und Kirchengesetze, dann Verordnungen und

Verfügungen des Staates oder der Kirche mit den Bestimmungen dieses Vertrages in Widerspruch stehen, werden sie aufgehoben.

Art. 25. Der gegenwärtige Vertrag erlangt Wirksamkeit, sobald er sowohl als Landesgesetz wie als Kirchengesetz ordnungsgemäß verkündigt ist.

München, den 15. November 1924.

Regierungserklärung über den Vollzug des Gesetzes zu den Verträgen mit den drei christlichen Kirchen in Bayern vom 14. Januar 1925.

Konkordat mit dem Heil. Stuhle	Vertrag mit der rechtsrhein. Ev.-luth. Kirche	Vertrag mit der Pfälzischen Landeskirche	
Konkordat	—	—	Im Hinblick darauf, daß das Konkordat in Bayern auch Landesgesetz ist, ist für seine *Auslegung der deutsche Text* maßgebend.
Art. 1 § 2	Art. 1 Abs. II	Art. 1 Abs. II	Art. 137 Abs. III der *Reichsverfassung* wird durch die Bestimmungen des Art. 1 § 2 des Konkordats und des Art. 1 Abs. II der Verträge mit den beiden evangelischen Kirchen nicht berührt.
Art. 5 §§ 1 und 2	Art. 5/6 Abs. I	Art. 3 und 4 Abs. I	Der Freiheit des Gewissens und der Vereinigung der *Lehrpersonen an Bekenntnisschulen* sind andere Schranken als sie durch die besonderen Amts- und Standespflichten bedingt sind, nicht gezogen. Die Neuanstellung von Lehrpersonen an Bekenntnisschulen ist bedingt durch das Vorhandensein der Erfordernisse der nebenangeführten Vertragsbestimmungen. Die Niederlegung des Religionsunterrichtes für sich allein ist nicht in jedem Falle ein genügender Beweis dafür, daß die betreffende Lehrperson den angeführten Vertragsbestimmungen nicht mehr entspricht.
Art. 8	Art. 12, 14	Art. 7, 8	Die *staatliche Schulaufsicht* wird aufrecht erhalten. Eine Wiedereinführung der früheren geistlichen Schulaufsicht steht nicht in Frage. An § 28 des Schulaufsichtsgesetzes vom 1. August 1922 wird

Art. 10	—	—	festgehalten. Seine Bestimmungen kommen bezüglich des Religionsunterrichtes an den übrigen Lehranstalten zur entsprechenden Anwendung. Der kirchlichen Oberbehörde oder deren Beauftragten sind bei Ausübung des Rechtes zum Besuche des Religionsunterrichts und des Rechtes zu allenfallsigen Beanstandungen des Unterrichts in den weltlichen Fächern dienstaufsichtliche Befugnisse gegenüber dem Lehrpersonal nicht eingeräumt. Im Falle von Beanstandungen kommt die der Sach- und Rechtslage entsprechende Entscheidung nach Maßgabe staatlicher Bestimmungen dem Staate zu. Die Verpflichtung des Bayer. Staates zur Realdotation der katholischen Kirche steht fest und ist gewährleistet durch den Art. 138 RV. und § 18 LV. Die Festsetzung der einzelnen Vermögenswerte im Falle einer Durchführung der Dotation wird nur im Einverständnis mit dem Landtag getroffen.

Gleichzeitig mit der Zustimmung zum Entwurf eines Gesetzes zum neuen Konkordat und zu den Verträgen mit den evangelischen Kirchen hat der Landtag beschlossen:

1. Der Landtag billigt die Regierungserklärung über den Vollzug des Gesetzes zu den Verträgen mit den drei christlichen Kirchen in Bayern und tritt ihr bei.

2. Diese Erklärung wird dem Mantelgesetz als Anlage beigegeben und zugleich mit dem Mantelgesetz im Gesetz- und Verordnungsblatt veröffentlicht.

Sachregister.

Die Zahlen bedeuten die Seiten.

O.

P.

R.

S.

FSC
www.fsc.org
MIX
Papier | Fördert
gute Waldnutzung
FSC® C083411

Kolibri 360 GmbH
Ferdinand-Jühlke-Straße 7
99095 Erfurt, Deutschland
produktsicherheit@kolibri360.de